(포워더 초보자를 위한)
해상과 항공 물류 업무 개념 정리

(포워더 초보자를 위한)
해상과 항공 물류 업무 개념 정리

초판 1쇄   2021년 2월 26일
　　2쇄   2023년 12월 28일

지 은 이   최주호
펴 낸 이   이기성
기획편집   이지희, 윤가영, 서해주
표지디자인   이지희
책임마케팅   강보현, 김성욱
펴 낸 곳   도서출판 생각나눔
출판등록   제 2018-000288호
주   소   경기 고양시 덕양구 청초로 66, 덕은리버워크 B동 1708호, 1709호
전   화   02-325-5100
팩   스   02-325-5101
홈페이지   www.생각나눔.kr
이 메 일   bookmain@think-book.com

• 책값은 표지 뒷면에 표기되어 있습니다.
　ISBN 979-11-7048-206-2 (13320)

| 포워더 초보자를 위한 |

해상과 항공 물류
업무 개념 정리

최주호 지음

생각나눔

CONTENTS

제1장
컨테이너에 대한 이해

제 2 장
Bulk Cargo 운송 용어

제 3 장
항공 화물 장비

제4장
운송과 세관 업무

제 5 장
해상 화물 운송

제6장
항공 화물 운임 체계와 서류 업무

제7장
해상손해보험

제8장
물류 사고

제1장

컨테이너에 대한 이해

1. 컨테이너에 대한 이해

■ 컨테이너 종류와 활용

Type	**일반 컨테이너** (Dry Van)		■규격화된 컨테이너에 적입 가능한 In-Gauge Cargo로서 일반화물(General Cargo) 운송용으로 사용. ■포장된 화물 or Break Bulk 화물일 수도. ■행거 설치해서 고가의 의류 혹은 가죽 운송 가능. ■Flexi Bag 설치해서 액체 혹은 곡물 등 운송 가능.
	특수 컨테이너	Reefer Container (RF, 냉동컨테이너)	■일정한 온도 유지 필요한 화물 운송에 사용 ■식품, 전자제품(예. 반도체), 의약품, 고무 및 화훼(식물) 등
		Flat Rack Container(FR)	■좌우 혹은 윗부분 Out of Gauge(OOG)[1] 화물 운송에 사용 ■In-Gauge 화물도 운송 가능 ■포장 화물 or Break Bulk 화물 운송에 사용
		Open Top Container(OT)	■화물의 높이가 높은 OOG 화물 운송에 사용 가능 ■In-Gauge 화물도 운송 가능(지게차가 아닌 크레인 활용해서 개방된 컨테이너 윗부분으로 화물을 적입 가능)
		Tank Container	■화학제품 등 액체 상태의 위험물 운송에 사용 ■Liquid Bulk 화물 운송에 사용
소유사	**COC** (Carrier's Own Container)		■선사가 소유한 컨테이너[2]. ■컨테이너 임대(Lease) 사업자에게 선사가 장기 임대한 컨테이너. ■일반적으로 COC 사용하여 화물 운송.
	SOC (Shipper's Own Container)		■선사 이외의 자(포워더, 무역회사[3] 등)가 소유한 컨테이너. ■SOC에서 S는 Shipper의 약자로서 선사 이외의 자로 해석.

---

1 Out of Gauge를 줄여서 OOG 화물(Cargo)이라고도 합니다.
2 선사가 컨테이너 제작사에 직접 발주하여 제작한 선사 소유의 컨테이너.
3 동일 구간에 대해서 반복적으로 수출과 수입 물량이 있는 무역회사는 중고 컨테이너를 구입해서 자신의 화물을 자기 소유의 컨테이너로 운송하는 경우가 있습니다.

임대	**FCL** (Full Container Load)	■ 만재화물이 아니라 단일 화주가 컨테이너를 임대해서 Carton(Box) 혹은 Pallet 단위 화물을 컨테이너 단위 화물로 만들어서 운송하는 경우. (컨테이너 단위 화물). ■ FCL 건은 모든 물류비용이 컨테이너 기준(Per Container)으로 발생되며, 단일 화주가 컨테이너를 단독 사용하기에 당해 화주의 Door(공장, 창고)에서 컨테이너 작업해서 CY에 반입 가능. ■ FCL 임에도 불구하고 CFS 활용이 필요한 경우, 화주가 CFS로부터 견적 받아서 CFS 지정 가능.(LCL 화물은 콘솔사가 지정하는 CFS를 무조건 사용해야)
	LCL (Less than Container Load)	■ 단일 화주가 컨테이너를 임대할 정도의 물량이 아닌 소량화물(Carton, Pallet)로서 단일 화주가 컨테이너 내부의 일정 공간을 각각 임대해서 복수의 화주 화물이 컨테이너 단위 화물로 묶여서 운송되는 화물. 즉, 단일 화주는 컨테이너 내부 공간을 임대.(Carton, Pallet 단위 화물) ■ 따라서 LCL 건의 모든 물류비용은 임대한 공간 기준(/R.Ton)으로 발생되며, Carton 혹은 Pallet 단위의 화물이 집결되어 컨테이너 단위 화물로 만들어지는 CFS가 필수적으로 필요함. 즉, CFS를 거쳐서 CY에 반입. ■ 이렇게 LCL 화물은 CFS에 반입되고, 타사의 LCL 화물과 컨테이너에 혼재되니 분실과 파손의 위험이 커서 가능한 적하보험에 가입하는 것을 권함. 아울러 CFS에 반입 전에 수출자의 Door에서 Carton 단위가 아닌 Pallet 작업 후 Wrapping까지 완료한 상태로 CFS 반입을 권함.

A. Dry Container의 다양한 활용

Dry Container에는 다양한 종류의 화물을 적입할 수 있고, 가장 일반적으로 사용되는 컨테이너입니다. Carton 혹은 Pallet 단위 화물이 아닌, 곡물(류), 광석, 플라스틱 Resin 등과 같이 산화물(Bulk Cargo)일지라도 Ton Bag으로 포장해서 Dry Container에 적입 가능합니다. 이후에 Container Vessel을 이용해서 운송할 수 있습니다. 물론 이러한 산화물의 거래 단위가 상당할 때는 Bulk Vessel을 활용하여 운송해야 할 것입니다.

그리고 Dry Container에 Flexi Bag 설치해서 운송하는 아이템은 일반적으로 액체 상태의 화물이며, 위험물로 분류되면 Flexi Bag이 아닌 Tank Container를 활용해야 할 수도 있겠습니다. 이는 선사 쪽에서 결정할 것입니다.

| Carton 단위 화물 | Pallet 단위 화물 | Container 단위 화물 | Container 선박 |

B. 다양한 형태의 Container

RF Container는 동일 사이즈의 Dry Container보다 내부 사이즈가 다소 협소합니다. 이유는 냉동 장치가 설치되어 있기 때문입니다. 그리고 바닥이 나무가 아니라 스테인리스 혹은 알루미늄으로 제작되어 있고, 공기의 흐름을 위해서 'T' 보드 형태를 띠고 있습니다.

Bulk 화물 전용 컨테이너라고 할 수 있는 FR Container는 기타의 컨테이너와 비교할 때, 바닥의 두께가 두껍습니다. 이유는 FR Container를 활용하여 운송되는 대부분의 화물은 중량물(Weight Cargo)이기 때문입니다. 참고로 FR Container의 바닥 중간 부분은 기둥이 있는 양쪽 끝과 비교해서 윗부분이 조금 솟아 있습니다. 그래서 FR Container에 화물을 올리면 윗부분이 내려가면서 양쪽 기둥이 안쪽으로 그만큼 기울어집니다. 마지막으로 Dry Container처럼 보이지만, 윗부분이 개방된 OT Container는 외부로부터 불순물(빗물, 먼지 등)이 유입될 수 있습니다. 그래서 필요하다면, Tarpaulin이라는 방수포를 개방된 부분에 덮어야 할 것입니다.

C. 액체 상태의 화물 운송

액체 상태의 화물로서 거래 단위가 크지 않은 경우[4], Flexi Bag 혹은 IBC(Intermediate Bulk Container)를 활용하여 운송할 수 있습니다. Flexi Bag은 제품의 특성과 용량을 확인 후 Dry Container에 Flexi Bag을 설치해서 액체를 주입합니다. 그리고 플라스틱 용기 형태의 IBC 역시 액체를 운송할 때 사용하는 것으로서, 액체를 담은 IBC를 Dry Container에 적입 후 컨테이너 선박에 선적할 수 있습니다[5].

---

4 거래 단위가 상당한 액체 화물은 Bulk Vessel을 활용하여 운송될 것입니다.
5 내용물이 위험물에 속하는 경우, Tank Container를 사용해야 할 수도 있습니다.

■ 반복 사용 가능한 용기로서 컨테이너에 대한 이해

A. Bulk Cargo의 컨테이너 운송

곡물, 화학 액체류 등과 같은 화물뿐만 아니라 건설 중장비, 자동차(트럭, 버스 등) 및 플랜트 화물 등은 Bulk Cargo라 할 수 있습니다. 그런데 이러한 Bulk Cargo를 Bulk 화물 전용 선박인 벌크 선박이 아닌, 컨테이너에 적입해서 고정(Shoring 혹은 Lashing) 후 컨테이너 선박으로 운송할 수도 있습니다. 곡물은 Dry Container(Van)에 그대로 적입해서 운송 가능하며, 화학 액체류는 Tank Container 혹은 Dry Container에 Flexi Bag 설치해서 운송하거나 IBC Tank에 주입 후 Dry Container로 운송할 수 있습니다. 아울러 중장비, 자동차 및 플랜트 화물은 Flat Rack Container를 활용하여 CFS에서 Shoring 작업 후 컨테이너 선박으로 운송 가능한데, 부피가 상당하면 선상에서 Flat Rack Container 여러 대를 연결하여 화물 적입과 Shoring 작업이 이루어질 수도 있습니다. 이때 선창에 Dry Container를 쌓아 올리고 Deck 바로 하단에서 FR 작업하고 Deck을 덮을 수도 있지만, On Deck에 FR 컨테이너 깔아서 작업하는 경우도 있습니다. 이렇게 On Deck에서 FR 작업하면 해당 공간에는 당해 화물만을 위한 공간이라서 비용이 추가로 발생될 수 있고, 햇살과 해수로 인한 문제점 등에 노출될 수도 있습니다.

B. CSC 협약에 따른 컨테이너 안전 승인판(CSC Safety Approval)

a) CSC 협약: 안전한 컨테이너를 위한 국제협약. 1972년 제네바에서 유럽경제이사회의 협조 하에 국제연합(UN)과 국제해사기구(IMO)가 합동으로 개최한 '컨테이너 운송에 관한 국제회의'에서 컨테이너의 운송 및 취급에 있어서 고도의 인명 안전성 유지와 컨테이너의 국제운송 촉진을 위해 채택한 컨테이너의 제작, 시험, 검사, 보수점검에 관한 국제협약(출처 : 해양수산부).

b) 안전 승인판: 컨테이너는 적입(Stuffing) 화물의 운송을 충분히 감당할 수 있는 구조 및 강도를 갖추고 있어야 하며, 이런 조건을 충족하고 있는지에 대한 점검을 받습니다. 점검 방식은 정기점검으로서 5년마다 정기적으로 점검받는 방식과 계속 점검 방식으로 나누어지며, 이 중 하나를 선택하여 점검받습니다. 점검에 대한 승인으로서 컨테이너에 안전 승인판(CSC Safety Approval)이 부착되는데, 점검 방식에 따라서 승인판의 내용이 다릅니다.

제3조(안전점검 방법) ③ 컨테이너의 점검 시기는 점검방법별로 다음 각 호에 따른다.

1. 정기점검 : 제조일로부터 5년 이내에 최초 점검을 실시하고, 그 이후부터는 30개월을 초과하지 않는 주기로 실시

2. 계속점검

가. 일관점검 : 최대 30개월 이내의 주기로 점검 실시. 다만, 점검 시기가 도래하기 전이라도 컨테이너 주요부의 수리, 재생 또는 컨테이너의 임대차가 발생하는 하는 경우에는 다음에 따라 일관점검을 실시하고 일관점검을 한 날로부터 주기를 다시 기산한다.

(1) 컨테이너 주요부의 수리 또는 재생이 발생하는 경우에는 수리 또는 재생한 날로부터 7일 이내에 점검 실시

(2) 컨테이너의 임대차가 발생하는 경우에는 임대차 개시 전 7일 이내 및 임대차 종료 후 7일 이내에 각각 점검 실시

나. 일상검사 : 컨테이너를 일상적으로 사용하는 중에 손상이나 노후 여부를 점검

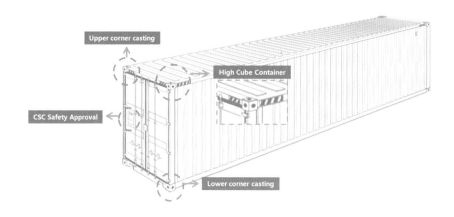

C. High Cube Container의 표기

20ft와 40ft에는 없는 표기가 40ft High Cube(HQ) 및 45ft High Cube Container에는 존재합니다. 이를 통해서 눈으로 쉽게 High Cube인지 아닌지를 확인할 수 있는데, 그 표기가 바로 Upper Corner Casting 쪽에 있는 노란색 대각선(Zebra Decal)입니다.

D. 컨테이너가 주름진 이유와 바닥 재질

컨테이너가 주름진 이유는 강도 향상과 충격을 흡수하기 위함이라 할 수 있습니다. 즉, 내구력 향상을 위함이며, 외부로부터 특정 부분이 충격을 받았을 때 그 충격이 다른 부분으로 퍼지지 못하게 하기 위한 목적도 있습니다. 그리고 RF Container의 바닥은 Steel로 재질로서 화물과 컨테이너를 고정할 때, 못(Nail)을 사용할 수 없습니다. 그래서 Rope 혹은

Wire(Band, net 등 포함)를 컨테이너 내부 고리에 연결해서 화물 고정 작업[6]을 합니다. 혹은 Bag에 공기를 넣어서 고정 작업하는 Dunnage Bag을 활용할 수도 있을 것입니다.

반면 바닥이 나무로 되어있는 Container로서, 예를 들어 Dry Container는 화물 고정 작업할 때 바닥에 못질을 할 수 있습니다. 물론 Rope 혹은 Wire를 이용할 수도 있고, Dunnage Bag과 같은 기타의 방법으로 고정 작업이 가능하겠습니다. 참고로 Container 내부 바닥이 나무인 경우, 그 나무에 대해서는 방역 처리해서 병충해의 국가 간 이동을 막고 있습니다.

<참고> Shoring과 Lashing의 차이

Shoring은 각재(square bar, 단면이 4각형인 목재)를 사용하여 화물의 고정 작업을 하는 것이고, Lashing은 컨테이너 내부 고리에 Rope 등을 넣어서 화물을 고정하는 작업을 뜻합니다. 이러한 화물 고정 작업을 Securing이라고도 하겠습니다.

<참고> 컨테이너 화물의 고정 작업 책임은 화주에게 있다.

선사는 적입과 고정 작업 그리고 Sealing 완료된 컨테이너를 인수해서 운송 서비스하는 운송사입니다. 고정 작업을 허술하게 하여, 선사가 접수한 컨테이너로부터 화물이 풀려서 화물 자체에 Damage 발생되면 선사는 면책입니다. 그로 인해서 발생된 COC(선사 소유의 컨테이너)의 Damage에 대해서 화주는 선사에게 비용 청구받을 것이며, 적하보험에 가입(부보)했더라도 적하보험사로부터 보험금 지급을 받지 못 하겠습니다(적하보험사 면책).

E. 20ft는 중량 화물, 40ft는 부피 화물용 컨테이너

중량 화물(Weight Cargo)은 부피에 비해 무게가 상당한 화물이라 할 수 있으며, 컨테이너 내부 공간을 많이 차지하지 않으나 그 중량이 상당합니다. 20ft는 40ft와 비교했을 때, 내부 공간(CBM)이 대략 1/2이지만(20ft 약 33CBM, 40ft 약 67CBM) 적재 가능 중량(실무적으로 20ft, 40ft 구분 없이 대략 25ton 이하)에는 거의 차이가 없습니다. 그래서 부피는 크지 않으나 중량이 상당한 화물(Weight Cargo, 중량화물)은 20ft FCL 건으로 운송하는 경우가 많겠습니다.

반면 20ft와 비교할 때 적재 가능 중량에는 차이가 없으나, 내부 공간이 2배 정도 더 넓은 40ft 컨테이너는 부피 화물(Volume Cargo) 운송용이라 할 수 있습니다. 하나의 화주가 부피 화물을 40ft 임대해서 FCL로 수출할 수도 있지만, 부피 화물인데 컨테이너 임대까지 필요치 않은 LCL 화물의 운송에서는 많은 경우에 40ft로 여러 화주의 LCL 화물을 혼재하

---

6 컨테이너에 적입된 화물의 고정 작업을 Shoring 혹은 Lashing이라고도 하고, Securing이라고도 합니다.

여 운송이 진행될 수 있습니다. 물론 물량이 많은 지역으로 운송되는 경우에 LCL 화물을 40ft에 혼재하고, 물량이 적은 지역으로 수출하는 경우는 20ft에 혼재할 수도 있을 것입니다. 따라서 단정 지을 수는 없으며, 단순 참고 사항으로 받아들이면 됩니다.

F. 중량화물의 Roll Over 가능성

Roll Over는 화주가 Shipment Booking하였음에도 불구하고 Booking된 선박이 아닌 다음 항차의 선박에 화물을 선적하라는 선사의 일방적인 통지입니다. FCL로 진행하는 건으로서 중량화물은 부피화물보다 Roll Over[7]될 가능성이 큽니다. 이는 Shipment Booking 받은 선사 측에서 통상 오버부킹 하였을 때 행하며, 선조치 후통지 하기 때문에 화주 입장에서는 받아들이기 어려운 선사의 결정입니다. 사실 Roll Over 결정은 선사의 결정이지만, 실화주와 선사 중간에서 운송 업무를 핸들링하는 포워더가 실화주의 클레임을 고스란히 흡수해야 하는 억울한 상황이 조성될 수 있습니다.

● 해상

선사는 Shipment Booking 받은 컨테이너 단위 화물에 대해서 선적 직전에 다음 항차에 선적할 것을 통지하기도 합니다. 이를 Roll Over 혹은 Off Load라고 합니다. 선사가 이러한 결정을 할 때 기준은 중량이 상당한 Weight Cargo, 운임이 낮은 화물, 단발성(Spot) 화물 등이 될 것입니다. FCL 화물이 반입지 CY에 반입된 상태에서 Roll Over 통지받으면, 다음 항차까지 CY에 보관해야 하니 Storage와 Demurrage Charge에 대해서는 선사와 협의가 필요할 것입니다.

머스크라인(Maersk Line)의 선적보장 서비스

[Maersk Spot]
Maersk Spot은 Shipment Booking 화물에 대한 '선적보장'과 함께 '부킹 시 운임 확정'되는 서비스라 할 수 있습니다. 선적보장은 성수기와 비성수기 구분 없이 화물에 대한 선적을 보장받을 수 있습니다. 그리고 Shipment Booking 하는 시점에 제시받은 운임은 실제로 화물을 선적하는 시점에 변동될 수 있지만, Maersk Spot은 이러한 위험에 화주를 노출 시키지 않습니다.

---

7 Off Load 혹은 Cut Off라는 표현을 사용하기도 합니다.

● 항공

항공 화물에 대해서도 항공 콘솔사를 통해서 항공사에 Shipment Booking 완료하였음에도 불구하고 Off Load 통지받을 수 있습니다. 대한항공의 경우 'KAL-XAG[8]라는 서비스가 있으며, 아래와 같은 혜택을 제공받을 수 있습니다.

선사의 Roll Over 통지문

Korean Shipping Line Company

Date : 2020.5.10.
From : West Asia Export Sales Team
Subject : Notice of Cargo Roll Over

VVD   AG3) HMM BLUE GLORY 103W → HMM HONGKONG 133W

Dear Value Customer,
We hope esteemed Company's prosperity&deeply appreciate your sincere cooperation.
Due to the space management and the weight limitation reason, your cargo planned to be loaded on HMM BLUE GLORY 103W will be rolled over to the next voyage, HMM HONGKONG 133W.
We apologize for the inconvenience and thank for your constant support.
Please refer to the updated schedule.

Vsl/Voy	Port	TML		Day	Date	Time
HONGKONG 133W	KRPUS	HNC	A	FRI	20200517	05:00
			B	FRI	20200517	07:00
			D	SAT	20200518	08:00
	AEDXB	JAT	A	WED	20200608	04:00
			B	WED	20200608	06:00
			D	THU	20200609	10:00

A : Arrival, B : Berthing, D : Departure

---

8 XAG는 소량 긴급화물(Express Service for Small Shipments), XCO는 중대형 긴급화물(Express Service for Medium to Heavy Shipments)
9 출처 : 물류신문, http://www.klnews.co.kr/

〈참고〉	다양한 화물 운송에 사용되는 OT Container

화물 중에는 밀폐된 상태에서 공기 팽창을 유발하는 특성을 가진 화물도 있습니다. 이러한 화물을 Ton Bag으로 포장해서 밀폐된 Dry Container로 운송하면 운송 과정 중에 컨테이너가 폭발할 수 있습니다.

그래서 화물 자체에서 가스가 발생되는 화물은 밀폐된 컨테이너가 아닌 OT Container를 사용하거나 혹은 Dry Container를 사용하되, Door 한쪽을 제거해서 컨테이너 내부로부터 가스가 방출될 수 있도록 조치해야겠습니다.

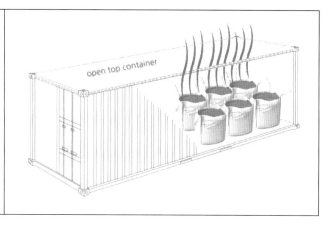

G. 컨테이너 Sealing(봉인)

화물을 컨테이너에 적입 후 고정 작업까지 완료하면, 문을 닫아야 합니다. 컨테이너 문은 여닫이 형태로서 좌측으로 개폐하는 문(Left Door Leaf)과 우측으로 개폐하는 문(Right Door Leaf)으로 구성되어 있습니다. 컨테이너 문을 닫을 때는 먼저 좌측 문을 닫고 좌측 문에 설치된 2개의 Locking Bar로 Locking합니다. 그리고 우측 문을 닫고 역시 우측 문에 설치된 2개의 Locking Bar를 Locking합니다. 이후 Seal은 우측 문의 왼쪽 Locking Bar 부분에 채웁니다(우측 문을 열어야 왼쪽 문도 열 수 있음).

도착지에서 컨테이너를 개장(Open)할 때는 반대로 진행하면 됩니다. 따라서 Seal을 먼저 제거하며, 우측 문 Locking Bar를 Unlocking하고 우측 문을 엽니다. 그리고 왼쪽 문의 Locking Bar를 Unlocking하고 좌측 문을 엽니다.

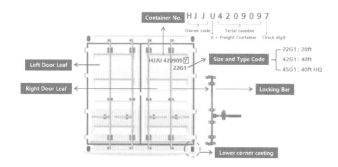

▲ Size and Type Code:
22G1에서 첫 번째 2는 Length, 두 번째 2는 Height, 마지막 G1은 Characteristics

H. Container No.와 Size and Type Code

Container No.는 컨테이너의 여러 곳에 확인 가능한데, 그중 가장 눈에 띄는 곳이 바로 Door 부분입니다. 그리고 컨테이너 내부에 인쇄되어 있고, Corner Casting 쪽에는 타각[10]되어 있습니다. 그래서 인쇄된 컨테이너 번호가 지워지더라도 Corner Casing 쪽은 타각되어 있기 때문에 확인 가능합니다. 아울러 Door의 컨테이너 번호 바로 하단에 새겨진 22G1과 같은 번호는 컨테이너의 사이즈와 타입을 알 수 있는 번호로서, 22G1은 20ft Dry Container를 뜻합니다.

■ Empty Repositioning, Match Back, Drop Off 및 EPS

A. Empty Repositioning

컨테이너는 대부분 선사 소유 혹은 컨테이너 임대 사업자로부터 선사가 장기 임대한 COC(Carrier's Own Conatiner)입니다. 선사는 수출지에서 COC를 화주에게 임대하고 송하인(Shipper)은 화물을 적입해서 선사로부터 화물 운송 서비스를 제공받습니다. 이 과정의 마무리는 수하인(Consignee)이 컨테이너로부터 화물을 적출해서 다시 선사가 지정한 반납지 CY로 컨테이너를 반납하는 것입니다.

이후 선사는 Empty 상태의 컨테이너를 당해 국가로부터 회수하기 위해서 선박에 선적해서 최초 수출국(혹은 Empty 컨테이너가 필요한 제3 국가)으로 보내어 또 다른 수출 건에서 활용합니다. 이렇게 수입국으로 발송된 컨테이너에 새로운 화물을 적입하여 최초 수출국(혹은 제3국)으로의 운송에 활용하는 것이 아닌, Empty 상태로 수출국으로 다시 회수하는 것을 Empty Repositioning의 의미로 이해하면 적절할 것입니다.

선사 입장에서 아무런 수익이 없는 말 그대로 Empty 컨테이너를 선적하기 때문에 Empty

---

10 금속 따위의 굳은 물체에 문자 또는 숫자를 새기는 일.

Repositioning에 긍정적일 수는 없습니다. 특히 수입국 Consignee에 의해 적출된 후 CY에 반납되어 보관하는 비용과 선박에 선적되는 비용(THC) 및 해상 유류비를 선사가 부담해야 하기 때문에, Empty 상태의 컨테이너를 최초 수출국으로 회수하는 것은 그만큼 선사로서는 반길만한 일은 아닙니다[11].

결국, 선사는 해당 수입국에서 영업력을 키워 고수익이 창출되는 화물을 반납받은 Empty 컨테이너에 적입해서 다른 국가로의 수출에 다시 컨테이너를 활용해야 할 것입니다(물론 해당 수입국의 수출 물량 자체가 많지 않아 Empty Repositioning이 불가피할 수도)[12].

<table>
<tr><td>〈참고〉</td><td>RF 컨테이너의 Repositioning과 NOR(RF 컨테이너를 DV처럼 사용하는 경우)</td></tr>
</table>

특정 국가 사이에서 RF 컨테이너를 사용한 화물이 한쪽 국가로만 운송되고, 반대 국가로는 RF 컨테이너를 사용한 화물의 운송이 일어나지 않는 경우가 있습니다. 결과적으로 양 국가 사이에 RF 컨테이너의 불균형이 발생되고, 선사는 Empty 상태의 RF 컨테이너가 필요한 국가로 선사 자신의 비용으로 Repositioning 해야 합니다. 이렇게 Empty 상태로 RF 컨테이너를 선박에 On Board 해서 Repositioning 하는 것보다는 DV(Dry 컨테이너) 운임 정도를 적용해서 일반 화물을 운송하는데, RF 컨테이너를 사용하는 것이 선사 입장에서는 이익이 됩니다. 따라서 일정한 온도의 유지가 필요치 않은 화물의 운송에서 RF 컨테이너가 사용되는 경우가 있습니다.
이렇게 냉각기를 가동하지 않고 화물 운송에 사용되는 RF 컨테이너를 NOR(Non Operating Reefer)이라고 표현하기도 합니다. 문제는 이렇게 RF 컨테이너를 사용하다가 화주의 부주의로 RF 컨테이너에 Damage가 발생되면, DV보다 훨씬 많은 비용을 청구받을 수 있다는 것입니다.

B. Match Back(복화)

수입국의 Consignee에 의해서 화물 적출된 Empty 상태의 컨테이너를 선사가 지정한 반납지 CY로 반납하는 것이 아니라, 적출 후 그대로 수출 화물의 수출에 활용하는 것을 Match Back이라 할 수 있습니다. FCL이라는 것은 선사 입장에서 컨테이너에 화물을 Full로 적입한 화물이라는 개념보다는 선사 소유의 컨테이너를 화주에게 임대한 건을 의미합니다. 이렇게 임대한 컨테이너를 다시 회수하는 것은 당연하나, 회수 과정에서 Empty로 회수하는 것보다는 화물이 적재된 상태에서 수출국으로 회수하는 것이 수익 증대에 긍정적입니

---

11 화주가 요구한 Port of Discharge에 컨테이너 단위 화물이 도착 후 Empty 컨테이너 상태로 선사가 선박에 컨테이너를 선적해서 회수해야 하는 경우, 선사는 화주에게 왕복 운임을 제시하기도 합니다.

12 한국을 기준으로 유럽 서비스하는 HMM(옛 현대상선)이 한국과 중국에서 선적한 화물을 유럽으로 운송하는 것을 Headhaul, 유럽에서 화물을 선적해서 다시 한국으로 돌아오는 것을 Backhaul이라 합니다. 선사 입장에서 Headhaul과 Backhaul 모두 만선되면 좋지만 한국과 중국에서 유럽으로 판매되는 상품의 종류와 유럽에서 한국과 중국으로 판매되는 상품의 종류는 다를 수 있습니다. 상품의 종류가 다르면 사용하는 컨테이너의 종류가 다를 수 있기 때문에 양 구간에서 컨테이너는 동일하게 균형을 맞추지 못할 수 있습니다.

다. 따라서 선사는 아웃바운드 물동량 대비하여 인바운드 물동량의 비율로서 Match Back Ratio를 높일 필요가 있습니다.

Match Back은 크게 2가지 형태로 구분될 수 있습니다.

수입국의 A라는 Consignee가 자신의 Door에서 수입 건 컨테이너에서 수입 화물을 적출 후, 해당 컨테이너에 수출화물을 적입해서 출항지 터미널로 내륙운송하는 형태, 혹은 Consignee A사의 Door에서 Empty 상태로 인근의 수출물품을 보유한 Shipper B사의 Door로 내륙운송하는 형태를 복화운송이라 합니다. 2가지 형태 모두 수입 컨테이너를 선사가 지정한 CY에 반납하고 수출화물의 Door로 이동을 위한 반출 절차를 생략하고 있기 때문에 선사로부터 사전 동의를 구해야 가능한 운송 형태입니다[13].

컨테이너 복화 사용 요청서[14]

날짜	:	(DATE)			
수신	:	고려해운㈜			
발신	:	(업체명)	(성함)	(전화번호)	(email adress)

Booking No.	:	(No.)
Container NO.	:	(No.)

1. 당사는 상기 컨테이너를 지정된 CY에 반납&반출을 하지 않고, 현재 반출된 상태에서 그대로 사용하고자 합니다.

2. 이에 이로 인하여 발생한 모든 직접적 또는 간접적인 문제(비용 포함)에 대해 책임을 질 것을 확약 드리니 컨테이너 복화 사용을 승인 부탁드립니다.

3. 당사는 당사의 검사에 따라 해당 컨테이너가 하자가 없는 사용 가능한 상태임을 확인하며 상기 요청을 선사가 승인하는 데 있어서 발생하는 문제에 대하여 전적으로 책임을 질 것이며, 관련하여 분쟁이 발생할 경우 소요가 예상되는 모든 비용을 선사에게 선지급할 것임을 약속드립니다.

---

13 컨테이너 복화 사용을 기본적으로 불허하는 선사가 있고, 컨테이너 복화 사용 각서를 화주가 작성하면, 복하 사용 가능하도록 허용하는 선사도 있습니다. 복화 사용 시 별도의 비용이 발생될 수 있습니다(e.g. 20ft의 경우 30,000원 / 40ft의 경우 60,000원으로, 부가세 별도)

14 출처: http://www.ekmtc.com/

C. Drop Off와 Positioning Surcharge

Valid for FAK & TILES & WINE&SPIRITS
Free drop off in Bugok only for 20'DC/40'HC / + USD 200/CNTR for 40'DC
Weekly - Service in 35/36 days / Free Time 8 c.d. DEM & 6 c.d. DET

a) Drop Off Charge(하차료): 부산항으로 입항된 컨테이너로부터 화물을 적출 후 Empty 컨테이너를 경기도 부곡 ICD 혹은 인천항으로 반납했을 때 발생하는 하차료를 Drop Off Charge라고 합니다. 이는 선사(Line), 컨테이너의 사이즈 및 종류별로 상이하게 발생될 수 있습니다.

참고로 부곡 CY에 일반 Dry 컨테이너가 Full로 반입된 상태에서 수입 화물을 적출한 Empty 컨테이너의 부곡 반납을 선사가 거부할 수 있습니다. 그러면 부산항으로 반납해야 합니다. 물론 FR 컨테이너와 같은 특수 컨테이너의 반납(픽업)은 대부분 부산항 CY가 지정될 것입니다.

b) Equipment Positioning Surcharge(EPS): Shipper는 화물을 해상 운송할 때 컨테이너 소유사에게 컨테이너를 임대(FCL)해서 Consignee에게 컨테이너 단위 화물을 발송하며, Consignee는 화물을 적출 후 Empty 컨테이너를 소유사가 지정한 반납지 CY로 반납합니다.

부산 신항은 유럽, 미주 등 원양 운송 서비스 스케줄이 많고[15], 인천항은 근해(Intra-Asia) 서비스 스케줄 위주입니다. 그리고 우리나라의 공장과 창고 중 상당 부분은 경기도권에 위치하고 있습니다. 따라서 유럽에서 수입되는 수많은 컨테이너 화물은 부산항으로 입항되어 Consignee가 지정한 경기도권 Door로 내륙운송됩니다. 이후 Consignee는 Empty 컨테이너를 입항지로서 부산항 CY가 아닌 경기도 부곡 ICD[16](혹은 인천항 CY)로 반납을 원합니다. 부산항 CY로 반납하면 내륙운송비가 추가 발생되기 때문입니다.

문제는 이로 인하여 부곡 ICD에는 Empty 컨테이너가 쌓이고, 부산항에서는 부족한 현상이 발생됩니다. 선사는 컨테이너라는 장비(Equipment)의 수급 균형(Balance)을 맞추

---

15 부산 북항은 수심이 상대적으로 얕아서 원양 서비스하는 큰 선박의 입출항보다는 Intra-Asia 서비스 선사의 작은 선박의 입출항이 주로 이루어집니다.

16 부곡 CY에 Full Empty Container 상태이면, 선사는 Empty 컨테이너를 부곡 CY로 반납받지 않을 수 있습니다. 그렇다면 인천 CY 혹은 부산 CY로 반납해야 할 수 있겠으며, 이로 인한 내륙운송비가 상승될 수 있습니다.

기 위해서 자신의 비용을 투자해서 부곡 ICD의 Empty 컨테이너를 부산항으로 이동시켜야 합니다. 이를 Empty Container Repositioning이라고도 하는데, 이때 발생된 비용을 EPS(Equipment Positioning Surcharge)라는 용어를 사용하기도 합니다.

박스 내용에서 'USD 200/CNTR for 40ft DC'은 부산항에 입항한 40ft Dry 컨테이너를 부곡 ICD로 반납했을 때, 선사의 Empty Container Repositioning에 따른 비용을 화주에게 USD200 청구한다는 의미로 이해하면 적절할 것입니다. 아울러 Free drop off in Bugok only for 20ft DC/40ft HC'는 20ft Dry 컨테이너 및 40ft High Cube 컨테이너를 부곡 ICD로 반납했을 때 반납비(Drop Off Charge)는 청구되지 않음(Free)을 의미합니다.

| 〈참고〉 | F.A.K.와 C.D. |

F.A.K.: Freight All Kind의 약자로서 품목과 관계없이 제공되는 운임(Freight)이라 할 수 있습니다.

Calendar Day(C.D.): 토, 일요일 및 공휴일을 포함해서 달력에 표시된 모든 날짜를 뜻합니다. 따라서 'Free Time 8 c.d. DEM & 6 c.d. DET'에서 DEM(Demurrage)의 Free Time은 8 Days로서 토, 일요일 및 공휴일이 포함되겠습니다.

■ 해상 화물의 Weight Cargo와 Volume Cargo 개념

A. Revenue Ton, Volume Cargo 및 Weight Cargo

해상운임(Ocean Freight, O/F)의 청구 기준이 되는 톤을 의미합니다.

우리나라에서는 1 CBM(가로, 폭, 높이가 각각 1m[17])의 공간(부피)을 가진 해상 화물을 1,000kgs으로 인식합니다. 반대로 1,000kgs 화물은 1 CBM의 공간을 차지하고 있다는 의미입니다. 그렇다면 대략 33 CBM 정도의 내부 공간(Interior Cubic)을 가지고 있는 20ft Dry 컨테이너에 8 CBM에 5,500kgs 화물을 적입하면, 눈으로 보이는 공간은 8 CBM의 공간을 차지하지만, 눈으로 보이지 않는 공간으로서 무게를 CBM으로 변환한 공간은 5.5 CBM이 됩니다. 따라서 해상운임을 계산하는 기준으로서 R.ton[18]은 8이 됩니다. 이렇게 중량값이 아니라 부피값이 R.ton이 되는 화물을 Volume Cargo(부피화물)라 합니다. 부피가 상당하고 중량이 가벼운 Volume Cargo는 대부분 소비재에 속합니다.

---

17 DIM(Dimension): 1,000mm(Length) × 1,000mm(Width) × 1,000mm(Height)
18 Revenue Ton, 계산톤, 운임톤

반면 8 CBM에 15,000kgs의 화물의 R.ton은 15입니다. 중량값이 부피값보다 더 큰 화물로서 이러한 화물을 Weight Cargo(중량화물)라 합니다. 이렇게 부피는 작으나 중량이 상당한 Weight Cargo는 대부분 원자재입니다.

사실 R.ton이 10 정도가 되면, 컨테이너 자체를 임대해서 운송하는 FCL로 진행하기 때문에 해상운임은 Per Container로 견적됩니다. R.ton을 확인해서 해상운임 계산하는 경우는 컨테이너 내부 공간을 임대해서 콘솔(혼재)되는 LCL 화물에 적용됩니다.

Dry Container 제원[19]										
Size &Type	Height	Tare (kgs)	Payload(kgs)	Max.Gross (kgs)	Door Opening (mm)		Interior Dimension (mm)			Interior Cubic (m³)
					Width	Height	Length	Height	Width	
20' DRY CNTRS	8'6"	2,200	28,280	30,480	2,340	2,280	5,898	2,392	2,352	33.2
40' DRY CNTRS	8'6"	3,600	28,900	32,500	2,340	2,280	12,032	2,392	2,352	67.6
4H' DRY CNTRS	9'6"	3,800	28,700	32,500	2,340	2,585	12,032	2,698	2,352	76.3

B. Volume Cargo의 사례

Volume Cargo R.ton : 10.648 (10.648 CBM[20] > 2,400 kgs)

Commodity : Shoes
Q'ty : 8 Pallet
DIM(Dimension) : 1100mm(Length) × 1100mm(Width) × 1100mm(Height) per Pallet
CBM(Cubic Meter) : 8 Pallet 10.648 CBM (1.331 CBM per Pallet)
G.W.(Gross Weight) 8 Pallet 2,400 kgs (300 kgs per Pallet)

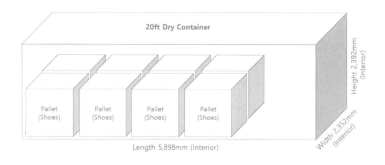

19　출처: HMM(옛 현대상선)

20　CBM은 소수점 3자리까지 표기합니다.

상기 화물은 총 8 Pallet으로서 10.648 CBM에 Gross Weight 2,400kgs의 포장 정보를 가지고 있습니다. R.ton은 부피값 10.648이기 때문에 Volume Cargo입니다. 통상 R.ton이 10 정도 될 때는 Per Container로 계산되는 FCL 견적과 Per R.ton[21]으로 계산되는 LCL 견적을 비교 후에 최종 선택하는데, 대부분 이 정도 되는 화물은 FCL로 진행합니다. FCL로 진행해야, 혼재[22]가 안 되기 때문에 운송 중 화물의 파손과 보관 중 분실 확률이 낮고, 통관 등 여러 부분에서 장점이 있습니다. 그럼에도 불구하고 본 화물을 LCL로 진행하면 해상운임은 10.648에 적용합니다. 즉, LCL Ocean Freight USD 5.00 per R.ton일 때, USD5.00 곱하기 10.648이 됩니다.

C. Weight Cargo의 사례

Weight Cargo	R.ton : 5.4 (1.035 CBM < 5,400 kgs)

Commodity : Steel Panel
Q'ty : 3 Pallet
DIM(Dimension) : 950mm(Length) × 550mm(Width) × 660mm(Height) per Pallet
CBM(Cubic Meter) : 3 Pallet 1.035 CBM (0.345 CBM per Pallet)
G.W.(Gross Weight) 3 Pallet 5,400 kgs (1,800 kgs per Pallet)

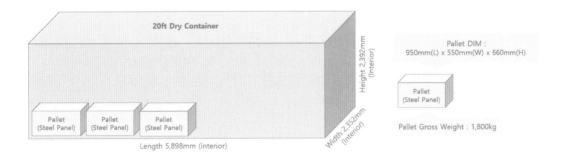

상기 화물의 R.ton은 5.4이며, 이는 중량값입니다. 즉, 1 CBM의 공간(부피)이 1,000kgs를 초과하는 Weight Cargo입니다. 20ft Dry 컨테이너에서 눈으로 확인했을 때 차지하고 있는 공간은 1.035 CBM 정도이지만, 실제로는 이보다 더 많은 5.4 CBM의 공간을 차지하고 있

---

21 혹은 Per CBM, Per W/M, 모두 동일한 의미로서 R.ton으로 계산됩니다.
22 컨테이너를 임대하는 FCL과는 달리 LCL은 컨테이너 내부 공간을 빌려서 2개 이상의 화주가 공유하는 개념입니다. 따라서 2개 이상의 화주 화물이 컨테이너에 혼재(콘솔)되며, CFS라는 보세창고에 무조건 보관되어야 합니다.

는 화물로서 R.ton은 5.4입니다. 본 화물은 FCL보다는 LCL이 적절할 수도 있습니다[23]. 그러나 3 Pallet의 화물이지만 각 pallet 당 Gross Weight가 4,000kgs로 총 12,000kgs이라면, 부피는 1.035 CBM이라 할지라도 FCL로 진행합니다.

참고로 이러한 Weight Cargo는 화물과 컨테이너의 고정(Shoring) 작업을 보다 철저히 해야 합니다.

---

23 LCL로 보이는 부피와 중량값을 가진 화물이라 해서 무조건 LCL로 진행 가능한 것은 아닙니다. 위험물(DG, Dangerous Goods)이라든지 온도에 민감해서 RF 컨테이너를 사용해야 하는 화물은 소량의 화물이라도 컨테이너를 임대해서 FCL로 진행할 수밖에 없는 경우가 있습니다. 위험물은 기본적으로 다른 화물과 혼재 불가하며, 온도 유지가 필요한 물품은 동일 구간에서 동일 시점에 출발하는 타 회사의 화물과 유지 온도가 같아야 하는데, 현실성이 없습니다.

제2장

Bulk Cargo 운송 용어

2. Bulk Cargo 운송 용어

■ Bulk Cargo의 분류와 용선(Chartering)

A. Bulk Cargo의 분류

Bulk Cargo의 의미는 크게 2가지로 구분됩니다. 첫 번째는 규격화된 컨테이너에 적입해서 컨테이너 선박으로 운송되지만, 포장하지 않은 상태로 컨테이너에 적입되어 운송되는 화물을 의미합니다. FR 컨테이너 혹은 OT 컨테이너에 적입되는 화물 중에 Out of Gauge(OOG) 화물 역시도 Bulk Cargo 개념이 될 수 있습니다. 두 번째로, 규격화된 컨테이너를 사용하지 않고 Bulk 선박에 적재되어 운송되는 화물 역시 Bulk Cargo라 할 수 있습니다.

Type	Break Bulk Cargo	– 철강제품, 중장비, 곡물, 비료, 시멘트, 광석류, 석탄, 고철, 원목 등
	Liquid Bulk Cargo	– 식용 혹은 공업용 오일류, 일반 화학제품, 석유화학 제품 등
	Project Bulk Cargo	– 공장 이전, 대형 설비 및 대형 기계류 등과 같은 플랜트 화물

컨테이너로 운송되는 Out of Gauge 화물

규격화된 컨테이너에 적입 가능한 화물을 In-gauge 화물이라 하며, 규격화된 컨테이너에 적입 되더라도 윗부분 혹은 좌우 측면으로 벗어나는 화물을 Out of gauge 화물, 즉 OOG 화물이라 합니다. OOG 화물의 운송에는 Open Top Container 혹은 Flat Rack Container를 사용할 수 있습니다. 그런데 이러한 OOG 화물은 컨테이너 윗부분 혹은 좌우 측면으로 일정 부분 벗어나 있기 때문에, 그 돌출된 부분에 다른 화주의 컨테이너 Load가 불가능합니다. 이렇게 발생된 공간을 Dead Slot 혹은 Dead Space라 말하며, 해당 부적재 공간에 대해서 OOG 화물의 화주는 추가 운임을 청구받아야 할 것입니다.

B. 용선(Chartering)의 종류

용선(Chartering)이란 선주(선박의 주인)로부터 용선자(Charterer)가 선박의 전체 혹은 일부를 임대하는 것이며, 이때 용선계약서(Fixture Note, 선복확인서)를 작성합니다. 그리고 용선자는 선박 혹은 선복(Space)을 선주로부터 임대하여, 자신의 화물을 운송하거나 타인의 화물을 운송하는 자를 뜻합니다. 일반 무역회사의 Bulk Cargo 운송은 선주와 용선 계약 가능한 능력을 보유한 Bulk Cargo 전문 물류회사가 무역회사의 용선 요청을 받아서 업무 진행됩니다.

a. 항해용선 계약(상법 제827조)

특정한 항해를 할 목적으로 선박 소유자(선주)가 용선자에게 선원이 승무하고, 항해 장비를 갖춘 선박의 전부 또는 일부를 물건의 운송에 제공하기로 약정하고 용선자가 이에 대하여 운임을 지급하기로 약정하는 계약입니다. 즉, 항해용선 계약은 통상 단일 항차 운항(e.g. 인천항 → 상해항 1회 빌리는 것)을 위해서 용선자가 선주로부터 항해 장비를 갖춘 선박, 선장 및 선원을 빌리는 계약이라 할 수 있습니다.

b. 정기용선 계약(상법 제842조)

선박 소유자(선주)가 용선자에게 선원이 승무하고 항해 장비를 갖춘 선박을 일정한 기간 동안 항해에 사용하게 할 것을 약정하고, 용선자가 이에 대하여 기간으로 정한 용선료를 지급하기로 약정하는 계약입니다. 보통 수년 동안 장기 계약하고 용선료를 정기적으로 지급하게 됩니다. 해운 시장이 호황일 때는 선사가 화주에게 제시하는 해운 운임이 높겠으나, 해운 시장이 불황일 때는 해운 운임은 상당히 낮아질 수 있습니다. 그래서 선사(용선자)가 선주와 정기용선 계약하는 시점이 해운 시장 호황이고, 계약 중에 해운 시장이 불황의 늪에 빠지만 용선자로서 선사는 선주에게 지급하는 용선료와 선사 자신의 화주에게 제시하는 운임의 폭은 좁아지거나 마이너스가 될 수 있는 위험성이 있습니다.

c. 선체용선(나용선) 계약(상법 제847조)

용선자의 관리·지배하에 선박을 운항할 목적으로 선박 소유자(선주)가 용선자에게 선박을 제공할 것을 약정하고 용선자가 이에 따른 용선료를 지급하기로 약정하는 계약입니다. 이러한 선체용선 계약을 나용선 계약이라고도 하며, 선박, 선장 및 선원을 빌리는 항해용선과 정기용선과는 달리 선주로부터 선박만 빌리는 것 계약을 일반적으로 선체용선 계약이라 하겠습니다.

d. 각 계약 형태의 공통점과 차이점

정기용선과 항해용선의 공통점은 용선자가 항해 장비를 갖춘 선박, 선장 및 선원을 빌리는 계약입니다. 즉, 선장과 선원은 이들 계약에서 용선인의 지시를 받는 게 아니라 선주의 지시를 받습니다. 그러나 선체용선 계약은 선주로부터 선박만을 빌린 용선자가 선장과 선원을 모집하기 때문에 선체용선 계약에서 선장과 선원은 용선자의 편에서 용선자의 지시를 받겠습니다. 결국, 정기용선과 항해용선에서는 운항 중에 선장 혹은 선원의 잘못으로 문제가 발생되면 선주의 책임이며, 선체용선 계약에서는 용선자의 책임이 될 것입니다.

■ Bulk Cargo 운송 비용

- 하역(Loading & Unloading) : 화물을 선적(Loading)하거나 양륙(Unloading)하는 일[24]

- 하역사(Stevedore): 하역 서비스 제공 회사(업자)

- 하역비(Stevedore Charge): 하역사에 지불하는 비용

A. 자선하역비

(선적지): 화물이 부두의 반입지에 반입되는 시점부터 발생되는 비용으로서 반입지에서의 보관비와 해당 반입지에서 하역이 이루어지는 부두까지의 운송비(Trucking Charge) 그리고 선박에 해당 화물을 하역하기 위해서 사용하는 크레인(Crane[25])의 Hook에 걸리는 시점까지 발생되는 비용이 선적지에서의 자선하역비에 속할 수 있습니다(보관료 및 Shuttle 운송 Trucking 비용 등).

B. 본선하역비

(선적지): 자선과 본선의 경계는 일반적으로 크레인이 미치는 지점까지[26]이며, 본선하역비는 화물이 크레인의 Hook에 걸린 시점부터 발생된다고 할 수 있습니다. 이후에 크레인의 Hook에 걸린 화물이 선박으로 이동하여 Unhook하는 시점까지가 본선하역비에 기본적으로 포함되며, 추가적으로 L/S/D(Lashing, Secured(Shoring), Dunnage[2728])작업에 대한 비용도 포함될 수 있을 것입니다.

---

24 선적(On Board)은 '적하', 양륙은 '양하'라고 할 수 있습니다.

25 크레인을 Gear라고도 합니다.

26 크레인의 Hook이 닿는 부두 Apron의 바닥이 자선하역과 본선하역의 경계라 할 수 있습니다. 즉, 적재항 및 양륙항 모두에서 자선하역과 본선하역의 경계는 크레인의 Hook이 바닥 지점이라 이해하면 적절할 것입니다.

27 화물을 로프 혹은 와이어 등으로 선박에 고정하여 움직이지 않게 하고, 화물과 화물 혹은 선박과 화물 사이의 공간으로 인한 마찰 손상을 방지하기 위한 작업.

28 Lashing은 로프 혹은 와이어 등으로 화물을 묶는(고정) 작업이고, Shoring은 화물을 움직이지 못하도록 고정하는 작업이라 할 수 있을 것입니다. 일반적으로 Lashing이라 하면 로프 혹은 와이어와 같은 끈으로 화물을 묶는 작업이라 보시면 적절할 것으로 보입니다.

C. 크레인(Gear) 비용

BT/BT Term(Hook to Hook, Tackle/Tackle)에서 선주는 본선하역비를 부담합니다. 즉, 선주가 용선자에게 제시하는 운임에는 본선하역비가 포함되어 있습니다. 이때 용선한 선박에 크레인이 설치되어 있는 경우가 있고, 크레인이 설치되어 있지 않은 선박(Gearless Vessel)이 있습니다. 만약 크레인이 설치되어 있다면 본선하역비에 크레인 비용이 포함될 수 있을 것이나, 용선한 선박에 크레인이 설치되어 있지 않다면 용선인이 별도의 크레인을 수배해야 할 것입니다. 그래서 용선인은 용선 계약할 때, 선박에 크레인 설치 유무를 확인해야 할 것이며, 설령 크레인이 설치되어 있는 경우라 할지라도 해당 크레인의 고장으로 사용할 수 없는 상황이 발생할 수 있기 때문에 용선계약서에 크레인 비용은 선주가 부담한다는 조건을 명시하는 것이 확실할 것입니다.

〈참고〉	크레인(Crane) 용량 체크

크레인이 용선한 선박에 설치되어 있는 경우도 있고, 그렇지 못한 경우도 있습니다. 설치되어 있더라도 크레인으로 하역 작업 가능한 중량 한계(용량, Capacity)가 있기 때문에 화물의 중량과 선박에 설치된 크레인의 작업 가능 중량을 체크해야 할 것입니다. 선박에 설치된 크레인의 작업 가능 중량을 초과하는 화물이라면 별도의 크레인을 수배해야 할 것이며, 선박에 크레인이 설치되어 있지 않는 경우에도 화물의 중량을 확인하여 크레인을 수배해야 할 것입니다.
그리고 크레인이 100ton이라 했을 때, 100ton의 화물 하역할 수 있는 게 아닙니다. 선박에 설치된 크레인의 경우는 용량 80%까지 하역할 수 있다고 보기 때문에, 100ton 크레인의 경우는 80ton까지의 화물을 하역할 수 있다 봅니다. 반면 Mobile(Shore) Crane은 용량의 1/3 혹은 1/4까지의 화물을 하역할 수 있다고 보기에 100ton의 화물을 하역하기 위해서는 350ton 용량의 크레인을 수배해야 할 것입니다[29].

D. L/S/D(Lashing, Secured, Dunnage)

크레인을 활용해서 화물을 선박의 선창으로 선적하면, 선박의 흔들림으로 발생될 수 있는 화물의 Damage를 방지하기 위해서 고박 작업이 이루어집니다. FI/BT 혹은 FIO로 계약했을 때, 관련 비용이 본선하역비와 함께 용선자에게 청구되는지 혹은 L/S/D 비용이 선주가 제시한 운임에 포함되는지에 대해서 용선계약서(Fixture Note) 작성할 때 명확히 해 두는 것이 적절할 것입니다.

---

29 선박에 설치된 크레인(Gear)을 본선 Gear라고 합니다. 본선 Gear가 화물을 수직으로 Lift할 수 있고, Shore Crane은 화물을 Lift할 때 상당한 각(angle)이 상당히 발생된다고 가정했을 때, 크레인의 수율(크레인 용량 대비 처리할 수 있는 화물의 무게)은 Shore Crane이 본선 Gear보다 상당히 떨어지겠습니다.

■ Bulk Cargo 운송 Term

- 하기 모든 Term은 선주 입장에서 생각하자. 선주가 제시하는 운임에 포함되는지 혹은 미포함되는지에 대해서 선주 입장에서 생각하면 쉬울 것이다.
- 선사는 자신이 소유한 배가 있으나 선주에게 배를 용선하여 운항할 수도 있고, 선사가 다른 선사의 배의 일부 공간을 용선할 수도 있다. 그리고 배를 가진 선사에게 화주로서 포워더가 실화주의 벌크 화물을 운송하기 위해서 선사에게 선박의 일부 공간을 용선할 수도 있다.
- 자선하역비는 하기 Term에서 선주가 제시하는 운임에서 제외된다.

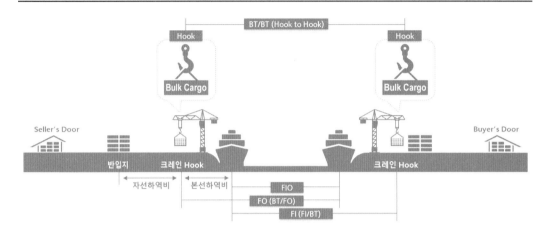

A. BT/BT(Full B/T, Line Term, Hook to Hook, Tackle to Tackle)

선주가 선적지(Port of Loading)에서 화물이 선박의 내부(In)로 선적되는 비용과 위험 그리고 양륙지(Port of Discharge)에서 화물이 선박의 밖(Out)으로 양륙되는 비용과 위험을 부담하는 조건이 되겠습니다. 다시 말해서 선주가 용선자에게 제시하는 운임에는 선적지 및 양륙지에서의 본선하역비가 포함되어 그에 따른 위험 책임도 선주에게 있는 조건이라 할 수 있습니다.

Hook to Hook 조건을 기준으로 좀 더 자세히 설명하자면, 선적지에서 크레인의 Hook에 화물을 연결하는 작업까지는 자선하역료 영역이며, Hook에 연결된 화물을 본선에 선적하는 비용은 본선하역료로서 Hook to Hook 조건에서는 선주가 제시하는 운임에 포함됩니다. 그리고 양륙지(양하지)에서 본선의 화물을 크레인 Hook에 연결 후 Apron에서 Unhook하는 시점까지가 본선하역료로서 Hook to Hook 조건에서는 선주가 제시하는 운임에 포함되며, Unhook하는 시점부터의 비용은 자선하역료의 영역입니다. 이는 본선에 크레인(Gear)이 설치되어 있다는 전제를 조건으로 합니다.

B. FI(Free In): FI/BT

선주 입장에서 선박의 내부(In)로 화물을 선적하는 비용과 위험을 부담하지 않는다(Free)는 뜻입니다. 다시 말해서 선주가 용선자에게 제시하는 운임에는 선적지(Port of Loading)에서의 본선하역비가 포함되어 있지 않으며, 그에 대한 위험 책임도 선주에게는 없다는 뜻입니다. 따라서 용선자가 선적지에서의 본선하역을 위한 하역사를 수배하여 그 비용을 용선자가 하역사에게 결제하고 본선하역할 때 발생하는 위험도 용선자가 책임져야 할 것입니다.

결국, FI는 선적지에서의 본선하역비와 그 위험 책임을 용선자가 커버하는 조건이며, 양륙지(Port of Discharge)에서의 본선하역비 및 그 위험에 대한 책임은 선주가 부담할 수 있습니다. 그래서 FI/BT라고 기재할 수 있습니다.

C. FO(Free Out): BT/FO

선주 입장에서 선박 내부의 화물이 선박의 밖(Out)으로 양륙되는 비용과 위험을 부담하지 않는다(Free)는 뜻입니다. 이것은 선주가 용선자에게 제시하는 운임에 양륙지(Port of Discharge)에서의 본선하역비가 포함되지 않으며 양륙지에서의 위험에 대한 책임도 선주가 부담하지 않는다는 뜻입니다. 따라서 용선자는 양륙지에서의 본선하역을 위한 하역사를 수배하여 그 비용을 용선자가 하역사에게 결제하고, 본선하역할 때 발생하는 위험도 용선자가 책임져야겠습니다.

결국, FO는 양륙지에서의 본선하역비와 그 위험 책임을 용선자가 커버하는 조건이며, 선적지(Port of Loading)에서의 본선하역비 및 그 위험에 대한 책임은 선주가 부담합니다. 그래서 BT/FO라고 기재할 수 있습니다.

D. FIO(Free In and Out)

선주 입장에서 선박의 내부(In)로 화물을 선적하는 비용과 책임 그리고 선박의 밖(Out)으로 화물을 양륙하는 비용과 위험을 부담하지 않는다(Free)는 뜻입니다. 다시 말해서 선적지(Port of Loading) 및 양륙지(Port of Discharge)에서의 본선하역비는 선주가 용선지에게 제시하는 운임에 미포함되며, 그에 따른 위험 책임도 선주에게 없다고 해석되겠습니다. 결국, 용선자가 선적지 및 양륙지에서의 하역을 위한 하역사를 수배하여 그에 대한 비용을 용선자가 하역사에게 결제하며, 하역할 때 발생되는 위험도 용선자가 책임져야겠습니다.

E. FIOST(Free In and Out, Stowed and Trimmed)

FIO에 대한 의미는 상기에서 설명하였으며, 여기에 Stowing(화물의 배치)과 화물의 고른 분산(Trimming) 작업에 대한 책임까지 용선자가 부담하고, 선주는 Free 하다는 의미라 할 수 있습니다. Bulk 화물이 선박에 배치될 때 무게 중심이 분산되지 않으면 선박이 침몰할 수 있는 위험에 노출될 수 있습니다.

<참고>

> 동일 조건에서 BT/BT로 용선자가 선주와 계약하는 운임보다 FI/BT 혹은 BT/FO로 계약할 때의 운임이 낮을 것이며, FI/BT 혹은 BT/FO로 계약할 때의 운임보다는 FIO로 계약할 때의 운임이 낮을 것입니다. BT/BT, 즉 Full BT 조건으로 용선자가 계약하면 본선하역을 위한 업무를 선주가 해주니 그만큼 수월할 것이며, FIO로 계약하면 본선하역을 위한 업무를 용선자가 직접 해야 하니 그만큼 업무가 복잡해질 수 있을 것입니다.

F. LI(Liner In), LO(Liner Out) 및 LIO(Liner In and Out)

LI(Liner In)는 제시되는 운임(Ocean Freight)에 선적지에서의 본선하역료가 포함되는 조건입니다. 반면 LO(Liner Out)는 제시되는 운임에 양륙지(양하지)에서의 본선하역료가 포함되는 조건입니다. CFR 조건은 기본적으로 양륙지로서 Port of Discharge의 항구 터미널에 선박이 접안한 이후의 THC는 운임에서 제외됩니다. 그러나 "CFR LONGBEACH, CA ACC TO INCOTERMS 2010, BUT LINER OUT." 이렇게 계약하면 양륙지에서의 화물 양하 비용으로서 THC 역시 운임에 포함되는 조건이 되겠습니다.

마지막으로 LIO(Liner In and Out)는 운임에 선적지와 양륙지 양쪽의 본선하역료가 포함되는 조건입니다.

■ 용선 계약 관련 용어 정리

A. N/R Tender와 Laytime[30]

Laytime(정박 기간)은 선적지 및 양하지에서 선주가 용선자에게 제시한 하역(Loading, Unloading) 작업 허용일수를 뜻합니다. 선박이 항구(선적지 및 양하지)에 도착하면 용선자에게 Notice of Readiness Tender(NOR Tender) 하는데, 이 의미는 선박이 하역을 위한 준비가 되었다는 뜻입니다. 그리고 허용된 Laytime이 시작되는데, NOR Tender 이후 바로

---

30 N/R Tender 및 Laytime은 선적지 및 양하지 모두에서 적용.

시작되는 게 아니라 용선계약서에 명시된 Turn Time이 지난 이후 시점부터[31] Laytime이 적용되겠습니다.

B. Quick Dispatch, Demurrage 및 Detention[32]

Laytime이라는 용어가 사용된 용선 계약에서 Laytime보다 빨리 하역 작업 완료한 경우에는 조출료(Quick Dispatch)라는 비용을 선주가 용선자에게 지불하고, Laytime보다 늦게 하역 작업이 종료되면 체선료(Demurrage)[33]라는 비용이 용선자에게 청구될 수 있습니다.

반면에 Laytime이라는 용어를 사용하지 않고 CQD(Customary Quick Dispatch[34], 통상적으로 빨리할 것, 애매한 표현)이라는 용어를 사용하는 경우가 있습니다. 이는 정해진 하역 작업 시간이 없는 애매한 표현이 될 수 있습니다. 어쨌든 이러한 조건에서 선적지에 선박은 입항했으나 벌크 화물의 선적을 위한 준비가 되지 않거나 혹은 양륙지에 선박이 입항했으나 벌크 화물 양륙을 위한 준비가 되지 않으면, 선박은 준비되는 시점까지 기다려야 합니다. 이러한 경우 지체료로서 Detention Charge가 발생할 수 있습니다.

---

31 용선계약서 예. Turn Time : 12 hours after NOR tender.

32 Quick Dispatch와 Demurrage는 Laytime 조건의 계약에서 Laytime 기준으로 빨리 하역했을 때 혹은 Laytime보다 늦게 작업했을 때 각각 발생될 수 있습니다. 이러한 비용은 적재항 및 양륙항에서 모두 발생 가능합니다. 반면 Detention은 Laytime 적용 계약이 아닌 CQD 계약에서 하역 작업이 통상적인 관습보다 늦어졌을 때 발생될 수 있으며, 역시 적재항 및 양륙항 모두에서 발생될 수 있습니다.

33 Laytime(정박 기간)에 선석 대기시간(waiting for berth)을 포함하도록 용선계약을 체결하는 경우가 있습니다. 이때, 양륙항의 부두가 혼합하여 선적에 선박을 접안하지 못하게 되어 Laytime을 초과해서 하역 작업 진행했다면, 선주는 용선자에게 체선료를 청구할 수도 있습니다.

34 관습적 조속하역, 정박기간의 한정 없이 그 항구의 관습에 따라 빨리 하역하는 조건(참고문헌. 김현수, 『퍼펙트 국제무역사 1급』, 세종출판사, 2017)

1. DEM은 선사 소유의 컨테이너(COC)를 사용하는 건으로서 수입지 CY에 컨테이너가 반입되는 날을 기준으로 반출되는 날까지 하루 단위로 발생하는 비용입니다. 그리고 DET는 CY에서 컨테이너가 반출되는 날부터 적출(Devanning, Unstuffing) 후 공 컨테이너를 지정된 CY에 반납하는 날까지 하루 단위로 발생하는 비용입니다. 물론 Free Time[35]은 DEM와 DET이 각각 제시되나, 경우에 따라서는 DEM와 DET의 Free Time이 Combined 되어 제시되기도 합니다.

2. COC를 사용한 경우, 선사마다 DEM의 발생 시점이 CY 반입일이 아니라 입항일이 될 수도 있으니 DEM 발생과 종료 시점 그리고 DET 발생 시점과 종료 시점은 수출지에서 Shipment Booking 과정에서 확인하는 것이 좋겠습니다.

C. Lay/Can (Layday/Cancelling day)[36]

선주가 용선자와 계약한 선박을 선적항(Port of Loading)에 도착시켜야 하는 기간(Period)을 뜻합니다. 용선계약서에 예를 들어 'Lay/Can : 20 – 28th Sep. 2017'이라 되어있으면, 지정된 선적항에 해당 선박은 2017년 9월 20일과 28일 사이에 도착해야 합니다. 이러한 의미는 선박이 9월 20일에 선적항에 도착해도 되고, 20일과 28일 사이에 언제라도 도착해도 되며, 마지막 날인 28일에 도착해도 상관없다는 뜻입니다. 따라서 용선자 입장에서 선박이 언제 도착할지 모르니 화물은 지정된 선적항에 9월 19일까지 반입되어 선적 준비(Cargo Ready)를 완료하고 있어야 합니다. 그런데 선박이 9월 27일에 도착하면 19일부터 27일까지의 기간 동안 반입지에서의 보관료와 같은 비용이 발생될 수 있기 때문에 용선자는 선박이 언제 입항하는지에 대한 정보를 나름의 방법을 사용해서 확인할 필요(선박의 동향 파악)가 있으나, 중요한 것은 선박의 입항과 함께 NOR Tender가 이루어지고, 정해진 Turn Time부터 Laytime이 적용된다는 것입니다. Laytime 적용이 시작되었음에도 용선자의 화물이 선적 준비되지 않았다면 하역 작업이 늦어질 수 있으며, 그에 따른 Penalty로서 Demurrage가 발생할 수 있습니다. Laytime을 사용하지 않는 CQD 조건에서는 하역 작업이 늦어진 경우 Detention이 발생될 수 있다는 겁니다. 따라서 용선자 입장에서 상황 파악을 잘하여 선박이 입항하기 전에 선적항에 화물을 도착시켜야 할 것입니다.

아울러 만약 선박이 9월 28일(Cancelling day)이 넘은 날짜로서 9월 30일에 도착하면,

---

35 DEM의 Free Time이 10일이라면 CY 반입되는 날부터 반출되는 날이 10일 이내일 때 DEM는 발생하지 않습니다. 그러나 반입일로부터 반출되는 날이 13일째 되는 날이라면, 3일 동안의 DEM이 컨테이너 소유사인 선사에 의해서 화주 쪽으로 청구되겠습니다(COC인 경우). DET은 CY에서 반출되는 시점부터 반납되는 시점까지의 비용이나 역시 Free Time이 존재하고, Free Time이 10일이라면 10일 이내에 지정된 CY에 반납하면 DET 발생하지 않겠습니다.

36 Lay/Can은 선적지에서만 존재하는 개념으로서 양륙지에서는 존재하지 않는 개념이라 할 수 있습니다.

용선자는 선주에게 계약 취소(Cancel) 통지를 할 수 있는 권리를 가집니다. 선주 입장에서 유류비 등 많은 비용을 투자해서 선적지에 도착했지만 Cancelling day를 지나서 도착했기에 용선자의 취소에 할 말은 없으나 용선자도 다른 선주와 계약을 다시 해야 하고 수입지에 도착도 그만큼 늦어지니 취소하지 않고 상호 협의하여 거래를 지속할 수도 있을 것입니다.

마지막으로 선주 입장에서 Lay/Can 기간 이내에 선적항(Port of Loading)에 선박을 도착시켰으나, 용선자의 화물이 하역 준비되어 있지 않거나 혹은 극단적으로 하역 작업을 못 하고 해당 건의 용선 계약이 잘못되어 빈 배로 나올 수도 있습니다. 그래서 선주는 선적지에 위치하는 자신의 에이전트에게 화물 준비(Cargo Ready) 상태 조사 의뢰할 수도 있고, 용선자에게 Deposit 요구하기도 합니다.

D. Lay/Can과 Laytime

- Lay/Can : 20 - 28th Sep. 2017
- NOR Tender : any time any day, whether in berth or not.
- Turn Time : 12 Hours after NOR Tender
- Laytime : 10 Days

상기 계약 조건에서 용선한 선박이 선적항에 9월 22일 오후에 도착했다고 가정합니다. 그러면서 NOR Tender가 이루어지고 그 시점부터 12시간 이후부터 Laytime이 적용되어 23일 08시부터 10일 동안 하역을 위한 허용시간이 설정되겠습니다.

〈참고〉 항구 수심과 선박의 Draft(흘수) 체크

선적항과 양륙항의 수심이 깊을 수도 있고, 그렇지 않을 수도 있습니다. 수심이 얕은 항구에서는 선박이 바닥(Ground)에 걸려서 움직일 수 없는 좌초되는 상황에 직면할 수 있습니다. 그래서 Chartering하는 선박의 Draft를 체크해야 합니다. Draft의 의미는 수면에서 선박의 밑바닥(용골)까지의 깊이를 말합니다. 수면에서 선박의 밑바닥까지의 깊이(Draft)보다 수면에서 항구의 바닥(Ground)까지의 깊이가 일정 값 이상 깊어야 좌초 위험 없이 안전한 접안이 가능합니다.

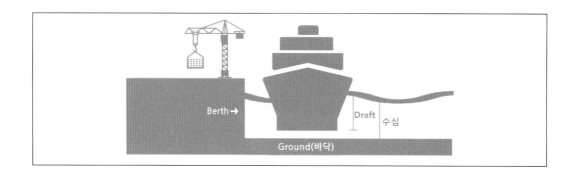

■ PWWD와 SHINC 및 SHEX의 의미와 활용

A. PWWD(Permit Weather Working Day, 청정하역일)

PWWD의 의미는 NOR Tender가 이루어지고 Turn Time이 지나서 Laytime 적용되어 그 Laytime 이내에 하역 작업이 완료되어야 함에 있어, 그 하역 작업 일에는 청정한 날만 포함된다는 의미라 할 수 있습니다. Laytime이 10일인데, 2일 동안 비가 와서 작업하지 못한 경우, 그 2일은 Laytime에서 제외되겠습니다. 결국, PWWD의 의미는 악천후로 인해서 하역 작업을 하지 못하면 그 날짜가 Laytime(허용된 하역 작업 일수)에서 제외된다는 의미입니다.

B. SHINC(Sundays and Holidays Inclusive)

Laytime 적용에 있어 평일뿐만 아니라 일요일과 공휴일도 포함된다는 의미입니다. 따라서 PWWD SHINC의 의미는 일요일과 공휴일에도 하역 작업해야 하는데, 만약 악천후로 하역 작업을 못 하면 그 날짜가 Laytime에서 제외된다는 의미입니다.

C. SHEX (Sundays & Holidays Excepted)

Laytime 적용에 있어 일요일과 공휴일은 제외한다는 의미입니다[37].

D. SHEXUU (Sundays & Holidays Excepted Unless Used)

SHEX에 Unless Used가 추가된 조건입니다. 일요일 혹은 공휴일 단 1시간만 하역 작업해도 Laytime에 하루로 계산되는 방식입니다.

---

37 선주는 기본적으로 용선 계약할 때 SHINC를 요구하나, 용선자(화주) 입장에서는 SHINC보다는 SHEX가 유리하다 할 수 있습니다.

SHINC	SHEX
– Laytime 적용에 있어 일요일과 공휴일이 포함. – 용선자가 하역사에게 일요일과 공휴일에도 작업 요청. – 하역사의 일요일과 공휴일 작업비는 평일보다 높을 수도 있으며, 그로 인한 하역비 상승(인건비, 크레인 임대료 등) – 결국, 용선자에게 분리한 조건.	– Laytime 적용에 있어 일요일과 공휴일 제외. – Laytime이 5일로서 NOR Tender 후 Turn Time 적용되고 Laytime 5일 이내에 일요일과 공휴일 포함되더라도 해당 일자는 Laytime에 미포함. – 결국, 해당 Port에서의 하역 작업이 길어질 수 있으니 Transit Time이 늘어나는 등의 손해가 발행될 수도. – 선주는 해상 운임을 인상하여 이를 보존할 것. – 어쨌든 용선자 입장에서 일요일과 공휴일이 Laytime에서 제외되니 용선자에게 유리할 수 있으나, 선주는 해상 운임 인상으로 이를 보존.

사례 보기	
조 건	a) Cargo : 30,000 MT b) Laytime : 20 – 26th Sep. 2017 c) Load Rate 5,000 MT PWWD SHINC (12hrs Turn Time From NOR Tender) d) Discharge Rate 5,000 MT PWWD SHINC (12hrs Turn Time From NOR Tender) e) DEMURRAGE : USD6,000/ 24hr (PWWD SHINC) f) DISPATCH : USD3,000 / 24hr (PWWD SHINC)
기 본 설 명	a) MT는 Metric Ton을 의미하며, 1MT는 1,000kgs입니다. b) 선주와 용선자가 계약한 하역 작업 허용 기간입니다. c) 선적항에서의 일일 하역량: 선적항에서 일요일 및 공휴일을 포함(Inclusive)하여 하역 작업이 가능한 날짜는 모두 Laytime이 포함됩니다. 물론 악천후로 하역 작업을 하지 못하면 해당 일자는 Laytime이 제외됩니다. d) 양륙항에서의 일일 하역량: Discharge Rate이니, 양륙항에서의 일일 하역량입니다[38]. Loading Port 및 Discharge Port에서 각각 하루에 5,000MT이기에 총 계약량으로서 30,000MT을 6일(6 days)에 걸쳐 하역 작업함에 있어 제시된 Laytime 20th – 26th Sep.의 기간 동안 완료해야 합니다. 물론 PWWD SHINC 조건에서 그 기간(Laytime)은 일요일 및 공휴일이 포함되기에 일요일과 공휴일에도 작업 가능하며, 평일 포함하여 악천후가 발생되면 그 날짜는 Laytime에서 제외되어 Laytime은 그만큼 연장될 수도 있습니다 e. f) CQD 조건이 아닌, Laytime 제시된 계약에서 Demurrage와 Quick Dispatch 비용이 발생될 수 있습니다. Laytime보다 하역이 빨리 이루어진 경우 선주가 용선자에게 지불하는 Quick Dispatch 비용보다, 하역이 늦게 이루어진 경우 용선자가 선주에게 지불하는 Demurrage 비용의 요율이 높습니다.

38 만약 5,000 MT PWWD SHINC BENDS라는 문구가 기재되면, BENDS는 Both Ends로서 양측을 의미합니다. 이는 선적 지와 도착지를 의미하기도 하니, 선적항 및 양륙항에서의 하루 하역 작업량으로서 5,000mt를 요구하는 의미가 될 수 있 겠습니다.

DEM 계산	용선계약서(Fixture Note) 작성할 때, 선적항과 양륙항에서의 하루 작업량이 각각 다를 수도 있고, 선적항 및 양륙항에서의 하루 작업량이 모두 동일한 경우가 있습니다. 전자의 경우는 상기 '조건' 부분처럼 각각 하루 작업량을 제시하며, 후자의 경우는 5,000MT PWWD SHINC BENDS로 기재하겠습니다. 아울러 Demurrage가 USD6,000 per Day 조건의 상황이라고 가정합니다. 하루 작업량이 선적항(혹은 양륙항)에서 5,000MT이고, 총량이 30,000MT 그리고 Laytime이 20 − 26th Sep. 2017입니다. 그런데 하루 작업을 5,000MT까지 못하고 그 이하로 해서 9월 27일에 작업 30,000MT 작업 완료했습니다. 제시된 Laytime을 기준으로 1일 초과했으니 Demurrage가 하루 비용 발생됩니다. 그러나 27일 20시(저녁 8시)에 종료되었다면, 제시된 Demurrage 1일 비용으로서 USD6,000에서 24(시간)를 나누어 확인되는 1시간의 Demurrage 비용을 초과된 20시간에 곱하여 Demurrage를 계산할 수도 있습니다.

상황 제시와 Demurrage 계산	
조 건	a) Cargo : 25,000 MT b) Laytime : 20 − 26th Sep. 2017 c) 4,000 MT PWWD SHINC BENDS d) DEMURRAGE : USD6,000/ DAY (PWWD SHINC)
계 산 과 정 설 명	a) 하루 작업량을 Fixture Note에서는 4,000MT으로 정하고 있으나, 실제 선적항(혹은 양륙항)에서의 작업 가능 수량은 3,000MT이며, 하루 8시간 작업 가능한 상황이라고 가정해 봅니다 그렇다면, 제시된 Laytime 7일보다 많은 시간이 필요합니다. 따라서 그 초과된 시간만큼의 Demurrage는 발행될 것입니다. b) 하루 8시간 3,000MT 작업, 따라서 375MT / Hour 시간당 375MT 작업해서 하루 8시간 작업합니다. 따라서 전체 25,000MT을 모두 작업하기 위해서는 약 66.66시간이 필요하며, 그 의미는 8일(64시간 = 8시간 × 8일) + 2.66시간 동안 하역해야 한다는 뜻이 됩니다. Laytime이 7일로서 Demurrage 발생은 1일(24시간) + 2.66시간입니다. 이때 1 Day에 Demurrage가 USD6,000이니 시간당 Demurrage는 USD6,000을 24시간으로 나누면, USD250입니다. 따라서 총 Demurrage는 USD6,000(per day) + (2.66 × USD250)해서 나온 값이 되겠습니다.

제3장

항공 화물 장비

3. 항공 화물 장비

■ ULD(Unit Load Device, 단위탑재용기)에 대한 이해

1. ULD Code

항공 화물의 운송을 위해서 제작된 ULD에는 고유한 번호가 기재되어 있으며, 이러한 번호는 쉽고 신속하게 ULD의 정보를 확인하기 위해서(to identify easily and quickly each ULD) IATA(International Air Transport Association)에서 그 체계를 만들었습니다.

ULD Code (Global Standard System introduced by IATA)		
XXX	01234 (4 or 5 digit)	XYZ (2 or 3 characters)
ULD Type Code	Serial Number	Owner/Registrant

ULD Code에서 ULD의 Type을 뜻하는 Code는 3자리로서, AKE, AMA, AKH, RKN 등으로 표현될 수 있습니다. 첫 번째 글자(1st letter)는 ULD Type(화물의 특성에 따른 컨테이너 or 팔레트 형태), 두 번째 글자(2nd letter)는 ULD 사이즈(바닥의 Width Height, Inch) 그리고 세 번째 글자(3rd letter)는 ULD 모양(윤곽, Contour)을 뜻합니다.

Type		Base Size		Contour	
A	Certified aircraft container	A	2235×3175 mm / 88×125 inch		
B	Certified winged aircraft pallet	B	2235×2743 mm / 88×108 inch		Contour A Main Deck
D	Non-certified aircraft container	G	2438×6058 mm / 96×238.5 inch (20 ft)		
F	Non-certified aircraft pallet	K	1534×1562 mm / 60.4×61.5 inch		
G	Non-certified aircraft pallet net	L	1534×3175 mm / 60.4×125 inch		
H	Certified horse stalls	M	2438×3175 mm / 96×125 inch		Contour C Lower Deck
J	Thermal non-structural igloo	N	1562×2438 mm / 61.5×96 inch		
K	Certified cattle stalls	P	1198×1534 mm / 47× 60.4 inch		

L	Certified multi-contour aircraft container	Q	1534×2438 mm / 60.4×96 inch		Contour D Main Deck
M	Thermal non-certified aircraft container	R	2438×4978 mm / 96×196 inch (16 ft)		
N	Certified aircraft pallet net	S	1562×2235 mm / 61.5×88 inch		
P	Certified aircraft pallet				
Q	Certified hardened aircraft container				Contour E Lower Deck
R	Thermal certified aircraft container				
S	Certified multi-modal air/surface container				
U	Non-structural container (igloo)				
V	Automobile transport equipment				Contour H Lower Deck
W	Certified ULD for aircraft engine transport				
X	Reserved for airline internal use				
Y	Reserved for airline internal use				
Z	Reserved for airline internal use				기타

▲ 출처: http://vrr-aviation.com/uld-info/uld-id-code/

2. 1st Letter (Types of Container)

크게 팔레트와 밀폐된 박스 형태의 컨테이너로 구분되는 ULD(단위 탑재 용기)는 탑재되는 화물(Cargo, CGO)의 형태와 성질 등을 고려하여 제작 및 활용됩니다[39]. 일반 화물(General Cargo)을 운송하기 위한 팔레트 Type의 ULD 1st letter는 P(Certified aircraft pallet)이며, 역시 일반 화물을 운송하기 위한 컨테이너 Type의 ULD 1st letter는 A(Certified aircraft container)입니다. 항공기(Aircraft)로 운송되는 화물 중에는 부패할 수 있는, 즉 잘 상하는 화물(Perishable Cargo) 혹은 냉동이 필요한 화물(Freeze Cargo)도 있습니다. 이때 사용되는 ULD는 팔레트가 아닌 밀폐된 박스 형태의 컨테이너로서 온도 유지가 가능한 컨테이너(Refrigerated Container)를 사용해야 할 것인데, 이와 같은 성질을 가진 화물의 운송을 위해서 제작된 컨테이너 1st letter는 R(Thermal certified aircraft container)로 시작됩니다[40].

또한, 말(Horse)을 운송할 때 사용되는 컨테이너 형태의 ULD는 H로 시작되며(IATA ULD Code, HMA), 소 등과 같은 가축(cattle, sheep and goat)을 운송할 때 역시 컨테이너 형태의 ULD를 사용할 수 있으며 K(Certified cattle stalls)로 시작되는 IATA Code(예. KMA)를 사용합니다.

---

39 ULD의 Type은 컨테이너, Pallet뿐만 아니라 Igloo 역시 존재합니다.

40 RKN, RAP 등이 있으며, Cool Container로 표기되기도 하는 것으로 보입니다.

3. 2nd Letter (Base Sizes)와 3rd Letter(Contour)

ULD Code에서 두 번째 글자는 ULD 밑바닥 사이즈를 나타냅니다. 60.4×61.5 inch는 'K'로 표기됩니다. 세 번째 글자는 타원형의 항공기 동체(Fuselage)에 ULD를 탑재하면 ULD의 형태는 항공기 동체에 맞게 제작되어야 할 것입니다[41]. ULD의 윤곽(Contour) 모양을 기준으로 ULD 마지막 Code가 정해집니다. 우측 이미지의 ULD는 하단 부분이 안으로 들어가 있기 때문에 Lower Deck에 탑재되는 ULD입니다.

아울러 Lower Deck의 약자는 LD인데, LD-3이라고 표기하면 Lower Deck에 탑재되는 ULD로서 Base Size가 60.4 x 61.5 inch 컨테이너를 뜻합니다(예, IATA ULD Code : AKE). LD-2는 Lower Deck에 탑재되는 Base Size 47×60.4 inch ULD를 의미(예, IATA ULD Code : DPE)하며, LD-1은 Lower Deck에 탑재되는 Base Size 60.4×61.5 inch ULD(예, IATA ULD Code : AKE)가 되겠습니다.

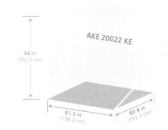

■ AKE : ULD Type, 20022 : Serial No., KE : Owner

만약 상단 부분이 안으로 들어가 있거나 혹은 사각형 형태의 컨테이너라면 Main Deck에 탑재되는 컨테이너로서 M-1, M-1H처럼 표기될 수 있습니다.

▶ Container Type의 ULD: 타원형의 항공기 동체를 고려하여 제작되며, 하단 부분의 형태로 보아 LD에 탑재되는 형태의 ULD라 할 수 있습니다.

▶ Pallet Type의 ULD: Pallet 위에 적입(Build-Up) 된 화물은 그물망을 설치(Netting)하여 Pallet과 화물을 고정하는데, 이러한 고정 작업을 항공에서는 Tie Down이라고 합니다[42].

　* 이미지 출처: 유튜브 동영상 캡처

41　항공기와 ULD의 호환성

42　ULD(컨테이너 type과 Pallet type 등이 있음)에 화물을 적입하는 것을 Build-Up이라 하며, ULD에서 화물을 적출하는 것을 Break Down이라 합니다. 아울러 Pallet Type의 ULD에 화물을 Build-Up하고 고정하기 위한 Netting 작업을 Tie Down 이라고 합니다.

Pallet Type의 ULD 작업 진행 과정[43]

1) Pallet Type의 ULD

2) ULD 위에 비닐을 펼친 후 지게차(forklift truck)로 화물(Cargo)을 이동시킵니다.

3) Netting 전에 비닐로 화물 전체를 봉합니다. 비닐 설치 이유는 출발공항(Origin) 혹은 도착공항에서 ULD 작업 완료한 후 항공기에 탑재하는 과정에서 비 혹은 눈이 내리면 화물이 젖을 수 있기 때문입니다.
비닐 설치로 인한 단점으로는 내·외부의 온도 차이로 인해서 습기가 발생할 수 있고, 그 습기로 인하여 화물이 젖을 수도 있습니다. 따라서 온도에 민감한 화물은 온도 조절이 가능한 Container Type의 ULD를 활용하는 등의 다른 방법을 찾아야 할 것입니다.

4) 최종적으로 Netting 작업을 합니다.

43 이미지 출처 : 유튜브 동영상 캡처

■ 항공기의 분류와 항공기 화물실 구조

1. 화물기(Freighter) 및 여객기(Passenger)

All Cargo Aircraft (화물 전용기: Freighter)	Passenger Aircraft (여객기: PAX)	Combination Aircraft (화객 혼용기: COMBI)
 Main Deck(MD) 화물기 MD에는 Only 화물만 탑재 Lower Deck(LD)	 Main Deck(MD) 여객기 MD에는 Only 여객만 탑승 Cabin Lower Deck(LD)	 Main Deck(MD) 여객기 MD에는 Only 여객만 탑승 Cabin Lower Deck(LD)
–화물(Cargo) 전용기 –MD, LD 모두에 화물만을 탑재 가능 –B747-400F[44], B777F, A300-600F 등에서 B와 A는 제조사이고 F는 Freighter, 즉 화물기를 뜻한다.	– 여객 운송 목적의 항공기 – LD: 여객화물 및 Cargo 탑재 가능 – LD에 ULD 탑재 가능 : Wide-Body Aircraft(대형기종[45]) –LD에 ULD 탑재 불가 : Narrow-Body Aircraft(소형기종)	–MD에 화물과 여객이 함께 탑재/탑승 –MD에 화물칸과 Cabin은 구분 –LD에 여객화물과 Cargo 탑재

<참고> Production 화물기와 Conversion 화물기

Production 화물기는 애초 생산 단계에서 화물기(Freighter)로 생산된 기종을 뜻합니다(B747-400F). 반면에 여객기 혹은 콤비 항공기를 화물 전용 화물기로 개조하는 경우가 있는데, 이렇게 화물기로 개조된 화물기를 Conversion 화물기라 합니다. 이러한 Conversion 화물기에는 B747-400SF 혹은 B747-400BCF로 표기되는데, SF는 Special Freighter의 약자, BCF는 Boeing Converted Freighter의 약자가 되겠습니다.
Production 화물기의 동체는 창문이 없으나, Conversion 화물기에는 창문이 남아 있을 수 있습니다.

---

44 항공기의 기종마다 '최대 화물탑재량'이 있으며, 탑재관리사(Load Master)의 탑재 계획에 의해서 실제로 탑재되는 화물의 중량은 동일 기종이라도 다소 차이가 있을 수 있습니다. B747-400F의 최대 화물탑재량은 약 120톤 정도가 되나, 수출지에서의 상황(날씨, 화물의 종류 등)이 반영되기 때문에 일반적으로 100톤 정도 탑재 가능하겠습니다.

45 여객기는 Lower Deck에 ULD 탑재 가능 여부에 의해서 Wide-Body와 Narrow-Body로 구분됩니다. Wide-Body는 대형 기종으로서 Main Deck, 즉 Cabin에 사람이 오가는 통로가 2줄로 되어 있습니다(Double Aisle). 상기 표에서 여객기 이미지를 보면, 통로가 2줄로 되어 있습니다. 반면 여객기 종에 Narrow-Body는 소형 기종으로서 Cabin에 사람이 오가는 통로가 1줄로 되어 있습니다(Single Aisle).

항공기의 동체(fuselage)는 크게 Main Deck과 Lower Deck 이렇게 2 Parts로 구분됩니다. 여객기의 경우 Main Deck은 여객(Passenger)과 승무원(Crews)의 탑승 공간으로서 Cabin이 되며, Lower Deck은 화물(Cargo), Baggage(수화물)[46]와 Mail을 운반하기 위한 Lower Deck Compartment(하부 화물실(칸))로서 Forward Compartment, Afterward Compartment와 Bulk Compartment로 구분됩니다. 화물기의 Main Deck은 화물을 운반하기 위한 공간입니다.

여객기의 Main Deck, 즉 Cabin 부분에는 창문이 있으나, 화물기의 Main Deck 부분에는 창문이 없습니다. 아울러 화물기 및 여객기 Lower Deck의 Door는 우측에 있으며, 화물기의 Main Deck 부분의 Side Door는 좌측에 있습니다. 여객기에서 여객이 항공기에 탑승하는 Door 역시 Main Deck 부분의 좌측에 있습니다. 그래서 여객기에 여객은 좌측으로 탑승하고, 화물은 우측으로 기적(On Board, ULD의 탑재)합니다.

2. 항공기 구조와 Door Size

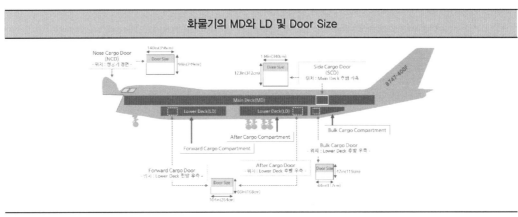

▲ LD의 Door Size와 MD의 Side Door(SCD) Size를 비교하면, SCD Size의 폭과 높이가 넓습니다. MD가 존재하지 않는 여객기에 화물(Cargo)을 탑재할 때는 LD에만 가능한데, 분리가 불가한 화물 자체의 Size가 LD Door Size보다 큰 경우, 여객기가 아닌 화물기를 Booking 해야 할 수도 있겠습니다.

▲ Side Door를 사용하지 않고 Nose Cargo Door로 화물을 탑재하는 경우는 Side Door를 통과할 수 없는 화물로서 길이(Length)가 상당한 화물이 있습니다.

---

46 수화물(baggage)은 여객기에 탑승하는 여행객의 화물이며, 화물(Cargo)은 수출자와 수입자, 즉 기업과 기업 간의 계약한 상업화물이라 할 수 있습니다. 수화물이라도 ULD 작업하여 항공기 LD에 탑재하지만, 항공기 출발 시간 기준으로 촉박하게 접수된 여행객의 수화물은 ULD 작업하지 않고, 항공기 Bulk Cargo Compartment에 Loose Cargo 상태 그대로 탑재될 수 있습니다.

B747-400F는 대부분의 항공사 주력 기종으로서 대형 화물기(Freighter)에 속합니다.

장거리 화물 운송에 사용되는 이러한 대형 기종과 소형 기종은 Door Size가 다르며, Nose Door가 없는 기종도 있습니다. 그래서 항공 건은 Shipment Booking이 이루어지는 과정에서 화물의 Size와 항공기의 Door Size를 확인해야 합니다. 항공기 Door Size는 늘리고 줄일 수 없기 때문에 Size가 상당한 화물은 Shipper가 자체적으로 화물을 분리하거나 혹은 공항 보세창고에서 화물 분리 작업이 필요하겠으며, 후자의 경우는 별도의 비용이 발생될 뿐만 아니라 시간이 상당히 소요될 수 있습니다.

아울러 위험물(Dangerous Goods)에 속하는 화물은 여객기에는 탑재 불가하기 때문에 화물기 스케줄과 해당 화물기에는 탑재 가능한지 확인해야겠습니다. 그리고 화물의 특성에 따라서 기내 온도 조절(Temperature Control)이 필요할 수도 있고, 환기(Ventilation)가 필요할 수도 있습니다[47]. 따라서 Shipment Booking 과정에서 화물의 이러한 특성을 고려해야겠습니다.

〈참고〉	환적(T/S) 스케줄 건의 화물 Size 제한

환적은 해상에서만 진행되는 것이 아니라 항공에서도 직항이 없으면 환적이 필요합니다.
인천공항에서 남미의 특정 공항으로 화물을 수출해야 함에도 불구하고 직항이 없어서 미국의 공항에서 환적하기로 했다고 가정합니다. 이때 인천에서 미국 공항까지는 B747-400F와 같은 대형 기종의 스케줄이 있으나, 미국에서 남미 공항까지는 소형 기종의 스케줄만이 존재할 수 있습니다. 그러면 인천에서 미국까지는 화물 Size가 상당하더라도 대형 기종의 Door로 탑재 및 하기(Unloading)가 가능하더라도, 미국에서 남미 구간의 소형 기종으로 환적할 때 소형 기종의 Door로 진입이 불가하니 문제가 발생됩니다.
이러한 경우, 애초 최초 출발공항(Airport of Departure)에서 화물을 Booking 받을 때부터 미국-남미 구간의 소형 기종 Door에 맞게 화물 Size 제한을 할 수 있습니다. 혹은 출발공항으로서 인천에서 Booking 받을 때는 대형 기종 Size에 맞추고, 환적 공항에서 재포장하여 Size를 축소 후 소형 기종으로 환적을 할 수도 있습니다. 물론 후자의 경우는 재포장 관련 비용과 시간이 발생할 것이며, 최종 도착공항(Airport of Destination)까지의 운송시간(Transit Time)이 그만큼 늘어날 수 있습니다.

---

47 대한항공 카고 홈페이지(http://cargo.koreanair.com/kor) ■ 카고 캠퍼스 ■ 항공기 특성 ■ 기종별 온도 및 환기

▲ Nose Door에 탑재(기적, Loading) 혹은 하기(Unloading)되는 화물은 Ramp[48]의 Nose Dock을 통해서 해당 작업이 이루어지기도 합니다. 제시된 이미지에서 MD의 NCD는 개방된 상태이며, SCD는 Main Deck Loader 사용하여 Pallet Type의 ULD에 Netting 작업한 화물의 작업이 이루어지고 있습니다. LD의 Door는 항공기 우측에 위치하기 때문에 제시된 이미지에서는 볼 수 없습니다[49].

LD, Forward Cargo Door	LD, After Cargo Door

▲ 좌측의 이미지 속 항공기는 화물기가 아닌 여객기이며[50], 우측 이미지 속 항공기는 화물기입니다[51]. 여객기의 여객은 Boarding Bridge(탑승교)를 이용하여 탑승하고, 여객이 탑승하는 반대편에서 수화물(승객의 화물)과 화물(상업화물)의 탑재가 Lower Deck으로 진행되겠습니다. 화물기와 여객기의 Lower Deck 위치는 동일합니다.

▲ (좌측 이미지) ULD 윤곽(Contour)의 형태로 LD에 탑재되는 Type임을 알 수 있습니다.

▲ (좌측 이미지) ULD는 Chassis(피견인차) 역할을 하는 Dolly에 Load 되어 있으며, Dolly는 Tug Car(견인차)에 의해서 이동됩니다.

▲ 이미지 출처: http://cargo.koreanair.com/kor

---

48 화물(승객)의 탑재&하기, 정비점검, 연료 보급 등을 위한 장소

49 이미지 출처: http://cargo.koreanair.com/kor

50 기본적으로 화물기에는 동체에 창문이 없습니다. 물론 여객기를 화물기로 개조한 기종(SF, Special Freight, Conversion 혹은 Converted Freighter)의 동체에는 창문이 그대로 남아 있을 수 있겠습니다.

51 우측 이미지에서 잘 보이지는 않으나 B747-400F라는 글자를 페인팅 되어 있으며, 창문이 없습니다.

3. 항공 건에서의 주기장(Ramp) 의미

주기장은 계류장, 에이프런(Apron) 혹은 Ramp 등 여러 가지 용어와 혼용되고 있습니다.

주기장은 승객뿐만 아니라 화물(수화물 포함)의 기적(Loading)과 하기(Unloading)를 위해 항공기가 계류(정지)하는 장소입니다. 그리고 계류 상태의 항공기 내·외부 세척, 기내용품 탑재, 급유, 정비 등의 지상 조업이 지상조업사[52]에 의해서 진행되는 장소이기도 하겠습니다.

화물 부분에서 에이프런, 즉 Ramp는 화물 터미널의 Air Side 부분에 화물기가 계류(정지)되어 있는 장소가 될 것입니다. 수출 화물은 Load Master의 지시와 계획을 기초로 지상조업사에 의해서 화물 터미널에서 Build-Up 작업 된 이후 화물기에 탑재될 것이고, 수입화물은 지상조업사가 화물기에서 화물을 하기하여 화물 터미널에서 Break Down 작업이 이행될 것입니다. 이렇듯 입·출항 항공기가 계류 상태에서 화물의 기적과 하기뿐만 아니라 기타 작업이 수행되는 장소를 주기장, 에이프런, Ramp 등의 용어로 혼용하며, 이러한 장소는 Air Side가 되겠습니다.

여객 부분에서 에이프런(Ramp)은 여객 터미널과 여객기를 연결하는 장소를 말하며, 승객은 여객 터미널에서 Boarding Bridge(탑승교)를 이용하여 여객기에 탑승할 수 있습니다. 때로는 여객 터미널에서 버스로 승객을 여객기로 이동시키는 경우가 있습니다. 이때 사용되는 버스를 Ramp Bus(혹은 Apron Bus)라고 합니다.

〈참고〉 기타 상황에서의 Ramp 의미

a) 일반적인 Ramp의 의미(물류기지)
Ramp의 의미는 화물의 적재, 장비점검 및 연료보급 등을 위한 물류기지 정도의 의미라 할 수 있습니다. 항공 건이 아닌 선박으로 미국 Port로 이동 후 철도를 이용하여 미국 내륙의 CY로 이동할 때, 내륙의 CY로서 철도 물류기지 역시 Ramp의 개념(화물의 적재. 장비점검. 연료보급 등)이 될 수 있습니다.

b) Ro-Ro Vessel의 경사로(경사면)
컨테이너에 적입되지 않는 Bulk Cargo로서 자가 구동 가능한 화물(자동차 등) 및 자가 구동 불가한 화물(예. 기계. 설비 등의 화물)을 Mafi라는 장비에 적재하여 Lashing 후 Ro-Ro Vessel으로 하역할 때의 '경사로'를 뜻합니다. 참고로 조수간만의 차이로 인해서 Ro-Ro Vessel의 Ramp가 불안정한 경우, Mafi의 바퀴가 작아서 Ramp를 지날 때 Ramp에 걸리는 경우가 있는데, 이러한 화물은 Ro-Ro Vessel이 아닌 Dry Bulk Vessel을 사용해야 할 것입니다.

---

52 대한항공 지상조업사는 한국공항(KAS), 아시아나항공 지상조업사는 아시아나에어포트(AAP)입니다. AAP를 AAS라고 표현하기도 합니다.

■ ULD 사용의 Benefit과 컨테이너(Pallet) Type ULD 장단점

1. ULD 사용으로 인한 Benefit

컨테이너 Type 및 팔레트 Type으로 구분되는 ULD를 사용함으로써 얻는 가장 큰 이익(Benefit)은 운송 중에 화물의 안전뿐만 아니라 항공기의 안전까지 확보할 수 있다는 점입니다. ULD에 화물이 적입(적재, 적화)되면 ULD와 화물을 고정시킵니다. 이후 ULD는 항공기에 탑재되어 항공기 바닥에 장치된 Restraint System에 의해서 움직일 수 없게 고정됩니다[53]. Main Deck과 Lower Deck에 탑재된 ULD는 이러한 Restraint System에 의해서 항공기와 고정되면, 항공기의 이착륙 및 운송 중에 항공기가 흔들려도 화물과 화물의 충돌을 피하게 하고, 화물과 항공기의 충돌을 피하게 합니다. 결국, 화물의 안전과 항공기의 안전까지 ULD가 확보할 수 있도록 합니다. 이러한 ULD의 사용으로 인한 이익(Benefit)은 다음과 같습니다.

- ULD로 포장[54][55]된 상태이기 때문에 화물과 화물 간의 충돌로 인한 손상(Damage) 방지
- ULD를 MD(LD)의 Restraint System으로 고정하여 항공기와의 충돌 방지(항공기 안선 확보)
- 항공기 동체 윤곽(Contour)에 맞게 제작된 컨테이너 Type의 ULD 작업 후 항공기에 탑재하면, MD(LD) 내부에 Dead Space 발생을 방지할 수 있음(화물칸 공간 활용 극대화)
- 컨테이너 혹은 팔레트 상태로 단위화 되었기 때문에 항공기로의 탑재(Load)와 하기(Unload)가 용이
- 환적화물(T/S Cargo)의 환적 시간을 줄이고 보다 쉽게 환적 가능

ULD 사용에 따른 단점은 ULD 자체중량으로 인해서 항공기에 탑재 가능한 화물 중량(Payload)의 제한이라 할 수 있겠습니다.

---

53 항공기의 Deck에 ULD를 고정(Locking)하여 항공기의 일부(Part of Aircraft)로 만드는 작업을 합니다.
54 Pallet Type의 ULD는 평판의 Pallet에 화물을 적입(적재, 적화)하고 Net(그물망) 혹은 이글로(Igloo, 덮개)를 덮어서 Pallet과 화물을 고정합니다. 참고로 Net으로 화물을 덮는 것을 Netting이라 합니다.
55 항공화물 포장은 운송 중 사람, 항공기, 타 화물 또는 재산에 손해를 끼치는 일이 없도록 안전하게 포장해야겠습니다. 또한, 포장물에 송화인과 수하인의 성명 주소 및 연락처가 명확하고 멸실되지 않도록 기재되어야 하겠습니다.

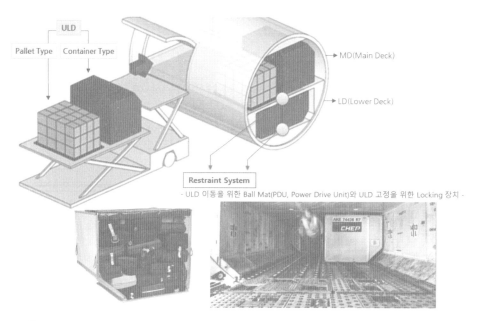

▲ 이미지 출처는 구글(https://www.google.co.kr)이며, 이미지에 대한 설명을 추가했습니다.

▲ 출처: http://cargo.koreanair.com

2. 컨테이너 Type의 ULD와 Pallet Type의 ULD의 장단점

Pallet Type의 ULD는 화물의 사이즈 혹은 특성으로 밀폐된 용기로서 컨테이너 Type의 ULD에 적재 불가한 화물을 적재할 수 있습니다. 컨테이너 Type의 ULD는 밀폐되어 있기 때문에 외부로부터의 충격이 직접적으로 화물에 Damage를 발생시키지 않다는 장점이 있으며, 날씨의 영향을 크게 받지 않습니다. 반면 Pallet Type의 ULD는 적재된 화물을 Pallet

과 고정하기 위해서 Netting한 경우(이글루 미설치)[56], 외부로부터의 충격이 그대로 화물에 전달되어 화물의 Damage가 발생 확률이 높겠습니다. 또한, 출발공항(Airport of Departure, Origin)은 화창하지만, 도착공항(Airport of Destination)에서 비가 내릴 수 있습니다. 이때 Pallet에 적재된 화물이 젖을 수 있기 때문에 출발지 공항에서 Pallet 작업할 때 비닐 포장 작업하여 화물을 보호합니다. 그러나 이러한 비닐 작업은 온도 차이로 습지가 발생될 수 있고, 화물에 영향을 미칠 수 있습니다.

마지막으로 컨테이너 Type의 ULD는 항공기 내에 온도가 화물의 상태를 유지할 정도가 아님에도 ULD((Refrigerated Container) 자체적으로 온도 조절하여 화물 상태를 유지할 수 있습니다.

■ 항공 화물의 ULD 고정 작업, Build-Up, Break Down

A. 항공 화물의 ULD 적입(Build-Up)과 해체(Break down)

해상 건의 컨테이너에 화물을 적입하는 것을 Stuffing 혹은 Vanning이라 하며, 적출하는 것을 Unstuffing 혹은 Devanning이라 합니다. 반면 항공 건에서의 ULD(컨테이너 Type, 팔레트 Type)에 화물을 적입(적재)하는 것을 Build-up(적재작업), 적출(해체)하는 것을 Break down(해체작업)이라 하겠습니다.

아울러 이렇게 단위탑재용기로서 ULD에 적재된 화물을 항공기에 기적하는 것을 탑재라 하겠습니다.

Pallet Type ULD Build-Up 작업 과정

 》  》  》

• Build-Up ↔ Break Down(해체작업), Netting 작업은 Tie Down이라 합니다.

---

56 Pallet Type의 ULD는 금형 재질의 평판이며, 그 위에 화물을 적입(적재)합니다. 반면 컨테이너 Type의 ULD는 밀폐되어 있습니다. 그래서 Pallet Type의 ULD는 Pallet와 화물을 고정해야 하는데, 이때 사용되는 방법이 Net 혹은 이글루(Igloo)로서 이를 화물 위로 덮어서 Pallet과 화물을 고정합니다.

B. 항공 화물의 고정 작업(Tie down)

해상 화물을 컨테이너에 적입하여 화물을 컨테이너의 일부로 만드는 고정 작업을 Shoring 혹은 Lashing이라 합니다. 이후 해상 화물 컨테이너는 선박에 선적(On Board)되고, 선박의 일부가 되도록 선박과 컨테이너의 고정 작업이 이루어집니다. 이를 Lashing이라 합니다.

항공에서도 ULD에 적입된 화물과 ULD를 고정하는 작업이 필요합니다. 특히 Pallet Type의 ULD는 Pallet 위에 화물을 적재하는 것이니 Netting을 통하여 화물을 ULD에 고정해야 합니다. 아울러 ULD를 항공기에 탑재하면, 역시 ULD를 항공기에 고정해야 합니다. 항공 건에서의 고정 작업은 Tie down이라는 용어를 사용하겠습니다.

이렇게 화물을 ULD에 고정시키고, ULD를 항공기에 고정시키는 이유는 운송 중에 항공기의 움직임으로 화물과 화물이 충돌할 수 있고, ULD와 ULD 혹은 ULD가 항공기에 충격을 가하여 사고로 이어질 수 있기 때문입니다.

제4장

운송과 세관 업무

4. 운송과 세관 업무

■ 적하목록(Cargo Manifest) 의미와 해상 적하목록 신고[57]

A. 적하목록[58] 의미와 수출입 신고

운송 수단(항공기 or 선박)에 적재된 화물(Cargo)의 목록으로, 입항적하목록은 입항지 터미널(P.O.D./Airport of Destination)에 양하되는 화물 목록이고, 출항적하목록은 출항지 터미널(P.O.L./Airport of Departure)에서 적재되는 화물 목록입니다[59]. 적하목록제출을 실무자들은 EDI 신고라고 합니다.

a) 입항적하목록

입항적하목록에 포함되는 화물은 입항지로서 한국의 터미널에 도착하는 운송수단으로부터 양하되는 화물입니다. 이때 수출지에서 발행된 운송서류(B/L, 화물운송장) 기준으로 입항적하목록 신고함에 있어, 운송서류의 Consignee가 한국에 위치하면 Inbound 신고 화물이고, 국외에 위치하면 환적(T/S, T 배정) 화물입니다[60]. Inbound 화물에 대해서 한국의 Consignee는 관세사무실을 통하여 관할지 세관으로 수입 신고 혹은 반송 신고합니다.

반면 T/S 화물에 대해서는 관세사무실에서 관여할 일이 없으며, 보세운송은 진행될 수 있습니다[61]. 결국, 입항적하목록에 포함되는 화물은 입항 터미널에서 양하되는 Inbound 화물과 T/S 화물이며, 양하하지 않고 경유하는 화물은 신고 대상이 아닙니다. 참고로 운송인이 운송서류 기준으로 입항 적하 신고된 내용과 수입자가 수입 신고한 내용이 다르면, 적하

---

57 본 내용은 관세청 홈페이지 공지사항의 내용을 참고로 작성하였습니다.

58 한자로는 '積荷目錄'으로서 쌓은(적재한) 짐(화물)의 목록이라고 할 수 있고, 영어로는 'Cargo Manifest'로서 화물을 분명히 나타낸 목록이라고 할 수 있습니다.

59 출처: 부산세관 통관지원과 2015. 6. 「기초부터 알고 보는 적하목록 정정 Q&A」 발췌

60 운송서류(B/L, 화물운송장) Consignee가 한국의 회사이고 한국 주소라면 당연히 Inbound 신고되는 화물입니다. 그러나 운송서류 Consignee가 당해 화물을 애초부터 한국 세관으로 수입신고하지 않고 제3국으로 반송 신고하기를 원할 때, 당해 건에 대해서 T 배정(T/S)할 수도 있으며, 이때 운송서류 상의 Consignee가 아닌 제3국의 사업자명과 주소를 넣어서 입항적하목록(EDI) 신고합니다.

61 Sea&Air 건으로서 부산항에 입항된 T/S 화물을 보세상태에서 인천공항으로 보세운송하여 항공기로 제3국으로 운송되는 화물이 그 예가 됩니다.

신고 내용을 정정해야 할 수도 있습니다.

〈참고〉	운송서류의 Consignee와 C/I의 Consignee

수입신고필증의 '수입자'는 C/I의 Consignee로서 C/I의 Shipper(수입신고필증의 해외거래처)와 매매계약한 상대 업체입니다. 그리고 수입신고필증의 수입자가 C/I 총액(수입신고필증 '54 결제금액')을 외국환은행 통해서 수입신고필증의 해외거래처로 결제합니다.

운송서류(B/L, 화물운송장)의 Consignee는 Port of Discharge 혹은 Airport of Destination에 도착한 화물을 인수하는 수하인으로서, 운송서류의 Consignee가 운송인에게 운송비 결제하고 D/O(Delivery Order, 화물인도지시서) 요청합니다. 이때 보세구역에서 반출되는 화물의 Final Destination을 운송서류 Consignee가 지정할 수 있습니다.

운송서류의 Consignee와 C/I의 Consignee는 그 의미가 다르지만, 3자 간의 거래가 아닌 1대1 거래에서는 기본적으로 2개 서류의 Consignee가 동일 회사로 일치됩니다.

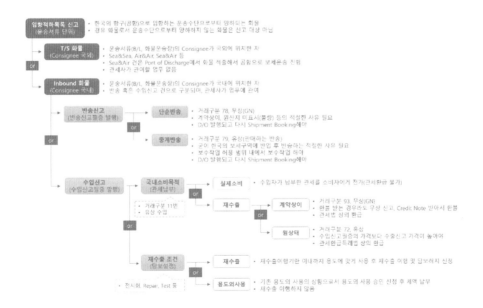

b) 출항적하목록

출항적하목록 신고는 세관으로 수출 신고된 물품에 대한 선적(기적) 이행 보고의 의미가 있습니다. 수출자가 신고인(관세사무실 혹은 수출자 자신)을 통해서 세관에 수출신고 후 수리받은 물품은 수리일로부터 30일 이내(적재의 무기한)에 외국으로 나가는 운송수단(선박, 항공기)에 적재하여 수출 이행해야 합니다. 결국, 관세사무실 통해서 수출신고 후 수출신고필증 발행된 물품은 운송인에 의해서 출항적하목록 제출되어 외국으로 나가는 운송수단에 선적(기적) 완료되어야 합니다. 이때 수출신고 수리된 내역과 적하목록 신고 내용이 상이하면 미선적 처리될 수도 있습니다.

〈참고〉	적하목록 적용 범위

> 한국 세관으로의 적하목록 신고는 수출입화물, 반송화물, 환적화물 및 일시양륙화물에 대해서 적용합니다. 우리나라에 하선(기)되지 아니하고 선박에 적재된 상태로 최종 목적지인 외국으로 운송될 화물에 대하여는 적하목록 신고 대상이 아니나, 세관장이 감시 단속상 필요하다고 인정하는 경우에는 그러하지 아니할 수 있습니다.

c) 환적화물

한국 부산항에 접안 한 선박으로부터 양하되는 화물 중에 T/S 화물은 부산항에서 다른 선박으로 환적될 수도 있고, 인천공항으로 보세운송되어 항공기로 환적될 수도 있습니다. 선박에서 선박으로 환적되면 Sea&Sea 건이라고 하며, 선박에서 항공기로 환적되면 Sea&Air 건이라고 합니다.

후자와 같은 Sea&Air 건으로서 부산에 입항한 FCL 화물에 대해서는, D/O 발행되고 입항지 CY에서 인천공항 보세창고까지 보세운송됩니다. LCL 건은 부산항 CFS에서 Carton 혹은 Pallet 단위로 Cargo 트럭(혹은 탑차)을 이용하여 인천공항 보세창고까지 보세운송됩니다. 물론 CFS에서 반출되기 전에 D/O와 창고료 정산이 되어야 합니다. 이후에 공항창고에서 Acceptance 과정(X-ray, Weighing 등)과 ULD Build-up(BUP) 작업이 이루어지고 최종적으로 항공기에 기적 되겠습니다.

아울러 이러한 과정에서 운송서류(B/L, 화물운송장)의 Consignee는 한국에 위치하지 않으며, 한국의 관세사무실이 관여할 업무는 없습니다. 관세사무실이 관여하는 업무는 수입, 반송 및 수출신고 건에 한합니다.

B. 원칙적인 적하목록 제출 시기(한국 기준)[62]

구 분		적하목록 제출 시기[63] (by 운송인)	수출(입)신고 시기 (by 실화주)
수입 (입항)	해상	– (원칙) 적재항에서 선박에 적재하기 24시간 전 – (실무) 입항 24시간 전 – (근거리 지역) 적재항에서 선박이 출항하기 전 – (벌크화물) 선박이 입항하기 4시간 전	–입항 전 신고: 적하목록심사 완료 시점과 하선 신고 시점 사이에 신고. LCL은 입항 전 신고 불가 –보세구역 도착 전 신고(반입 전 신고): 하선 이후 보세구역에 도착하기 전에 신고 –보세구역 장치 후 신고(반입 후 신고): 보세구역(CY, CFS, 공항창고)에 반입된 이후에 신고
	항공	– (원칙) 항공기가 입항하기 4시간 전 – (근거리 지역) 적재항에서 항공기가 출항하기 전 – (특송화물) 항공기가 입항하기 1시간 전	
수출 (출항)	해상	– (원칙) 선박에 적재하기 24시간 전 – (근거리 지역) 선박에 적재하기 전, 출항 30분 전 최종 마감 – (벌크·환적화물) 선박이 출항하기 전까지 – (선상수출신고물품) 선박이 출항한 후 익일 24시까지	–수출자의 Door 혹은 반입지(CY, CFS, 공항창고)에 반입 완료된 상태에서 당해 지역을 관할하는 세관으로 수출신고
	항공	– 항공기에 적재하기 전, 출항 30분 전 최종 마감	

■ 적하목록의 제출 시기에서 규정한 근거리 지역의 범위는 중국·대만·홍콩·일본·러시아(극동지역)에 한한다.
■ 다만, 해상 수출 적하목록의 경우 근거리 지역에는 필리핀·베트남·캄보디아·태국·인도네시아·말레이시아·싱가포르를 포함한다.

〈참고〉	적하목록 사전 제출 제도

적하목록 사전 제출 제도는 911테러를 계기로 미국에서 미국행 화물에 대한 적하목록을 수출지(미국 입장에서 해외 국가)에서 선적 24시간 전에 EDI 방식으로 미국 세관으로 제출할 것을 AMS(Advanced Manifest Service)라는 명칭으로 처음 시작했습니다. 이후 EU에서도 유럽행 화물을 수출지에서 선적하기 24시간 전까지 첫 EU 입항지 세관에 신고해야 한다는 ENS(Entry Summary Declaration)라는 명칭으로 적하목록 사전 제출 제도를 시행하고 있으며, 신고 의무자는 Actual Carrier입니다.
한국 역시 이러한 적하목록 사전 제출 제도를 시행함에 따라 한국행 화물에 대한 적하목록을 수출지에서 선적하기 24시간 전까지 한국 세관으로 신고할 것을 요구하고 있습니다. 이렇게 대부분의 국가는 자신의 국가로 향하는 화물이 수출지에서 선적되기 전에 적하목록을 사전에 제출하는 제도를 시행하고 있습니다.

---

62 출처: 관세청 홈페이지 공지사항
63 「보세화물 입출항 하선 하기 및 적재에 관한 고시」

C. 해상 적하목록 신고

입항적하목록 제출 시기 '입항 24시간 전'과 출항적하목록 제출 시기 '선박에 적재하기 24시간 전'은 입(출)항지 세관에 최종적으로 적하목록을 제출하는 운항선사의 적하목록 제출 기한입니다. 따라서 선사에게 House 건의 적하목록을 제출하는 자(포워더 혹은 콘솔사)는 이 보다 이른 시간에 House 건에 대한 적하목록을 제출해야겠습니다. FCL 건은 포워더가 선사로 제출하며, LCL 건은 콘솔사가 선사로 제출합니다.

포워더 (콘솔사)	→ 적하목록 제출	부킹선사[64] (용선선사)	→ 적하목록 제출	운항선사	→ 적하목록 제출	입항지 세관

컨테이너 선박은 정해진 스케줄에 의해서 여러 항구를 Rotation 하면서 운송 서비스 제공합니다. 이때 Rotation 구간에 특정 선사 1개 회사가 자신의 소유 선박만으로 운송 서비스하지 않고 여러 선사가 Alliance를 맺어서 공동운항합니다. 여러 선사가 모여서 당해 구간에 선박을 투입해야 비용 부담이 줄어들고 여러 대의 선박이 투입되어 주 1 항차(Frequency) 이상의 서비스가 가능합니다. 이렇게 선사들이 공동운항하기 때문에 FCL 건에서 포워더가 실화주로부터 Booking 받고 A라는 선사로 Booking 했을 때, 실제로는 다른 선사의 선박에 화물이 On Board 되는 경우가 발생합니다. 이때 Booking 받은 부킹선사와 실제로 화물을 운송하는 운항선사는 당해 구간에 대해서 공동운항, 즉 하나의 항로에 둘 이상의 선사가 공동으로 선박을 배치해서 운송 서비스하는 상황이라 할 수 있습니다.

---

64 운항선사와의 관계: 해운동맹으로 공동운항(공동배선) 혹은 운항선사의 선복(Space)을 용선(Chartering)한 선사일 수도. 사실 해운동맹(Shipping Conference)은 동맹 선사들 간에 운임을 담합하는 일종의 '카르텔'로서 가격 경쟁을 막아 운임의 하락을 사전에 방지하는 게 상당한 목적입니다. 그러나 1984년 미국이 해운법(US Shipping Act of 1984)을 만들어 해운동맹을 불법으로 정의하면서 해운동맹은 사실상 와해 되었고, 이후에 해운 Alliance가 출현했습니다. 해운 Alliance는 선사들 간에 전략적 제휴로 해운동맹과 가장 큰 차이점은 가격 담합이 없다는 점입니다.

Sailing Schedules Results (Detail)

Vessel : MOL TRUST 014W [Vessel Schedules]

Total Transit Time	:	41 days [Vessel Info]
Shipping Instruction Closing Time	:	09/10/2020, 2:00 PM
Cargo Cut off Time (Normal Dry)	:	09/13/2020, 8:06 PM (DC)
Loading Terminal	:	PUSAN NEW PORT (BUSAN, KOREA)
Discharging Terminal	:	TERMINAL DE FRANCE (LE HAVRE, FRANCE)
Vessel Operator	:	ONE
MRN	:	20-ONEY-1264-E

Departure		Arrival		Mode
Location	Date*	Location	Date*	
BUSAN, KOREA	2020-09-16	LE HAVRE, FRANCE	2020-10-27	MOL TRUST 014W

　상기는 HMM(옛 현대상선) 홈페이지에서 Busan Port에서 Le Havre Port까지의 스케줄을 조회한 결과입니다. 그런데 Vessel Operator는 HMM이 아닌 ONE[65] 라는 선사입니다. HMM은 2020년 4월부터 ONE가 포함된 Alliance로서 The Alliance에 정회원으로 가입되어 있습니다. 따라서 HMM으로 Shipment Booking 했을 때, 당해 스케줄에서 화주의 화물은 HMM 선박이 아닌 ONE 선사의 선박에 On Board되어 운송될 수 있습니다.

글로벌 3대 Alliance	
2M	Maersk Line (덴마크), MSC (스위스)
The Alliance	HMM (한국), Hapaq-Lloyd (독일), ONE (일본), Yang Ming (대만)
Ocean Alliance	CMA-CGM (프랑스), COSCO (중국), EverGreen (대만)

65　ONE는 Ocean Network Express의 약자로서 일본 선사 NYK, MOL, K라인이 정기 컨테이너선 부문을 통합해 출범한 선사입니다.

제8조(적하목록 제출) ① 「관세법」(이하 "법"이라 한다) 제135조 제2항에 따라 적하목록 제출의무자는 적재항에서 화물이 선박에 적재되기 24시간 전까지 제9조에 따른 적하목록을 선박 입항예정지 세관장에게 전자문서로 제출하여야 한다. 다만, 중국·일본·대만·홍콩·러시아 극동지역 등(이하 '근거리 지역'이라 한다)의 경우에는 적재항에서 선박이 출항하기 전까지, 벌크화물의 경우에는 선박이 입항하기 4시간 전까지 제출하여야 한다.

② 공동배선의 경우에는 선복을 용선한 선박회사(이하 '용선선사'라 한다)가 전자문서로 작성하여 제공한 적하목록 자료를 제1항에 따라 운항선사가 이를 취합하여 세관장에게 제출하여야 한다.

③ 혼재화물의 경우에는 운항선사가 화물운송주선업자(적출국에서 혼재화물을 취급하는 화물운송주선업자를 포함한다)로부터 혼재화물적하목록을 제출받아 제1항 및 제2항에서 정하는 바에 따라 최종적으로 이를 취합하여 세관장에게 제출하여야 한다.

~~~~~~~~ 이 하 생 략 ~~~~~~~~

부   칙 〈제2011-7호, 2011. 3. 24.〉
제1조(시행일) 이 고시는 2011년 3월 24일부터 시행한다.

제2조(적하목록 제출시기에 관한 경과조치) ① 제2-1-1조(적하목록 제출) 제1항에 따른 해상 입항적하목록 제출시기는 관세청장이 별도로 지정하는 날로부터 적용하고, 그 이전에는 종전의 규정에 따라 선박이 입항하기 24시간 전(근거리 지역의 경우에는 선박 입항 시까지) 제출하여야 한다.

■ 적하목록 제출 시기와 주체(해상, 항공)

입(출)항적하목록 신고를 실무에서는 EDI 신고라고 합니다.

입항 전 수입신고[66] 시점은 운송인이 세관으로 제출한 입항적하목록과 세관의 심사가 완료된 이후 시점부터 하선 신고 시점 사이에 진행된다 할 수 있습니다.[67] 그러나 예외적으로 운송인 측에서 세관으로 입항적하목록을 제출하기 전, 그리고 제출된 시점과 세관의 적하심사 완료 시점 사이에도 관할지 세관으로 신고 가능합니다. 운송인이 입항적하목록을 세관에 제출하지 않은 상황에서 입항 전 수입신고 할 때는 운송인으로부터 적하목록을 신고인(수입자 or 관세사무실)이 받아서 적하목록 내역과 불일치 없이 수입신고 해야겠습니다. 아울러 출항적하목록을 제출하기 전까지 수출신고 수리되어 수출신고필증이 발행되어야 가능합니다.

---

66 수입신고 시기: 출항 전 신고, 입항 전 신고, 보세구역 도착 전 신고(반입 전) 및 보세구역 장치 후 신고(반입 후)로 구분되는데, 출항 전 신고는 실무에서 일어나지 않기에 가장 빠른 수입신고 시기는 입항 전 신고라 할 수 있습니다.

67 적하목록 신고는 운송인이 운송서류(B/L, 화물운송장)를 기초로 세관에 신고하는 것이며, 수출입 신고는 수출(입)자가 C/I 및 P/L을 기초로 직접(자가통관) 혹은 관세사무실로 신고 대행 의뢰할 수 있습니다.

A. 해상 FCL&LCL 화물의 입(출)항적하목록 신고

a) 입항적하목록

해상 화물의 입항적하목록 신고는 해외 출항지 적재항(Port of Loading)에서 화물이 선박에 적재되기 24시간 전에 입항지로서 한국세관에 신고하는 것이 원칙입니다. 그러나 실무에서는 출항지가 아닌 입항지에 위치한 운송인이 한국세관으로 선박의 입항 24시간 전까지 입항적하목록 신고하고 있습니다.

FCL 건이라면 선사와 운송 계약한 화주는 포워더로서 선사가 발행하는 Master B/L의 Consignee(수출지 포워더의 수입지 파트너)가 House B/L 건에 대한 입항적하목록 내용을 입항지 선사로 제출합니다. 반면 LCL 건에서 선사와 운송 계약한 화주는 콘솔사이기 때문에 선사가 콘솔사로 발행한 Master B/L Consignee로서 수입지 콘솔사가 House 건에 대한 입항적하목록 내용을 입항지 선사로 제출합니다. LCL 건에서 콘솔사와 운송 계약한 화주로서 포워더는 콘솔사에게 실화주 사업자등록증 등을 제출하는 실화주 신고만 할 뿐 입항적하목록 신고는 하지 않습니다.

〈참고〉	해상 건 입항 적하목록제출 시기는 실무에서 입항 24시간 전

「보세화물 입출항 하선하기 및 적재에 관한 고시」 제8조에서 선적지 출항 24시간 전까지 제출하도록 규정하고 있으나, 부칙(고시 제2011-7호, 2011.3.24.) 제2조 1항에서 선박이 입항하기 24시간 전까지(근거리 지역의 경우에는 선박 입항 시까지) 제출하도록 규정하고 있습니다.

b) 출항적하목록

선사로부터 Master B/L을 발급받는 자로서 Master B/L Shipper가 선사로 House B/L 건의 출항적하목록을 제출합니다. 따라서 FCL이면 수출지 포워더, LCL이면 수출지 콘솔사가 선사로 House B/L의 출항적하목록을 제출하겠습니다. 이때 실화주로부터 수출신고 필증(혹은 수출신고필증 번호)을 받아서 수출신고 수리 사실이 확인되어야 합니다. 수출신고가 수리되지 않으면 외국으로 나가는 선박(항공기)에 화물을 적재할 수 없습니다.

B. 항공 화물의 입(출)항적하목록 신고

a) 입항적하목록

항공에서 한국세관(수입지)으로 입항적하목록을 제출하는 자는 수출지의 운송인입니다. 여기서 '수출지 운송인'이라 함은 Agent's IATA Code가 있는 자로서 IATA에 가입한 운송인이며, Master 및 House AWB를 발행해서 항공사로 서류 접수하는 자가 되겠습니다. 다시 말해서, AWB 좌측 상단 부분에 'Issuing Carrier's Agent Name and City' 부분에 기재되는 자(Agent's IATA Code를 가진 자)를 뜻하며, 이는 Master AWB의 Shipper와는 의미가 다릅니다. 이렇게 수출지의 운송인이 항공사로 입항적하목록 제출하면, 항공사는 제출받은 적하목록을 항공편별로 구분해서 최종적으로 한국세관에 제출합니다.

b) 출항적하목록

AWB를 발행해서 항공사로 접수하는 IATA 가입된 자(일반적으로 콘솔사)가 항공사로 출항적하목록 제출하면, 항공사가 최종적으로 세관에 제출합니다. 결국, 아래와 같은 운송 구조 하에서 IATA에 미가입된 포워더는 입(출)항적하목록을 항공사로 제출하는 자가 아닙니다.

기본적인 항공 운송 계약 구조

AIR CARGO MANIFEST

FM : A FORWARDER

VIA REDECESIO 5 20080 SEGRATE MI, ITATLY
TEL : 39-02-211-0000 FX " 39-02-211-0000

TO : B FORWARDER

#501, DONGGYO-RO 00-GIL, MAPO-GU, SEOUL, KOREA
TE : +82 2-0000-0000 FX : +82 2-0000-0000

Reference No.	:
MAWB	: 180-60400002
Carrier	: KOREAN AIR
Flight No.	: KE9576/28AUG
Port of Loading	: MXP
Port of Discharge	: ICN
E.T.D.	: 2019-08-28
E.T.A.	: 2019-08-29

NO. B/L NO.	Piece	Weight	Shipper	Consignee	Nature of Goods/ Destination
HAAAAA990123	1	225.00kgs	KASTON	EDUTRADEHUB	COFFEE
			VIA ALLEGRI 120/100 25100 BRESCIA(ITALY)	#301, YANGJAE-RO 00-GIL, SECHO-GU, SEOUL, KOREA	
Total :	1	225.00kgs		** MASTER AGENT : A FORWARDER	

대 한 민 국 세 관 KOREA CUSTOMS SERVICE	혼재화물적하목록(해상수입) Sea Consolidated Cargo Manifest		1. 연번(Page No.) 1 of 1	
			2. 석하목록관리번호 (Manifest Reference No.) 20-MSCU-1234-I	
3. 선박회사(Name of Carrier) SM LINE	4. 국내화물운송주선업자명 (Deconsolidator) CHOI LOGIX CO., LTD [CHLX]		5. 선박명 (Name of Ship) ROSE BUSAN 1891W	6. 입항일자 (Date of Arrival) 2020-05-01

7. Master B/L Seq No	8. House B/L Seq No	9. 화물구분 (I : Import, T: T/S) / 10. 선하증권번호 (B/L No.)	11. C) 수하인 (Consignee) N) 통지처 (Notify) S) 송하인 (Shipper)	12. 콘테이너번호 (Container No) 봉인번호 (Seal No.)	13. 품명 Description of Goods	14. 포장개수 (No. of Pieces)	15. 특수화물 코드 Special	17. 세관기재란 Customs Use Only
1082		SMLMPHX0A9310810			MATTRESS	87 GT		
	0001	I FOL23081	C) EDUTRADEHUB N) EDUTRADEHUB S) KASTON	DRYU9988299 (44GP) /C123088				03077006 한진해운신항만터미널 입항 전 사전 수입신고
		Total Master B/L 1	Total House B/L 1	Total Package 87	Total Weight 2,805,00			

■ 목적국에서의 반입지(창고) 지정과 항공 E-D/O

A. 해상 화물의 반입지 지정

a. FCL 화물의 CY 반입 기준

선박은 당해 선박을 운영하는 선사와 계약된 수입지의 터미널로 접안됩니다. 이후 FCL이면 접안 터미널의 CY에 반입되거나 선박에서 양하되는 즉시 컨테이너 차량에 적재되어 터미널에서 반출(차상반출)되기도 합니다. 이때 접안 터미널은 House B/L Consignee가 지정할 수 있는 사항이 아닙니다. 만약 House B/L Consignee가 원하는 장소로 컨테이너 상태 화물을 운송하고자 한다면 입항지 터미널에서 반출하기 전에 D/O가 발행되어야 합니다.

b. LCL 화물의 CFS 반입 기준

LCL 화물은 컨테이너 상태로 목적지 CFS에 반입되어 콘솔사에 의해서 Carton(혹은 Pallet) 단위의 화물로 적출됩니다. 이러한 LCL 화물을 혼재한 컨테이너가 반입되는 수입지 CFS는 House B/L Consignee가 지정할 수 없습니다. Freight Prepaid 조건(C 혹은 D-Terms)에서는 수출자를 영업한 수출지 포워더가 사용하는 콘솔사가 지정한 수입지 CFS에 반입되어야 합니다. 반면 Freight Collect 조건(EXW, F-Terms)에서는 수입자를 영업한 수입지 포워더가 사용하는 콘솔사가 지정한 CFS에 반입되어야 합니다[68]. 물론 당해 CFS에 반입된 후, House B/L Consignee가 운송비 결제하고 운송인이 D/O 발행하면 타 보세창고로의 보세운송은 가능합니다.

결국, 해상 화물은 선사가 계약된 터미널로 접안되어 양하된 컨테이너가 FCL이면 접안 터미널의 CY에 반입되고, LCL이면 콘솔사가 지정한 CFS에 1차적으로 반입됩니다. 이후에 House B/L Consignee의 결정에 의해서 타 보세구역으로의 보세운송 혹은 내국물품 상태에서 반출이 이루어지겠습니다.

---

68 CFS에 반입되는 LCL 화물은 수입지 CFS 뿐만 아니라 수출지 CFS 역시도 콘솔사가 지정한 곳을 사용해야 합니다. 반면 FCL 건임에도 불구하고 화주의 선택에 의해서 CFS를 사용하는 경우에는 CFS로부터 견적 받아서 화주가 원하는 곳을 사용할 수 있습니다.

B. 항공 화물의 Pre-Alert, 창고 배정 및 E-D/O

a. Pre-Alert

항공은 단독운임 건과 콘솔운임 건으로 구분할 수 있습니다[69].

단독운임 건의 Master AWB Shipper는 수출지 포워더이며, Consignee는 수출지 포워더의 수입지 파트너(포워더)입니다. 따라서 수출지 포워더가 파트너에게 Pre-Alert하며, Master AWB Consignee가 항공사로 창고 배정 및 E-D/O 접수 진행합니다.

반면 콘솔운임 건의 Master AWB Shipper는 수출지 콘솔사이며, Consignee는 수출지 콘솔사의 파트너(콘솔사)입니다. 따라서 수출지 콘솔사가 자신의 파트너에게 Pre-Alert합니다. 물론 수출지 포워더는 별도로 수입지 파트너에게 Pre-Alert해서 Master AWB Consignee 정보를 제공하여, Master AWB Consignee에게 창고 배정 및 E-D/O 접수 요청해야겠습니다.

b. 수입지에 도착하는 화물의 창고 배정

해상 건과 동일하게 항공 역시 항공사와 계약된 터미널로 항공기가 도착하며, 하기(Discharge) 된 ULD는 1차적으로 항공사 창고에 반입됩니다. 다음으로 항공사 보세창고에서 ULD의 Break Down(ULD 해체 작업)이 진행되는데, 항공은 수입 화물에 대해서 항공사 창고에 계속 장치할지 아니면 항공사 창고에서 Break Down된 화물을 타 보세창고로 이동시킬지에 대한 결정을 Master AWB Consignee[70]가 할 수 있습니다.

항공 건의 입항적하목록은 수출지에서 항공사로 서류 접수하는 IATA에 가입된 운송인(항공 콘솔사, Agent's IATA Code 보유한 자)이 제출(최종 제출자는 항공사)하고, 입항하는 화물에 대한 창고 배정은 Master AWB Consignee가 항공사로 신청하겠습니다.

69　자세한 내용: ~쪽, 항공 운송에서 단독운임과 콘솔운임 개념

70　IATA에 가입된 항공 콘솔사로부터 콘솔 운임 받는 건은 수출지 콘솔사의 수입지 파트너, 단독운임 받은 건은 수출지 포워더의 수입지 파트너가 Master AWB Consignee가 됩니다.

Master AWB

c. 항공 화물의 E-D/O 접수 개념

창고 배정과 함께 Master AWB Consignee는 항공사로 Cargo Release(E-D/O) 요청합니다. 사실 항공에서는 해상과 달리 D/O가 운송인에 의해서 발행되지 않으며[71], Master AWB Consignee가 운송인으로서 항공사로 화물 반출 요청하는 개념으로 E-D/O를 이해하는 것이 적절하겠습니다. 참고로 해상에서는 운송서류 Consignee가 운송인에게 운송비 결제하고 Cargo Release 요청하면, 운송인이 D/O(화물 인도 지시서) 발행해서 당해 화물이 반입되는 보세구역으로 전달해서 화물 반출 지시를 합니다.

항공에서 단독운임 건은 수출지 포워더의 수입지 파트너가 Master AWB Consignee이기 때문에 콘솔사 도움 없이 항공사로 직접 창고 배정과 E-D/O 접수합니다. 반면 콘솔 운임 건은 Master AWB Consignee가 수출지 콘솔사의 파트너이기 때문에 수입지 포워더는 항공사가 아닌 수입지 콘솔사에 항공사로 창고 배정과 E-D/O 접수를 요청해야 합니다. 따라서 콘솔 운임 건에서 Master AWB Consignee로부터 수입지 포워더는 D/O Charge(H/C)를 청구받습니다.

---

71   항공에서는 D/O라는 양식의 서류가 존재하지 않습니다.

〈참고〉	항공 L/G를 활용한 House AWB 발행 건의 D/O 업무

a) 화물이 항공사 창고에 보관되어 있는 경우
은행에서 항공사에 L/G를 전산으로 전달할 수도 있고, L/G 원본을 항공사 창고로 제출할 수도 있습니다.

b) 타보세창고 배정된 경우
L/G 사본 제출로 D/O 가능할 수도 있습니다.

항공	창고 배정 요청 이메일

수신: Master AWB Consignee 담당자

안녕하세요? 하기 스케줄로 입항하는 건 배정 요청드립니다.

실화주: 에듀트레이드허브
사업자번호: 214-11-00000
배정: 항공사

ETD(ATL): 5월 10일 04:45
ETA(ICN): 5월 11일 20:20

감사합니다.

		D/O No. E20133816	Issue Date 2020-02-06 09:45:30
		B/L No. E20133816	운송구분
DELIVERY ORDER		MRN-MSN_HSN 20KMTCMK05I-1012-0001	Vessel Arrival Date 2020-02-03
		Vessel MALIAKOS	Voyage No. 1920N
문서구분 : 화주용 발급업체 : 한국 로지스틱스㈜		Consignee TO THE ORDER OF WOORI BANK	
		Notify EDUTRADEHUB	

Unloading Are 02077002 - 인천컨테이너터미널	Allocation Are 02077002 - 인천컨테이너터미널	Total Q'ty of Container : 3
Port of Loading CNHUA	Total Package 60 / GT	Demurrage Free-Time : Detention Free-Time :
Port of Discharge KRINC	Total Weight 60,060.000 / KG	**Container Detail** (Dem : Demurrage, Det : Detention) Container No. / Type / Dem Free-Time / Det Free-Time
Port of Delivery	Total Measure 60.000 / MTQ	DFSU1922227 / 20GP / 20200218 GAOU2037312 / 20GP / 20200218
Rep. Commodity Copper Tube		TSSU2016763 / 20GP / 20200218
Remark 부산/광양으로 입항한 40GP는 부곡 반납 불가합니다.		**Final Destination** 경기도 광명시 OOO로 14 에듀트레이드허브 Tel. 02-0000-0000 Fax. 02-0000-0000
		Signed by

C. Master Single 건의 화물 반출

Master Single AWB Consignee는 실화주입니다. 이러한 Master Single 건은 Consignee가 항공사의 AWB 인도과에서 For Consignee가 날인된 AWB Original[72]을 인수해서 수입신고필증과 함께 항공사 창고에 제출하고 화물 반출하는 과정을 진행해야 합니다. 물론 반출 전에 창고료[73]가 발생된 경우, 비용 정산을 완료해야 합니다.

그러나 현실적으로 실화주로서 수입자가 이러한 업무를 직접 하기는 어렵기 때문에, 수입지 포워더의 도움을 받는 게 일반적이라 할 수 있습니다.

---

72   Original AWB는 For Carrier, For Shipper, For Consignee 3부 발행됩니다. For Consignee는 파우치(서류 가방)에 담겨서 화물과 함께 목적지로 발송됩니다.

73   항공 수입 화물의 창고료는 종가료와 종량료 및 THC를 합산하여 청구됩니다. 이때 종가료는 수입신고필증의 감정가(총과세가격)에 관세를 합한 금액을 기준으로 합니다. 종량료는 Chargeable Weight(C/W)가 아닌 실중량으로서 Actual Gross Weight(G/W, 세관으로 전송되는 중량)를 기준으로 합니다.

■ 화물관리번호 의미와 추가생성(B/L 분할) 사례

A. 화물관리번호 구성

화물관리번호는 수입 화물에만 존재하는 번호로서 개별 화물 단위에 부여됩니다(고유번호). 이러한 화물관리번호는 적하목록관리번호(MRN[74]: 영문숫자 11자리)와 Master B/L 일련번호 (MSN[75]: 숫자 4자리) 및 House B/L(HSN[76]: 숫자 4자리) 일련번호를 합한 문자열로 구성됩니다.

화물관리번호	적하목록관리번호 (MRN, 영문숫자 11자리)	+	Master B/L 일련번호 (MSN, 숫자 4자리)	+	House B/L 일련번호 (HSN, 숫자 4자리)
	15HJSC0633I (15년 한진해운)		0109		0001
MRN 구성	해상: 연도(2)+선사부호(4)+제출 일련번호(4)+입출항구분(I or E) 항공: 연도(2)+항공사부호(2)+제출 일련번호(6)+입출항구분(I or E)				

[화물관리번호 예]

18WDFCT000i-0100-0007 :
18년도 ㈜위동해운(WDFC)에 의한 해상 수입 화물, Master와 House 운송서류 각각 발행.

19SNKo0186i-3001-0006
19년도 장금상선(SNKO)에 의한 해상 수입 화물, Master와 House 운송 서류 각각 발행.

18POZ00000I-0007-0013 :
18년도에 폴라에어카고 월드와이드 인크(PO)에 의한 항공 수입 화물, , Master와 House 운송서류 각각 발행.

11HJSC11071-5006 :
11년도 ㈜한진해운(HJSC)에 의한 해상 수입 화물, Line 운송서류 발행 건(House 발행되지 않음).

19KE01U2Kii_0028 :
19년도 ㈜대한항공에 의한 항공 수입 화물, Master Single 건(House 발행되지 않음).

---

74 선사(항공사)가 선박(항공기) 단위로 부여
75 Master Sequence Number
76 House Sequence Number

B. MRN, MSN, HSN 의미

a) MRN: 입항 또는 출항하는 선박 단위로 1개가 존재하며, 11자리의 숫자와 영문자로 이루어집니다. 예를 들면, 15-ABCD-****5가 MRN이며 '15'는 연도, 'ABCD'는 운항선사 영문코드, '****'는 숫자로 구성되어 있는 제출 일련번호, 마지막 'I'는 입항 건을 뜻합니다. 참고로 'E'는 출항 건을 뜻합니다.

b) MSN: 운항선사 또는 용선선사가 적하목록 작성 시 기재하여 세관에 제출하는 4자리 숫자이며, 통상 한 모선에 선사별로 일련번호 부여구간을 지정하여 사용합니다. 예를 들면, 운항선사인 한진해운에서 0001~0199를 사용하고, 용선선사인 HMM(옛 현대상선)과 고려해운에는 2001~2111(현대), 7001~7088 (고려) 등을 부여하여 사용합니다.

c) HSN: 혼재 화물 적하목록 작성 시 기재하여 세관에 제출하는 4자리 숫자이며, Master에 속하는 House 건 별로 일련번호가 0001, 0002, 0003으로 이어집니다. 결국, 화물관리번호에 HSN이 있다는 뜻은 House 발행된 건이라고 할 수 있습니다.

〈참고〉 Line B/L 건과 House 건의 화물관리번호 구성

- House B/L 발행하지 않는 Line B/L 건(항공은 Master Single 건)의 화물관리번호는 MRN과 MSN으로만 구성되어 있습니다.
- 수입 화물의 화물관리번호가 MRN+MSN+HSN으로 구성된 경우는 Master에 단일 혹은 복수의 House 건이 존재한다는 의미입니다.
- House 발행된 FCL 수입 건에서 수입지 포워더는 선사로 입항적하목록 제출할 때(EDI 신고), MRN+MSN+HSN을 제출합니다. 그리고 선사가 최종적으로 세관에 입항적하목록을 제출하며, 이후에 관세청 유니패스 '화물진행정보' 조회에서 B/L No.로 수입화물 진행 정보 조회가 가능합니다.

〈참고〉 수출 건의 적하목록관리번호 끝자리는 E

통관사항				선적사항		
수출자	수리일자	통관포장개수	적하목록관리번호	선기적지	선기적 포장개수	분할 회수
수출신고번호	적재의 무기한	통관중량(kgs)		출항일자	선기적 중량(kgs)	선기적 완료 여부
에듀트레이드허브	2020-09-07	20 BO	20KEOPN881E	서울/인천	20 CT	0
11700-20-801206X	2020-10-07	340		2020-09-09	340	Y

No	화물관리번호	MBL – HBL No.	B/L 유형	입항일자	적재항	양륙항	편명	운송사명	포장 개수	중량
1	19KE01U2Kii_0028	18046539146 –	Simple	2019-06-21	LAX	ICN	KE210	(주)대한항공	3 CT	2,856 kgs
2	19KE01U2Kii_0029_0001	18010101010 – ABC3330101	Consol	2019-06-21	LAX	ICN	KE210	(주)대한항공	1 CT	334 kgs
	19KE01U2Kii_0029_0002	18010101010 – ABC3330102	Consol	2019-06-21	LAX	ICN	KE210	(주)대한항공	2 CT	32 kgs
	19KE01U2Kii_0029_0003	18010101010 – ABC3330103	Consol	2019-06-21	LAX	ICN	KE210	(주)대한항공	1 CT	98 kgs

화물관리번호 '19KE01U2Kii_0028'는 MRN과 MSN으로만 구성된 수입 화물로서 House 건이 존재하지 않습니다. 해상 화물이라면 Line B/L 발행 건이 되지만, 항공 건은 Master Single 건입니다. 따라서 'B/L 유형'은 'Simple'입니다. 그리고 동일 항공기에 '19KE01U2Kii_0029'로 시작하는 Master 단위 화물이 있는데, 이 건은 House가 발행되었습니다. '19KE01U2Kii_0028'에 HSN에 001부터 003까지 존재하니 1 Master에 House 3건이 콘솔된 건입니다. 따라서 'B/L 유형'은 'Consol'입니다.

C. 화물관리번호 추가 생성(분할)

입항적하목록은 B/L 단위로 신고되며, House가 발행된 건은 MRN+MSN+HSN으로 구성됩니다.

화물관리번호 '19KE01U2Kii_0029_0001'의 Consignee가 당해 건의 AWB 총중량 334kgs의 화물을 한 번에 수입신고 하지 않고 분할통관하거나, 일부는 반송 일부는 수입신고 혹은 2개 회사 이상에게 양도하는 경우에는 화물관리번호 추가 생성해야 합니다. 그렇다면 19KE01U2Kii_0029_0001의 총중량 334kgs의 화물이 분할되며, HSN은 004, 005으로 분할될 것입니다. 이를 화물관리번호 분할 혹은 B/L 분할이라고도 합니다. 참고로 B/L 분할이라 해서 추가 생성한 HSN 별로 B/L이 추가 발행되는 것은 아닙니다.

화물관리번호 추가 생성 사례
a) 일부 반송, 나머지 수입신고 b) 분할통관(보세운송) −일부는 수입신고, 일부는 타 보세구역으로 보세운송하는 경우 −동일 보세구역에서 분할 통관할 때는 해당 사항 없음 c) 양수도 계약 −양수자가 2개 이상일 때만 해당

마지막으로 세관으로의 화물관리번호 추가 생성 신청은 관세사무실에서 진행 가능하며, 신청 시점은 화물이 보세구역에 반입된 이후가 되겠습니다.

■ 유니패스 수입화물진행정보 조회 결과 'B/L 유형'

〈정리〉	B/L 유형(Type)
■ S(Simple): House B/L 없이 Master B/L로 운송되는 경우. 　　　　　　화물관리번호는 MRN+MSN으로만 구성. ■ C(Consol): Master B/L 아래에 House B/L이 발행된 경우. 　　　　　　화물관리번호는 MRN+MSN+HSN으로 구성. ■ E(Empty Container): 공컨테이너로 수입되는 경우.	

A. 해상 화물(Simple, Consol)

a. Line B/L 건(FCL)

Line B/L은 선사와 실화주 간의 운송 계약서로서 선사가 발행하는 B/L의 Shipper&Consignee가 실화주입니다. 실화주와 선사 사이에 포워더가 개입해서 핸들링하는 경우일지라도 운송 계약 당사자는 선사와 실화주입니다. 이러한 Line B/L 건의 수입 통관 과정을 관세청 유니패스에서 조회할 때, Line B/L No.는 Master B/L No.로 인식합니다.

물론 House B/L은 존재하지 않기 때문에 House B/L No.는 존재하지 않으며, 화물관리번호 역시 MRN과 MSN으로만 구성됩니다. 그리고 House가 발행되지 않는 단일 Master 건이기 때문에 'B/L 유형'은 Simple로 표기됩니다.

화물관리번호	19HJSC1020i-5006	진행상태	반출완료	선사/항공사		(주)한진해운		
M B/L-H B/L	ABABB11110B0600 –	화물구분	수입 일반화물	선박/항공편명		MISSING HANJIN		
통관진행상태	수입신고 수리	처리일시	2019-04-21 17:16:20	선박국적	파나마	선박대리점	HANJIN SHIPPING CO.,LTD	
품명	MACHINE			적재항		CNTAO : Qingdao, CN		
포장개수	20 GT	총 중량	20,550 kgs	양륙항	KRKAN : 광양항		입항세관	광양세관
용적	60	B/L 유형	Simple	입항일	2019-04-20		항차	0034E
관리대상지정여부		컨테이너개수	1	반출의무과태료	N		신고지연가산세	N
특수화물코드		컨테이너번호	ABCU9228020					

b. FCL 및 LCL 화물

컨테이너 단위 화물로서 FCL의 운송 계약 구조는 '실화주 – 포워더– 선사'이며, Carton(혹은 Pallet) 단위 화물로서 LCL의 운송 계약 구조는 '실화주 – 포워더 – 콘솔사 – 선사'입니다. 실화주가 포워더에게 FCL 화물 Shipment Booking하면서 특별히 선사 B/L(Line B/L)을 요구하지 않는 한, 선사는 포워더를 화주로 해서 Master B/L 발행하고 포워더는 Master B/L을 토대로 Exporter를 화주로 해서 House B/L을 발행합니다. 그렇다면 1 Master에 House가 발행되는 구조를 가집니다. 그리고 LCL 건 역시도 Master에 복수의 House가 발행됩니다.

따라서 FCL과 LCL 구분 없이 Master와 House가 발행되면 B/L 유형은 Consol이며, 수입화물의 화물관리번호는 MRN+MSN+HSN으로 구성됩니다.

FCL 수입	40' × 6 HC, Master와 House 발행, 관리대상 지정 건(X-Ray 검사 후 투시해제)							
화물관리번호	19NSSLi123i-5008-0001	진행상태	반출완료	선사/항공사		남성해운주식회사		
M B/L-H B/L	ABABB11110B0600 – SYBBA1901002	화물구분	수입 일반화물	선박/항공편명		STARSHIP PEGASUS		
통관진행상태	수입신고 수리	처리일시	2019-10-21 09:14:10	선박국적	마샬군도	선박대리점	남성해운(주)	
품명	CERAMIC BALL			적재항		CNTXG : Tianjin Xingang Pt, CN		
포장개수	128 GT	총 중량	17,500.25 kgs	양륙항	KRPUS : 부산항		입항세관	부산세관
용적	360	B/L 유형	Consol	입항일	2019-10-13		항차	0120E
관리대상지정여부	투시해제	컨테이너개수	6	반출의무과태료	N		신고지연가산세	N
특수화물코드		컨테이너번호	BMOU0000123					

LCL 수입	2,820CBM, 568.50 kgs							
화물관리번호	19PCLUH0123i-1022-0017	진행상태	반출완료	선사/항공사	범위해운(주)			
M B/L-H B/L	HABLLM0339000201-STABE1901002	화물구분	수입 일반화물	선박/항공편명	PANCON SUCCESS			
통관진행상태	수입신고수리	처리일시	2019-04-10 13:24:30	선박국적	한국	선박대리점	범주해운	
품명	PET TREATS			적재항	CNSHA : Shanghai, CN			
포장개수	39 GT	총 중량	568.5 kgs	양륙항	KRINC : 인천항	입항세관		인천세관
용적	2.82	B/L 유형	Consol	입항일	2019-04-08	항차		1513E
관리대상 지정여부	N	컨테이너개수	1	반출의무과태료	N	신고지연가산세		N
특수화물코드		컨테이너번호		ABAB8000885				

B. 항공 화물(Simple, Consol)

a. B/L 유형 Simple(Master Single)

Master Single은 운송인(콘솔사 혹은 포워더)이 House 발행하지 않고 Master AWB만 발행한 건으로서 Shipper&Consignee가 실화주가 되는 AWB입니다. 즉, 하나의 Master AWB에 House AWB가 존재하지 않기에 B/L 유형은 Simple이며, 수입화물의 화물관리번호는 MRN+MSN으로만 구성됩니다(HSN 없음).

화물관리번호	19KE05U6Kii-0058	진행상태	반출완료	선사/항공사	(주)대한항공			
M B/L-H B/L	18046824565 -	화물구분	수입 일반화물	선박/항공편명	KE210			
통관진행상태	수입신고 수리	처리일시	2019-06-05 17:36:09	선박국적	한국	선박 대리점		
품명	CHERRIES			적재항	SEA : 시애틀, US			
포장개수	6 GT	총 중량	3,850 kgs	양륙항	ICN : 서울/인천	입항세관		인천세관
용적		B/L 유형	Simple	입항일	2019-06-05	항차		
관리대상지정여부	N	컨테이너개수	0	반출의무과태료	N	신고지연 가산세		N
특수화물코드	CHR	컨테이너번호						

b. B/L 유형 Consol

포워더가 항공 콘솔사로부터 단독운임을 받아서 진행하는 건으로서 복수의 House 혹은 1 House가 발행되는 건일지라도 'B/L 유형'은 Consol로 표기됩니다. 물론 포워더가 콘솔 운임 받아서 복수의 House 혹은 1 House 발행되는 경우 역시 'B/L 유형'은 Consol로 표기됩니다. 모두 Master AWB에 House AWB가 발행되는 상황이기 때문입니다.

다음은 포워더가 항공 콘솔사에게 단독운임 받아서 진행한 건으로서 포워더는 1곳의 수출자 화물을 콘솔사를 통해서 진행했습니다. 이때 Master AWB와 House AWB가 발행됨에 있어, Master AWB의 Shipper&Consignee는 포워더이며, House AWB의 Shipper&Consignee는 실화주입니다. 그리고 1 Master 1 House 건으로 진행했습니다. 그럼에도 불구하고 House가 발행된 건이기 때문에 'B/L 유형'은 Consol입니다.

화물관리번호	19KE00ABii-0028-0001	진행상태	반출완료	선사/항공사	(주)대한항공			
M B/L-H B/L	18064005050 – AZX1901234	화물구분	수입 일반화물	선박/항공편명	KE826			
통관진행상태	수입신고 수리	처리일시	2019-11-27 11:16:29	선박국적	한국	선박대리점		
품명	7 INCH LCD MODULE			적재항	SZX : 선전, CN			
포장개수	20 CT	총 중량	190 kgs	양륙항	ICN : 서울/인천	입항세관	인천세관	
용적		B/L 유형	Consol	입항일	2019-11-26	항차		
관리대상 지정여부	N	컨테이너개수	0	반출의무 과태료	N	신고지연가산세	N	
특수화물코드	SPX	컨테이너번호						

■ 해상 화물의 적재지 검사와 Seal 교체

A. 수출신고와 적재지 검사

a) 적재지 검사[77]는 기본적으로 CY에서 진행

적재지 검사는 말 그대로 화물이 적재되는 장소에서 적재 전에 이루어지는 검사입니다. 따라서 FCL과 LCL 구분 없이 적재지로서 CY에 반입된 상태에서 세관원에 의해서 검사가 진행됩니다. 이때 LCL은 컨테이너에 복수의 화주 화물이 혼재되어 있는데, 특정 화주의 수출신고 건이 적재지 검사로 지정되면, 다른 화주의 수출신고 건이 적재지 검사로 지정되지 않아도, 당해 컨테이너가 CY에서 개장되어 적재지 검사 지정 화물은 세관원에 의해서 검사 진행이 되겠습니다. LCL 건에서 CFS가 적재지 세관 관할이고, 세관원이 허용하면 CFS에서 적재지 검사가 진행되는 경우도 있으나 이는 예외적인 상황이라 할 수 있습니다.

참고로 적재지 검사로 지정되면 CY에 컨테이너가 반입되고 바로 세관원이 검사하는 것이 아니라 세관원의 일정에 의해서 검사 시점은 지연될 수 있습니다.

---

77 수출 건에서 물품 검사는 신고지 검사와 적재지 검사로 구분됩니다. 적재지 검사는 과거에 적재 전 검사라는 용어로 사용되었기 때문에 실무자들은 적재지 검사를 적재 전 검사 혹은 줄여서 적검이라고 말하는 경우가 많습니다.

■ 적재지 검사

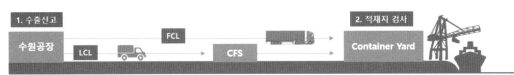

| 1 | • 수원세관으로 수출신고 (물품소재지 : 수원공장)
• 적재지 검사 지정 | 2 | • (FCL) CY에서 적재지 검사
• (LCL) CFS에서 작업 후 CY 반입된 상태에서 적재지 검사 |

상기 이미지는 신고지 세관은 수원세관이지만, 적재지 검사로 지정되어 적재지로서 부산항 CY에 반입되고, 적재지 관할 세관으로 적재지 검사 요청하는 건이 되겠습니다.

b) 적재지 검사 지정 전의 신고 수리

적재지 검사 건의 수출신고 수리는 적재하기 전에 검사받는 조건으로 수리될 수 있습니다[78]. 이때 세관장은 적재지 검사 안내문을 다음과 같이 신고인에게 교부합니다.

수출통관 사무처리에 관한 고시
[별표 9] 적재지검사 안내문 (제22조 제4항 관련)

동 물품은 적재지검사 대상으로 선박·항공기에 적재 전 보세구역 반입 후 적재지 관할세관에 검사 요청하고 물품검사를 받아야 하며, 위반 시 관세법 제276조 제4항 제7호에 따라 처벌(1천만 원 이하 벌금)받을 수 있음.

참고로 적재지 검사 화물을 적재지에 반입되면, 적재지 관할 세관장에서 물품검사 요청을 해야 합니다[79]. 적재지 세관으로부터 검사받지 않고 외국으로 나가는 선박 혹은 항공기에 선적하면, 1천만 원 이하의 벌금 처벌을 받을 수 있습니다.

c) 수출검사 구분 코드

수출신고필증 '(9)C/S 구분'에는 수출검사 구분 코드가 기재됩니다. L은 '적재지 검사대상'이라는 의미입니다. E는 '검사대상→검사생략' 건으로서, 적재지 검사로 지정되었으나 컨테이너 작업한 사진 등의 자료를 제출하면 세관원의 재량에 의해서 검사 생략되는 경우도 종종 있습니다.

---

78 「수출통관 사무처리에 관한 고시」 제21조 제3호
79 「수출통관 사무처리에 관한 고시」 제17조의 4

(1) 신 고 자	ABC관세사사무실 홍길동	(5)신고번호 11700-20-800111X	(6)세관·과 030-82	(7)신고일자 2020-03-02	(8)신고구분 H 일반P/L신고	(9)C/S구분 L
(2)수 출 대 행 자 (통관고유번호)	에듀트레이드허브 에듀트레이드허브-0-00-0-00-0 수출자구분 C		(10)거래구분 11 일반형태	(11)종류 A 일반수출	(12)결제방법 TT 단순송금방식	
수 출 화 주 (통관고유번호) (주소) (대표자) (사업자등록번호)	에듀트레이드허브 에듀트레이드허브-0-00-0-00-0 서울 강남 논현 000-0 XX B/D #000 홍길동 211-87-00000 (소재지) 111		(13)목적국 VN VIETNAM (16)선박명(항공편명) (19)운송형태 10 FC (21)물품소재지 48562 부산광역시 남구 신선로 000(용당동)	(14)적재항 KRPUS 부산항 (17)출항예정일자 (20)검사희망일	(15)선박회사 (항공사) (18)적재예정보세구역 3077016 2020-03-02	

대표적인 수출검사 구분 코드				
부호	한글명	부호	한글명	
A	일반검사생략	L	적재지검사 대상	
E	검사 대상→검사생략	P	서류제출대상	
F	검사 생략→적재지 검사 대상	R	Random에 의한 검사대상	
G	신고 취하에 의한 검사대상	S	화면심사대상	
H	신고지 검사→적재지 검사 대상	Y	최초수출에 의한 검사대상	

B. 컨테이너 Seal 교체

적재지 검사 건은 컨테이너 화물 상태로 적재지 CY에 반입된 이후에 검사가 진행됩니다. 이때 컨테이너에는 이미 Seal이 채워져 있는 상태입니다. 따라서 Seal이 제거되고 개장 검사가 진행되면, 다시 Seal이 채워지니 Seal No.은 기존의 Seal과 다릅니다. 그래서 교체된 Seal No.를 관세사무실에서 확인 후 포워더 측으로 전달합니다.

이유는 FCL 건은 포워더가 선사로 EDI 신고하는데, 컨테이너 Seal No.도 함께 신고하기 때문입니다. 물론 적재지 검사 전에 EDI 신고할 수 있고, 적재지 검사 후 변경된 Seal No.에 대해서는 EDI 신고 정정할 수도 있을 것입니다.

제2조(정의) 이 고시에서 사용하는 용어의 뜻은 다음과 같다.
　　10. '적재지검사'란 수출물품이 선적(이하 기적을 포함)되는 적재지 보세구역 또는 적재지 관할 세관장이 별도로 정하는 장소에서 검사하는 것을 말한다.

제17조(물품검사)
　　① 법 제246조에 따른 수출신고물품의 검사는 원칙적으로 생략한다. 다만, 제16조 제1항에 따라 물품을 확인할 필요가 있는 경우에는 물품검사를 할 수 있다.

　　② 제1항 단서에 따른 수출물품의 검사는 신고 수리 후 적재지에서 검사하는 것을 원칙으로 한다.

　　③ 세관장은 제2항에도 불구하고 적재지 검사가 부적절하다고 판단되는 물품이나 반송물품, 계약상이물품, 수입상태 그대로 수출되는 자가사용물품, 재수출물품 및 원상태수출물품, 국제우편 운송 수출물품 등은 신고지 세관에서 물품검사를 실시할 수 있다.

　　④ 신고인은 적재지검사 대상물품을 수출신고한 이후 적재지가 변경되는 경우에는 물품검사 이전에 수출신고를 정정하여야 한다.

　　⑤ 적재지 관할 세관장은 필요하다고 인정되는 경우 물품검사 생략대상으로 수출신고 수리된 물품에 대하여도 컨테이너검색기검사 등의 검사를 실시할 수 있다.

　　⑥ 세관장은 수출물품의 효율적인 검사를 위하여 필요한 경우 포장명세서 등 관계자료의 제출을 요구할 수 있다.

　　⑦ 세관장은 제3항에 따른 신고지검사를 완료한 수출물품에 대하여 봉인조치를 하거나 보세운송을 통하여 적재지 보세구역으로 운송하도록 할 수 있다.

　　⑧ 세관장은 제2항 및 제3항에 따른 물품검사가 완료되고 적재지 보세구역에 반입된 물품이 제45조에 따른 적재 목적 이외의 사유로 반출되는 경우 해당 물품이 적재지 보세구역에 재반입된 때 물품검사를 다시 할 수 있다.

제17조의4(검사요청 및 검사대상 반입보고)
　　① 제17조의2에 따라 수출신고 시점에 검사대상임을 통보받은 신고인 또는 화주는 수출물품이 적재되기 전 적재지

제17조의5(검사생략) 세관장은 제17조의2에 의하여 검사대상임을 통보한 수출물품이 검사생략의 필요성이 인정되고 범칙의 우려가 없는 경우 제17조 및 제17조의4에도 불구하고 검사를 생략할 수 있다. 이 경우, 수출검사 담당직원은 통관시스템에 검사생략 사실을 등록하고 이를 적하목록 제출자에게 통보하여야 한다.

제20조(검사방법)

① 세관장은 효율적인 물품검사를 위하여 컨테이너검색기 또는 차량이동형검색기 등을 활용하여 검사할 수 있다.

② 세관장은 물품확인이 필요한 경우 전량검사, 발췌검사 또는 분석검사 등을 실시한다.

③ 수출물품에 대한 검사를 실시하는 경우 제11조의 규정을 준용하여 심사한다.

제21조(수출신고의 수리) 수출신고의 수리는 다음 각 호의 구분에 의한 신고서 처리방법에 따른다.

1. 자동수리대상은 통관시스템에서 자동으로 신고수리
2. 심사대상은 심사 후 수리
3. 검사대상은 검사 후 수리. 다만, 적재지검사대상은 수출물품을 적재하기 전에 검사를 받는 조건으로 신고를 수리할 수 있다.

제 5 장

해상 화물 운송

5. 해상 화물 운송

■ 운송서류(B/L, 화물운송장)의 전반적인 개념 이해

A. 운송서류의 발행

우리나라는 현재 대륙 국가가 아닌 섬 국가입니다. 화물(Cargo)의 국제 운송은 모두 배 혹은 항공기를 통해서 이루어지며, 트럭 혹은 철도를 이용해서 이루어질 수 없습니다. 외국으로 화물을 반출(수출)하기 위해서는 외국으로 나가는 배 혹은 항공기에 적재(On Board)해야 하며, Shipper(화물을 보내는 자, 송화인)의 화물이 정상적으로 외국으로 나가는 배 혹은 항공기에 On Board되면 운송인(포워더, 콘솔사, 선사 or 항공사)은 이를 증빙하는 서류로서 운송서류를 발행하여 Shipment Booking한 화주에게 전달합니다[80].

운송서류는 크게 B/L 혹은 화물운송장(Waybill)으로 구분되는데, 그 발행 시점은 On Board 완료된 이후[81]이며, 이러한 운송서류는 선적서류(Shipping Documents)로서 C/I(상업송장) 및 P/L(포장명세서)과 함께 수출자에 의해서 수입자에게로 이들 간의 결제조건에 의해서 전달되겠습니다.

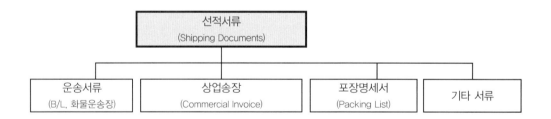

해상 건은 기본적으로 B/L(Bill of Lading, 선하증권)이 발행되며, 항공은 AWB(Air Waybill, 항공화물운송장)가 발행됩니다. 그런데 해상은 화주가 운송서류를 발행하는 운송인에게 On Board 화물의 소유권이 살아 있는 유가증권으로서 B/L 혹은 소유권이 포기

---

80 선사/항공사와 포워더 간의 운송 계약 건으로서 Master 운송서류에서의 화주는 포워더이며, 포워더와 실화주(무역회사) 간의 운송 계약 건으로서 House 운송서류에서의 화주는 실화주가 되겠습니다.

81 해상 운송서류는 On Board 이후 발행되지만, 항공 건에서 발행되는 AWB는 On Board 이전에 화주가 발행하여 운송인 에게 접수하는 개념입니다. 자세한 내용 ~ 쪽 참고.

된(Surrendered) SWB(Sea Waybill, 해상화물운송장) 중 하나를 택1 할 수 있는데, 특별히 화주가 운송인에게 요구하지 않으면 운송인은 기본적으로 유가증권 상태의 B/L[82]을 발행합니다. 반면 항공 건은 택1 할 수 있는 것이 아니라 무조건 소유권이 포기된 AWB가 발행됩니다.

B. 운송서류의 구분과 기명식 및 지시식 차이점

기명식은 수출지에서 화물이 선박(항공기)에 On Board될 때부터 수입지에서 화물을 찾는 자(Consignee, 수하인)가 지정되어 있는 경우에 활용될 수 있습니다[83]. 이렇게 Consignee가 'A사'로 기재되어 발행되는 기명식 운송서류의 화물은 수입지에서 A사 이외의 자는 기본적으로 인수할 수 없습니다. 즉, A사를 제외한 어떠한 회사도 수입지 운송인(포워더)에게 보세구역으로부터 Cargo Release를 위해서 필요한 D/O라는 서류의 발행을 요청할 수 없습니다[84].

반면 지시식은 애초 수출지에서 B/L이 발행될 때(Waybill은 지시식 발행 불가), 향후에 수입지에서 B/L 상의 화물을 인수하는 자가 확정되지 않은 경우라 할 수 있습니다. B/L의 Consignee가 To order로 되어 있으면, To order of Shipper와 동일한 뜻이며, 이는 Shipper(배서인)의 배서(명판 날인)에 의해서 Consignee가 결정되는 지시식 B/L입니다. 일반적으로 지시식 B/L은 결제조건 L/C에서 발행되며, 기타의 결제조건에서는 B/L이 발행되더

---

82 실무자들은 유가증권 상태의 B/L을 OB/L이라고 합니다.

83 D/P와 같은 추심거래에서 SWB 혹은 AWB가 발행되었을 때, Consignee를 수입지 은행으로 기재하여 발행하는 것이 일반적입니다. 그렇다고 해당 화물을 수입지 은행이 수입지 포워더에게 운송비 결제하고 D/O 요청 후 화물 인수하는 것은 아닙니다. 수입지 은행에 수출자와 매매계약한 상대인 수입자(Buyer)가 내방하여 수출자가 제출한 SWB 혹은 AWB에 수입지 은행의 확인(배서, 명판 날인)을 받고 해당 SWB 혹은 AWB를 인수하여, 수입지 포워더에게 수입자가 운송비 결제 후 D/O 요청합니다. 이는 Waybill의 특성상 Consignee가 수입자로 발행되면 수입자는 수출자가 은행으로 제출한 Waybill을 인수하지 않고 수출자에게 이메일로 받은 Copy 본 혹은 수입지 포워더가 가지고 있는 Copy 본으로 Consignee 확인을 수입지 포워더에게 해주고 운송비를 결제하면 D/O가 발행되기 때문입니다. 그러면 수출자는 선적 대금을 결제받지 못할 수 있으니 D/P 거래에서 Waybill이 발행되는 경우, 수입지 은행을 Consignee로 기재하여 수입자가 반드시 수입지 은행에 결제해야 Consignee로서 권리(수입지에서 화물을 인수할 수 있는 권리)를 기존 Consignee인 수입지 은행에게 인수받을 수 있도록 합니다. 이후 수입자가 수입지 은행으로 결제한 대금을 수출자의 외국환 통장으로 입금합니다.

84 기명식 운송서류의 Consignee로서 A사가 자신의 국내 거래처(B사)와 보세상태의 화물에 대한 양수도 계약서를 작성하게 되면, A사가 아닌 B사가 화물을 인수할 수 있는 권리를 가진 자로서 Consignee로서 권리를 행사할 수 있습니다.

라도 기명식으로 발행됩니다[85].

　아울러 기명식은 배서를 통해서 Consignee로서 권리(수입지에서 화물을 받는 자, 수하인[86])가 다른 자에게 전달되지 않으니 비유통(Non-Negotiable)이라 할 수 있고, 지시식은 배서를 통해서 Consignee로서 권리가 다른 자에게 전달되니 유통가능(Negotiable)이라 할 수 있습니다. 물론 유가증권 상태의 B/L은 지시식이든, 기명식이든 관계없이 당해 B/L을 소지한 자가 B/L Description 상의 화물 소유권자이며, 지시식일 때는 배서인의 배서가 된 B/L을 인수하는 자가 화물의 소유권과 함께 Consignee로서 권리 모두를 인수받는 개념입니다.

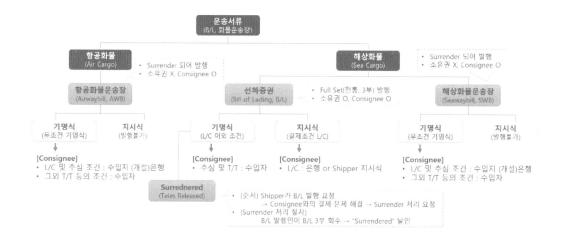

85　결제조건 L/C에서 지시식 B/L이 발행되는 이유는 L/C 46A Documents Required 조항에서 지시식 B/L을 요구하기 때문입니다. 일반적으로 To the Order of 개설은행으로 요구하는데, 이는 On Board된 화물의 소유권과 Consignee로서 권리를 일단은 은행이 확보하고 있다가 수입자가 결제를 정상적으로 하면 화물의 소유권과 Consignee로서 권리를 수입자에게 넘긴다는 의도가 숨어 있겠습니다.

86　이론적으로 수하인이지만, 실제 업무에서는 운송서류(B/L, 화물운송장)의 Consignee는 수입지 보세구역에서 화물 반출(Cargo Release)을 요청하여 Final Destination(착지)을 지정할 수 있는 권리가 있는 자로 해석하는 게 적절하겠습니다. 따라서 실제로 화물을 운송서류 Consignee가 인수할 수도 있고, Consignee의 거래처가 인수할 수도 있습니다.

해상 건은 Consignee가 운송비 결제하면 운송인이 D/O를 발행하여 보세구역에서 화물 반출할 수 있도록 합니다. 물론 해상에서는 유가증권 상태의 B/L이 발행되어 Surrender 처리되지 않으면 Consignee가 B/L 3부(Full Set) 모두를 Shipper로부터 인수해서 수입지 운송인에게 제출해야 D/O 발행됩니다[87]. 아울러 기명식이 아닌 지시식 B/L이면 D/O 요청하는 자가 제공받은 B/L에는 지시인(배서인)의 배서도 날인되어 있어야 합니다[88]. 그러나 항공에서 운송인은 D/O를 발행하지 않습니다. 항공 수입에서 화물을 인수하려는 자는 Master AWB Consignee에게 창고 배정과 E-D/O 접수 요청하는데, 이는 화물의 반출을 요청하는 개념으로 이해하는 게 더 적절해 보입니다. 관련 참고 ~쪽.

해상에서 Shipper는 운송서류를 발행하는 운송인에게 유가증권 상태의 B/L 혹은 애초 발행될 때부터 화물의 소유권이 없이 Surrender 처리되어 발행하는 SWB 중 하나를 선택해서 발행 요청을 할 수 있습니다. 만약 SWB를 선택하면, SWB는 Waybill(화물운송장)로서 화물의 소유권이 Surrender 처리된 운송서류이기 때문에 기명식으로만 발행 가능합니다. 반면 유가증권 B/L을 선택하면 Consignee를 기명식 혹은 지시식으로 발행 요청할 수 있습니다. 물론 항공에서는 무조건 Waybill이 발행되기에 SWB처럼 기명식으로만 발행됩니다.

참고로 해상과 항공 모두에서 기명식으로 발행될 때, Consignee 명을 Shipper가 운송서류 발행인에게 전달하며, 지시식으로 발행되는 B/L을 요구할 때 역시 Shipper는 은행 지시식(To the Order of 은행) 혹은 Shipper 지시식(To Order) 중에 선택할 수 있겠습니다.

---

87 Consignee가 수입지에서 D/O를 발행하는 운송인에게 Shipper로부터 인수한 B/L 3부(Full Set)를 제출할 수도 있지만, 3부 중 1부만 제출하고 당해 운송인이 D/O 발행해도 보세구역으로부터 화물은 반출 가능합니다.

88 운송서류가 은행을 통해서 수입자에게 전달되는 D/P(혹은 D/A) 결제조건에서 운송서류의 Consignee가 은행 기명식일 수 있습니다. L/C 건으로서 AWB가 발행된 경우에도 AWB Consignee는 은행 기명식입니다. 기명식으로서 유가증권 상태의 B/L 혹은 Surrender 처리된 운송서류임에도 불구하고 Consignee의 배서가 된 운송서류를 수입자가 인수하여 수입지 운송인에게 제출해야 D/O가 발행되는 경우도 있습니다. 즉, 기명식이라 해서 무조건 배서하지 않는 것은 아닙니다.

Negotiable(유통 가능)

Shipper	B/L No. XXXJKFLD8978
EDUTRADHUBE	
xxx, Nonhyundong, Kangnamgu, Seoul, Korea	**Multimodal Transport Bill of Lading**
Consignee	
	Received by the Carrier from the shipper in apparent good order and condition unless otherwise indicated
TO THE ORDER OF ANZ BANK	herein, the Goods, or the container(s) or package(s) said to contain the cargo herein mentioned, to be carried subject to all the terms and conditions appearing on the face and back of this Bill of Lading by the vessel named
Notify Party	herein or any substitue at the Carrier's option and/or other means of transport, from the place of receipt or the port of loading to the port of discharge or the place of delivery shown herein and there to be delivered unto order
Kaston	or assigns. This Bill of Lading duly endorsed must be surrendered in exchange for the Goods or delivery order. In accepting this Bill of Lading, the Merchant agrees to be bound by all the stipulations, exceptions, terms and
xxxx, Market Street, Sydney NSW 2000, Australia	conditions on the face and back hereof, whether written, typed, stamped or printed, as fully as if signed by the Merchant, any local custom or privilege to the contrary notwithstanding, and agrees that all agreements or freight engagements for and in connection with the carriage of the Goods are superseded by this Bill of Lading

·On Board 화물의 소유권이 Surrender 처리되지 않은 유가증권이며, Consignee가 지시식입니다. 따라서 지시인(배서인)의 배서에 의해서 피배서인에게 Consignee 권리 이전이 가능한 Negotiable, 즉 유통 가능 선하증권입니다. 물론 배서인은 피배서인에게 유가증권 이면에 배서해서 그대로 전달하기 때문에 Consignee 권리 이전과 동시에 화물의 소유권 이전까지 이루어집니다.

·To The Order of ANZ Bank에서 배서인은 ANZ Bank인데, 배서의 방법은 백지배서, 기명식 배서와 지시식 배서로 구분됩니다. 백지배서의 경우, 배서인의 배서만이 된 B/L을 전달받는 자가 화물의 소유권과 Consignee로서 권리를 모두 가집니다. 반면 기명식 배서는 배서인이 B/L 이면에 배서할 때 피배서인을 지정하여 배서하며, 지정된 피배서인에게 B/L을 전달하면 그 피배서인이 화물의 소유권과 Consignee로서 권리를 가집니다. 마지막으로 지시식 배서는 배서인으로서 Shipper가 B/L 이면에 배서할 때 "To Order of ANZ Bank"와 같은 지시식 문구를 포함합니다. 자세한 내용은 ~쪽 참고 해주세요.

Non-Negotiable(비유통)

Shipper	B/L No. XXXJKFLD8978
EDUTRADHUBE	
xxx, Nonhyundong, Kangnamgu, Seoul, Korea	**Multimodal Transport Bill of Lading**
Consignee	
Kaston	Received by the Carrier from the shipper in apparent good order and condition unless otherwise indicated herein, the Goods, or the container(s) or package(s) said to contain the cargo herein mentioned, to be carried
xxxx, Market Street, Sydney NSW 2000, Australia	subject to all the terms and conditions appearing on the face and back of this Bill of Lading by the vessel named herein or any substitue at the Carrier's option and/or other means of transport, from the place of receipt or the
Notify Party	port of loading to the port of discahrge or the place of delivery shown herein and there to be delivered unto order or assigns. This Bill of Lading duly endorsed must be surrendered in exchange for the Goods or delivery order.
	In accepting this Bill of Lading, the Merchant agrees to be bound by all the stipulations, exceptions, terms and
Same As Consignee	conditions on the face and back hereof, whether written, typed, stamped or printed, as fully as if signed by the Merchant, any local custom or privilege to the contrary notwithstanding, and agrees that all agreements or freight engagements for and in connection with the carriage of the Goods are superseded by this Bill of Lading

On Board 화물의 소유권이 Surrender 처리되지 않은 유가증권이지만, Consignee가 특정 회사의 상호가 기재되었다면 배서를 통해서 Consignee 권리가 배서인으로부터 피배서인에게 이전되지 않습니다. 따라서 기명식 B/L(유가증권)은 Non-Negotiable, 즉 비유통 선하증권입니다.

참고로 유가증권 상태의 B/L을 Edutradehub가 A사에게 그대로 제공한다고 해서 A사가 Port of Discharge에서 B/L 상의 화물을 찾아갈 수 없습니다. 즉, A사가 수입지 운송인에게 Cargo Release를 위한 D/O 발행 요청 불가합니다. A사가 B/L을 소지하였기 때문에 화물의 소유권자는 될 수 있으나, Port of Discharge에서 운송인에게 Cargo Release를 위한 D/O 발행과 Final Destination을 지정할 수 있는 Consignee로서의 권리는 A사가 아닌 Kaston에게 있기 때문입니다.

| AWB, 기명식 | Non-Negotiable(비유통) |

180 ICN 27090000			IATA		180-27090000
Shipper's name and Address	Shipper's Account Number		Not negotiable Air Waybill Issued by	KOREAN AIR CARGO 1370, GONGHANG-DONG, GANGSEO-GU SEOUL 157-712, KOREA	
edutradehub					
Consignee's Name and Address	Consignee's Account Number		Copies 1, 2 and 3 of this Air Waybill are originals and have h same validity. It is agreed that the goods described herein are accepted in apparent good order and condition (except as noted) for carriage SUBJECT TO THE CONDITIONS OF CONTRACT ON THE REVERSE HEREOF. ALL GOODS MAY BE CARRIED BY ANY OTHER MEANS INCLUDING ROAD OR ANY OTHER CARRIER UNLESS SPECIFIC CONTRARY INSTRUCTIONS ARE GIVEN HEREON BY THE SHIPPER, AND SHIPPER AGREES THAT THE SHIPMENT MAY BE CARRIED VIA INTERMEDIATE STOPPING PLACES WHICH THE CARRIER DEEMS APPROPRIATE. THE SHIPPER'S ATTENTION IS DRAWN TO THE NOTICE CONCERNING CARRIER'S LIMITATION OF LIABILITY. Shipper may increase such limitation of liability by declaring a higher value for carriage and paying a supplemental charge if required.		
OOO Trading					
Issuing Carrier's Agent Name and City			Accounting information NOTIFY : SAME AS CONSIGNEE		
OOO Air Consolidators Co., LTD					
Agent's IATA Code 17-3 7777/001 0	Account No.		"FREIGHT PREPAID"		

·AWB는 유가증권 기능이 없는 화물운송장(Waybill)이며, Consignee가 무조건 기명식으로 발행되기 때문에 배서를 통해서 Consignee 권리가 배서인으로부터 피배서인에게 이전되지 않습니다. 따라서 AWB는 Non-Negotiable입니다.

C. 유가증권 이면의 배서 방법

B/L Consignee가 To The Order of ANZ Bank로 지시식(Negotiable[89])으로 발행되면, 배서인으로서 ANZ Bank의 배서가 된 B/L을 전달받아야 화물의 소유권과 Consignee로서 권리를 주장할 수 있습니다. 이때 배서의 방법은 백지배서, 기명식 배서와 지시식 배서로 구분됩니다.

a. 백지배서(Blank Endorsement, 무기명배서)

B/L Consignee에서 확인할 수 있는 배서인의 배서만 B/L 이면에 날인되며, 피배서인이 지정되지 않습니다. 따라서 배서인의 배서가 날인된 B/L을 소지한 자라면 누구나 Consignee로서 권리를 주장할 수 있습니다.

L/C 46A 조항 문구	Shipper 지시식 B/L과 백지 배서 요구

FULL SET OF CLEAN ON BOARD OCEAN BILL OF LADING MADE OUT TO ORDER OF SHIPPER AND ENDORSED IN BLANK MARKED FREIGHT PREPAID AND NOTIFY APPLICANT.

Shipper 지시식 B/L	백지배서(B/L 이면)
Shipper EDUTRADHUBE xxx, Nonhyundong, Kangnamgu, Seoul, Korea Consignee To Order of Shipper	Edutradehub (명판 날인)

· Consignee가 To order 혹은 To Order of Shipper이면, 배서인은 Shipper입니다.
· B/L 자체에는 배서 방법이 명시되지 않습니다.

b. 기명식 배서(Full Endorsement)

배서인이 배서할 때, 피배서인을 지정합니다. 따라서 피배서인으로 지정된 자만이 B/L을 소지한 상태에서 운송인에게 Cargo Release를 위한 D/O 요청이 가능한 Consignee로서 권리를 가집니다.

---

89 배서를 통해서 Consignee 권리가 이전되는 유통 가능 선하증권.

L/C 46A 조항 문구	Shipper 지시식 B/L과 Kaston 기명식 배서 요구

FULL SET OF CLEAN ON BOARD OCEAN BILL OF LADING MADE OUT TO ORDER OF SHIPPER AND ENDORSED TO KASTON CO., LTD. MARKED FREIGHT PREPAID AND NOTIFY APPLICANT.

Shipper 지시식 B/L	기명식 배서(B/L 이면)
Shipper EDUTRADHUBE xxx, Nonhyundong, Kangnamgu, Seoul, Korea Consignee To Order of Shipper	(Delivery) to Kaston. Co., Ltd. Edutradehub (명판 날인)

·기명식 배서는 피배서인을 기명하는 배서 방식으로서 피배서인은 Kaston입니다. 따라서 Kaston만이 Port of Discharge에 도착한 화물의 Release를 위해서 D/O 요청이 가능합니다.

〈참고〉	기명식 배서할 때 Pay와 Delivery

환어음과 보험증권은 돈을 양도하기 때문에 기명식 배서할 때 'Pay to 피배서인'이 되지만, 유가증권 B/L은 화물을 양도하기 때문에 'Delivery to 패배서인'이 되어야 합니다. 그리고 Pay 혹은 Delivery는 생략될 수 있습니다.

c. 지시식 배서(Order Endorsement)

배서인이 배서할 때, 'To order of 피배서인'으로 배서함으로 피배서인의 지시, 즉 또 다른 배서를 통해서 Consignee 권리가 이전 가능하도록 하는 배서의 방법이라 할 수 있습니다.

L/C 46A 조항 문구	Shipper 지시식 B/L과 ANZ BANK 지시식 배서 요구

FULL SET OF CLEAN ON BOARD OCEAN BILL OF LADING MADE OUT TO ORDER OF SHIPPER AND ENDORSED TO THE ORDER OF ANZ BANK MARKED FREIGHT PREPAID AND NOTIFY APPLICANT.

Shipper 지시식 B/L	기명식 배서(B/L 이면)
Shipper EDUTRADHUBE xxx, Nonhyundong, Kangnamgu, Seoul, Korea Consignee To Order of Shipper	(Delivery) to the order of ANZ Bank Edutradehub (명판 날인)

·ANZ Bank가 Port of Discharge에 도착한 화물에 대해서 운송인에게 운송비 결제하고 D/O 발행 요청하지 않을 것이니, ANZ Bank는 또 한 번의 배서를 통해서 실제로 D/O 요청해서 Final Destination 지정하는 수입자에게 당해 B/L을 전달할 것입니다.

D. 유가증권과 화물운송장(Waybill)의 차이점

운송서류는 유가증권으로서 B/L과 화물운송장(Waybill)으로 구분됩니다. B/L은 B/L의 Description에 기재된 화물의 소유권이 포기(Surrender)되지 않고 살아 있는 상태이며, 그 On Board된 화물의 소유권은 해당 B/L을 소지한 자에게 있다고 해석됩니다. 즉, B/L 상의 화물이 어디에 있든 상관없이 해당 B/L을 소지한 자가 B/L 상에 기재된 화물의 주인이라고 주장할 수 있겠습니다. 다시 말해서 화물의 권리와 통제권을 갖습니다. 반면 화물운송장은 화물운송장의 Description에 기재된 화물의 소유권이 포기(Surrender)된 상태로서 On Board된 화물에 대해서 내가 주인이라는 주장을 누구도 할 수 없습니다.

〈참고〉 유가증권 의미

유가증권은 금전적 가치가 있는 증서입니다. 본 증서는 비록 종이로 되어 있으나, 그 종이 상의 금액에 대한 청구권 혹은 그 종이 상의 물품에 대한 소유권을 주장할 수 있는 증서가 됩니다. 예를 들어, 어음 혹은 수표는 화폐증권으로서 유가증권이며, 선하증권(B/L)[90,91]은 상품증권으로서 역시 유가증권이 됩니다.

E. 화물의 소유권과 Consignee로서 권리 이해

화물의 소유권과 Consignee로서 권리를 구분하여 이해하고 있어야 합니다. Consignee는 운송서류(B/L, 화물운송장) 상의 화물을 수입지에서 인수할 수 있는 권리가 있는 자,[92] 즉 수하인입니다. 화물의 소유권과 Consignee로서 권리는 분명 다릅니다.

예를 들자면, 유가증권 상태의 B/L이 발행된 상황에서는 On Board된 화물의 소유권이 포기되지 않은 것이며, B/L을 소지한 자에게 화물의 소유권이 있습니다. B/L 상의 Consignee로서 A사는 수출자에게 B/L 스캔본, 즉 Copy를 받았습니다. A사는 수입지 포워더에게 자신이 Consignee로서 운송비 결제했으니 D/O 발행할 것을 요구했습니다. 이때

---

90 B/L은 유가증권으로서 그 자체가 원본입니다. 그런데 실무에서 B/L 앞에 Original이라는 단어를 붙여서 Original B/L 혹은 OB/L이라 하는 경우도 있습니다.

91 B/L은 기본적으로 3부가 발행되며, 이를 전통(Full Set)이라 합니다. 수출지 운송인으로서 포워더가 수출자에게 B/L을 발행할 때는 B/L 원본을 각각 3부 발행하며, 수출자는 해당 B/L Full Set을 수입자와의 결제조건에 따라서 수입자에게 전달하나 수입자가 수입지 포워더에게 D/O 요청할 때는 3부 중 1부만 수입지 포워더에게 전달해서 화물의 소유권이 수입자 자신에게 있음을 확인시켜주면 D/O 발행되는 데 문제가 없습니다. 물론 기발행된 B/L을 Surrender 처리할 때는 해당 B/L을 발행한 수출지 포워더에게 B/L Full Set 모두를 전달해야겠습니다.

92 수입지 운송인에게 운송비 결제하고 보세구역에서의 화물 반출(Cargo Release)를 위해서 D/O 발행 요청할 수 있는 권리가 있는 자가 바로 운송서류의 Consignee가 가지는 권리입니다. Consignee가 실화주로서 수입자이고 운송인이 포워더일 때, 보세구역에서 반출되는 화물의 Final Destination을 지정하여 포워더에게 내륙운송까지 요구할 수 있습니다.

수입지 포워더는 절대 D/O를 발행할 수 없습니다. 이유는 화물의 소유권이 살아 있는 상태이며, 그 소유권이 수입자에게 넘어오지 않았기 때문입니다. Consignee로서 권리를 가진 자보다 화물의 소유권이 우선한다는 뜻입니다.

운송서류의 Consignee가 운송비를 결제하고 수출자로부터 B/L을 그대로 전달받았다면, Consignee가 포워더(운송인)에게 보세구역에서 화물의 반출(Cargo Release)을 위해서 D/O 발행 요청할 수 있고, 포워더는 D/O 발행해야 합니다. 물론 포워더가 House D/O를 발행하기에 앞서서 Master D/O가 발행되어야 합니다.

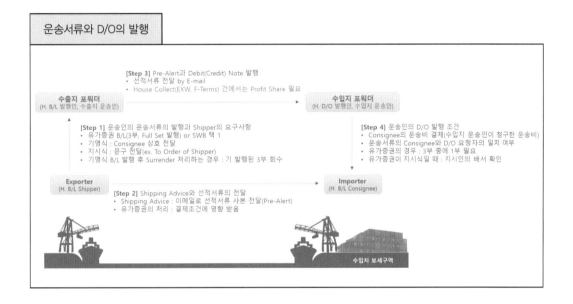

반면 화물운송장이 발행된 경우에는 On Board된 화물의 소유권이 포기(Surrender)된 상태이기 때문에 Consignee가 수출자에게 소유권을 넘겨받았는지를 따질 필요가 전혀 없으며, Consignee가 수입지 포워더에게 운송비만 결제하면 수출자의 동의 없이 House D/O 발행되어야 합니다.

결국, 화물의 소유권과 Consignee로서 권리를 구분하여 업무해야 합니다. 아울러 Consignee가 갖는 권리보다 화물의 소유권을 우선하기 때문에 Consignee가 운송비만 수입지 포워더에게 결제한다고 해서 D/O 발행되는 것은 아닙니다. 수출지에서 유가증권으로서 B/L이 발행되었는지, 그렇다면 그 소유권이 Shipper에게서 Consignee로 이전되었는지 혹은 Surrender 처리 되었는지를 D/O 발행인은 확인해야겠습니다. 그리고 유가증권 상태의 B/L을 Consignee가 수입지 운송인에게 제시했을 때 운송인은 기명식인지 지시식인지 확인하고, 지시식이면 지시인의 배서가 정확히 되어 있는지 D/O 발행하기 전에 반드시 확인해야 합니다.

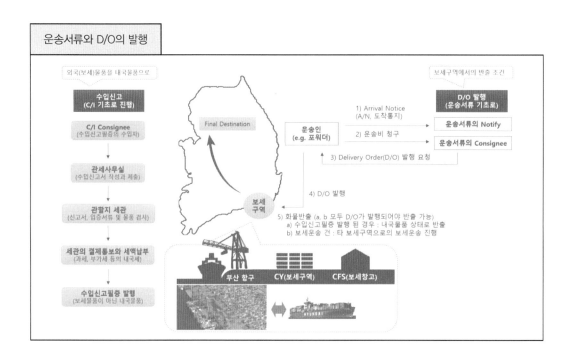

참고로 수입지에서 보세구역으로부터 화물을 반출하기 위해서는 D/O와 수입신고필증 그리고 보세구역에서 발생된 창고료와 같은 비용 정산이 완료되어야 합니다. 수입신고필증은 수입자가 관세사무실의 도움을 받아서 수입신고 대상 물품이 위치한 관할지 세관으로 수입신고서를 제출하여 세액 납부하고 수리받는 일련의 과정을 합법적으로 진행하였다는 국가의 증명서입니다. 이는 선박(항공기)으로부터 양하된 보세상태의 보세(외국)물품[93]이 더 이상 보세물품이 아니라 내국물품이 되었다는 것을 증명하며, 보세구역 운영인은 D/O와 수입신고필증을 확인 후 화물을 보세구역 밖으로 반출해 줍니다.

이때 FCL은 CY에서 컨테이너 단위로, LCL은 CFS에서 Carton 혹은 Pallet 단위로 반출되며, 항공 화물은 공항 창고에서 반출되겠습니다. 만약 보세구역에서 보세 상태로 반출

---

93 보세(외국)물품과 내국물품을 말할 때 그 대상이 되는 물품은 우리나라의 법이 미치는 곳에 있는 물품을 대상으로 합니다. 보세물품은 다른 말로 외국물품이라고도 하는데, 이러한 보세물품은 수입신고 수리되기 전 상태의 물품입니다. 보세구역은 이러한 보세상태의 외국물품을 일시적으로 보관하는, 국내에 있으나 관세법상 외국으로 인정되는 구역이라 할 수 있습니다.

하고자 할 때는 D/O가 발행되고, 보세운송 신고 수리되면 가능하겠습니다. 물론 이 시점에 당해 화물은 여전히 보세물품이며, 수입신고필증은 존재하지 않습니다.

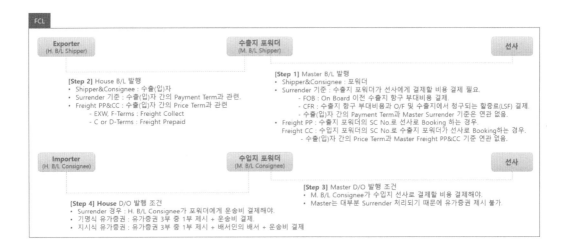

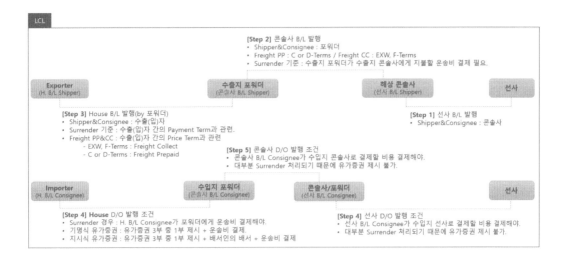

F. Surrender B/L은 무엇인가?

Surrender라는 뜻은 On Board 화물의 소유권이 Shipper에 의해서 포기되었다는 뜻입니다. Waybill(화물운송장)은 On Board되는 시점 혹은 그전부터 수출자가 화물의 소유권을 On Board 이후에 확보할 이유가 없을 때 발행됩니다. 해상 건에서 수출자가 수입자에게 선적 대금을 100% 결제받았다면, 수출자는 수출지 포워더에게 B/L 발행을 요구하지 않고

SWB 발행을 요구합니다. SWB는 소유권이 포기(Surrender)된 운송서류입니다. 이렇게 해상 건은 운송서류가 발행될 당시에 수출자가 수입자와의 결제조건(Payment Term)을 기초로 수출자가 판단하여 B/L 혹은 SWB 발행을 양자택일하여 요구할 수 있습니다. 물론 항공은 무조건 AWB 발행됩니다.

SWB 및 AWB 모두 On Board 화물의 소유권이 포기된 운송서류인데, 이는 애초 발행될 때부터 화물의 소유권이 포기된 상황이라 할 수 있습니다. 반면 실무에서 흔히 Surrender B/L이라 하며, 운송서류에 Surrendered 혹은 Telex Released라는 문구가 날인되는 운송 서류가 있는데, 이는 해상에서 유가증권 상태의 B/L이 발행되어 수출자가 On Board 화물의 소유권을 유지하다가 수입자에게 선적 대금 결제받으면 그 소유권을 포기하는 경우라 할 수 있습니다. 이때 기발행된 유가증권 상태의 B/L 3부(Full Set) 모두를 발행인(수출지 포워더)에게 반환해야 합니다.

■ **Master 운송서류의 Surrender 및 Freight PP&CC 기준**

1. 해상 Master 건의 Surrender 기준
A. FCL 운송 계약

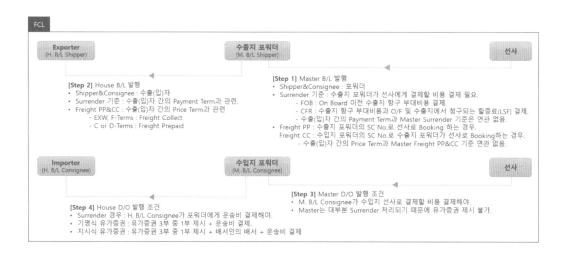

Master(FCL 건에서 선사와 포워더의 계약) 운송서류를 Surrender 처리하는 기준과 실화주에게 교부되는 House(포워더와 무역회사의 계약) 운송서류의 Surrender 처리 기준은 다릅니

다. FCL 건으로서 포워더와 선사의 운송 거래에서 선사가 발행하는 Master 운송서류는 대부분 Surrender 처리됩니다.

Master 건은 On Board 이전에 수출지 터미널에서 발생되는 비용[94](이하 수출지 Local Charge) 중에 포워더가 선사로 지급해야 하는 비용을 On Board 이후에 선사가 포워더에게 청구하고, Master 운송서류를 발행합니다. 이때 포워더가 수출지 Local Charge를 선사에게 결제해야 Master 운송서류를 교부받으며(수출지 Local Charge 결제하지 않으면 Master 운송서류 발행하지 않음), 선사는 Local Charge를 결제받으면 유가증권이 아닌 Surrender 처리된 운송서류를 발행합니다.

다시 말해서 Master 운송서류의 발행과 Surrender는 수출지 Local Charge를 수출지 포워더가 선사로 결제하는 것과 연관이 있습니다. Master 운송서류를 Surrender 처리 않으면, Master 운송서류의 Shipper(수출지 포워더)는 유가증권 상태의 B/L을 특송(Courier)으로 Master 운송서류의 Consignee(수입지 포워더)에게 전달해야 하고, Consignee는 다시 수입지 선사로 B/L을 제시하여 Master D/O 요청해야 합니다. 이는 포워더 및 선사 입장에서 번거로운 일이 됩니다. 결국, 해상 Master 운송서류는 대부분 Surrender 처리됩니다.

B. LCL 운송 계약

LCL은 포워더와 선사 중간에 콘솔사가 존재하며, 포워더는 콘솔사로부터 운송서류를 발급받습니다. 이때 콘솔사가 발행하는 운송서류는 콘솔사 입장에서 자신의 화주인 포워더에게 발행하기 때문에 House가 될 수 있으나, 포워더 입장에서는 운송인으로부터 발급받는 것이니 Master가 될 수 있습니다.

그리고 포워더와 콘솔사의 관계에서 역시 Surrender 기준은 수출지 포워더가 수출지 콘솔사로 지불해야 할 운송비의 결제와 연관이 있습니다. FOB 거래에서는 콘솔사 발행 운송서류의 Freight는 Collect이며, 수출지 포워더가 수출지 Local Charge를 콘솔사에 결제하면 Surrender 처리됩니다. 아울러 콘솔사 운송서류가 Freight Prepaid로 발행되는 C 혹은 D 조건에서는 수출지 포워더가 수출지 Local Charge와 Ocean Freight를 결제하면 역시 콘솔사 운송서류는 Surrender 처리되겠습니다. 물론 콘솔사 운송서류의 Freight PP&CC와 Surrender 처리 기준은 LCL House 운송서류의 기준과는 다릅니다.

---

94 Master Freight PP일 때는 수출지 Local Charge와 Ocean Freight, Master Freight Collect일 때는 수출지 Local Charge 정도만 수출지 포워더가 결제하면 선사가 발행하는 Master 운송서류는 Surrender 처리될 것입니다.

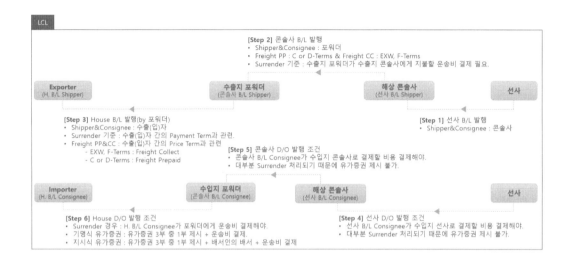

[Step 2] 콘솔사 B/L 발행
• Shipper&Consignee : 포워더
• Freight PP : C or D-Terms & Freight CC : EXW, F-Terms
• Surrender 기준 : 수출지 포워더가 수출지 콘솔사에게 지불할 운송비 결제 필요.

Exporter
(H. B/L Shipper)

수출지 포워더
(콘솔사 B/L Shipper)

해상 콘솔사
(선사 B/L Shipper)

선사

[Step 3] House B/L 발행(by 포워더)
• Shipper&Consignee : 수출(입)자
• Surrender 기준 : 수출(입)자 간의 Payment Term과 관련.
• Freight PP&CC : 수출(입)자 간의 Price Term과 관련.
  - EXW, F-Terms : Freight Collect
  - C or D-Terms : Freight Prepaid

[Step 1] 선사 B/L 발행
• Shipper&Consignee : 콘솔사

[Step 5] 콘솔사 D/O 발행 조건
• 콘솔사 B/L Consignee가 수입지 콘솔사로 결제할 비용 결제해야.
• 대부분 Surrender 처리되기 때문에 유가증권 제시 불가.

Importer
(H. B/L Consignee)

수입지 포워더
(콘솔사 B/L Consignee)

해상 콘솔사
(선사 B/L Consignee)

선사

[Step 6] House D/O 발행 조건
• Surrender 경우 : H. B/L Consignee가 포워더에게 운송비 결제해야.
• 기명식 유가증권 : 유가증권 3부 중 1부 제시 + 운송비 결제.
• 지시식 유가증권 : 유가증권 3부 중 1부 제시 + 배서인의 배서 + 운송비 결제

[Step 4] 선사 D/O 발행 조건
• 선사 B/L Consignee가 수입지 선사로 결제할 비용 결제해야.
• 대부분 Surrender 처리되기 때문에 유가증권 제시 불가.

2. Master 운송서류의 Freight PP&CC

A. FCL 운송 계약

포워더와 선사의 운송 계약에서 Master Freight는 Prepaid가 될 수도 있고, Collect 가 될 수도 있습니다. 그러나 대부분 Master Freight는 PP입니다. 실화주 간의 가격조건 (Price Term)이 EXW 혹은 F-Terms 중 하나일 때(House Freight Collect), 만약 수입지 포워더가 수입지 선사에게 받은 Freight 견적이 수출지 포워더가 수출지 선사로부터 받은 Freight 견적보다 경쟁력이 있으면 Master Freight CC로 업무 진행 가능하고, Master 운 송서류에 Freight는 Collect로 기재되어 발행됩니다. 물론 이러한 가격조건에서 수출지 포 워더가 수출지 선사로부터 받은 Freight 견적이 경쟁력 있으면 Master Freight Prepaid로 역시 진행 가능합니다. 즉, EXW, F-Terms 중 하나로 진행되는 거래에서 포워더와 선사의 계약 건으로서 Master 건의 Freight는 PP 혹은 CC 중 택1 해서 진행 가능합니다.

그러나 실화주 간의 가격조건이 C 혹은 D 조건일 때(House Freight Prepaid), Master Freight Collect로 진행되는 사례는 접해보지 못했습니다. 그래서 C 혹은 D 조건일 때 Master Freight는 기본적으로 Prepaid입니다. 즉, 수출지 포워더가 수출지 선사로부터 Freight 견적 받아서 업무 진행합니다.

마지막으로 Master 운송서류의 Surrender는 House 건의 Freight Prepaid 혹은 Freight Collect와는 기본적으로 연관성이 없겠습니다. 선사는 Freight Prepaid 건에

서 수출지 Local Charge와 Ocean Freight를 수출지 포워더에게 청구하고 결제받으면 Surrender 처리된 Master 운송서류를 발행합니다. 그리고 Freight Collect 건에서는 수출지 Local Charge만을 수출지 포워더에게 청구하고 결제받으면 Surrender 처리된 Master 운송서류를 발행합니다.

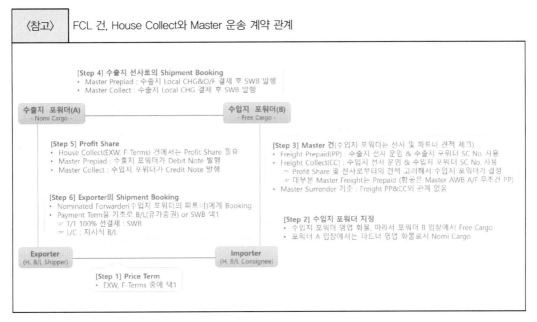

〈참고〉 FCL 건, House Collect와 Master 운송 계약 관계

[Step 4] 수출지 선사로의 Shipment Booking
• Master Prepiad : 수출지 Local CHG&O/F 결제 후 SWB 발행
• Master Collect : 수출지 Local CHG 결제 후 SWB 발행

수출지 포워더(A) - Nomi Cargo -　　　**수입지 포워더(B)** - Free Cargo -

[Step 5] Profit Share
• House Collect(EXW, F-Terms) 건에서는 Profit Share 필요
• Master Prepaid : 수출지 포워더가 Debit Note 발행
• Master Collect : 수입지 포워더가 Credit Note 발행

[Step 6] Exporter의 Shipment Booking
• Nominated Forwarder(수입지 포워더의 파트너)에게 Booking
• Payment Term을 기초로 B/L(유가증권) or SWB 택1
　☞ T/T 100% 선결제 : SWB
　☞ L/C : 지시식 B/L

[Step 3] Master 건(수입지 포워더는 선사 및 파트너 견적 체크)
• Freight Prepaid(PP) : 수출지 선사 운임 & 수출지 포워더 SC No. 사용
• Freight Collect(CC) : 수입지 선사 운임 & 수입지 포워더 SC No. 사용
　☞ Profit Share 및 선사로부터의 견적 고려해서 수입지 포워더가 결정
　☞ 대부분 Master Freight는 Prepaid (항공은 Master AWB A/F 무조건 PP)
• Master Surrender 기준 : Freight PP&CC와 관계 없음

[Step 2] 수입지 포워더 지정
• 수입지 포워더 영업 화물, 따라서 포워더 B 입장에서 Free Cargo
• 포워더 A 입장에서는 파트너 영업 화물로서 Nomi Cargo

Exporter (H. B/L Shipper)　　　**Importer** (H. B/L Consignee)

[Step 1] Price Term
• EXW, F-Terms 중에 택1

▶ House Freight Collect 조건에서는 포워더가 상대 파트너와 Profit Share를 합니다. 반면 House Prepaid 조건에서는 수출지 포워더 영업 화물로서 Master Prepaid가 일반적이며, 수출지 포워더는 파트너에게 Profit Share 하지 않습니다. 따라서 수입지 포워더는 H/C 정도만 취하게 됩니다.

▶ Debit Note: 발행하는 자가 발행받는 자에게 대금을 청구할 때 사용합니다. House는 Freight Collect이고 Master는 Prepaid 상황에서는 수출지 포워더가 선사에게 O/F 결제하고, 수입지 파트너 포워더에게 Profit Share 금액을 고려하여 Debit Note 발행합니다.

▶ Credit Note: 발행하는 자가 발행받는 자에게 대금을 지급할 때 사용합니다. House와 Master 모두 Freight Collect 상황이면 수입지 포워더가 선사에게 Freight 지불하고, 수입지 포워더가 수출지 파트너 포워더에게 Profit Share 금액에 대해서 Credit Note 발행합니다.

발행하는 자가 발행받는 자에게 대금을 청구하는 Debit Note를 Master Freight Collect 조건에서 수출지 포워더가 수입지 포워더에게 발행할 수 있습니다. 이것은 수출지 포워더가 자신의 파트너로서 수입지 포워더에게 Profit Share 금액을 청구하기 위한 목적이 있을 때입니다. 물론 수입지 포워더가 먼저 수출지 포워더에게 Profit Share 금액을 결제하겠다고 서류를 보낸다면 Credit Note가 됩니다.

아울러 현재는 선사가 LSS(저유황유 할증료, Low Sulphur Surcharge)를 수출지에서 청구하는 경우가 많으며, 그렇다면 수출지 포워더는 LSS를 수출지 선사로 결제하고 이를 수입지 포워더에게 청구해야 하는 상황일 때 Debit Note에는 LSS 비용도 포함될 수 있습니다. 참고로 수출지 포워더가 선사로 지불한 LSS 비용이 USD140이고 당해 LSS 비용을 수출자에게 청구해서 USD140을 받은 상태에서, 수입지 포워더가 수출지 포워더에게 제공하는 Profit Share 금액이 USD100일 때, 수출지 포워더는 USD40에 대해서 수입지 포워더에게 Credit Note 발행할 수 있습니다.

B. LCL 운송 계약

수출입자 간에 결정된 가격조건(Price Term)이 EXW 혹은 F-Terms 중 하나면 수입지 포워더가 수입자를 영업하며, 수입자는 수입지 포워더를 지정합니다. 이때 수입지 포워더 입장에서 자신이 영업한 Free Cargo이며, 콘솔사 지정 권리는 수입지 포워더에게 있습니다. 수입지 포워더는 수출지의 파트너에게 지정된 콘솔사 정보를 제공하여 수입지 포워더가 지정한 콘솔사에 Shipment Booking할 것을 요구하며, 콘솔사는 수입지 포워더에게 Freight를 청구합니다. 따라서 수출지 포워더가 콘솔사로부터 발급받은 운송서류(포워더 입장에서 Master)에는 Freight Collect가 날인됩니다. 물론 통상적이지는 않으나, EXW 혹은 F-Terms 중 하나의 건일지라도 수입지 포워더가 콘솔사 지정하지 않고 수출지 포워더가 콘솔사 지정하는 경우도 있으며, 이때 수출지 포워더가 콘솔사로부터 발급받은 운송서류에는 Freight Prepaid 날인됩니다.

반면 C 혹은 D-Terms에서는 수출지 포워더가 수출자를 영업한 화물이기 때문에 수출지 포워더가 원하는 수출지 콘솔사를 사용할 수 있습니다. 당연히 수출지 콘솔사가 포워더에게 발행하는 콘솔사 운송서류에는 Freight Prepaid 날인됩니다. 결국, 수출지 포워더가 수출지 콘솔사에 Freight 결제하면 Prepaid이고, 수입지 포워더가 수입지 콘솔사에 Freight 결제하면 Collect입니다.

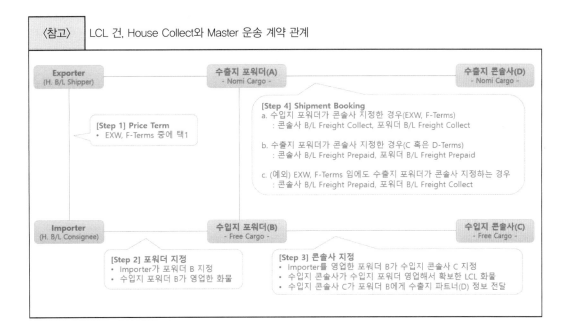

〈참고〉 LCL 건, House Collect와 Master 운송 계약 관계

Exporter (H. B/L Shipper)

수출지 포워더(A) - Nomi Cargo -

수출지 콘솔사(D) - Nomi Cargo -

[Step 1] Price Term
• EXW, F-Terms 중에 택1

[Step 4] Shipment Booking
a. 수입지 포워더가 콘솔사 지정한 경우(EXW, F-Terms)
  : 콘솔사 B/L Freight Collect, 포워더 B/L Freight Collect

b. 수출지 포워더가 콘솔사 지정한 경우(C 혹은 D-Terms)
  : 콘솔사 B/L Freight Prepaid, 포워더 B/L Freight Prepaid

c. (예외) EXW, F-Terms 임에도 수출지 포워더가 콘솔사 지정하는 경우
  : 콘솔사 B/L Freight Prepaid, 포워더 B/L Freight Collect

Importer (H. B/L Consignee)

수입지 포워더(B) - Free Cargo -

수입지 콘솔사(C) - Free Cargo -

[Step 2] 포워더 지정
• Importer가 포워더 B 지정
• 수입지 포워더 B가 영업한 화물

[Step 3] 콘솔사 지정
• Importer를 영업한 포워더 B가 수입지 콘솔사 C 지정
• 수입지 콘솔사가 수입지 포워더 영업해서 확보한 LCL 화물
• 수입지 콘솔사 C가 포워더 B에게 수출지 파트너(D) 정보 전달

■ House 운송서류의 유가증권 혹은 Surrender 처리 기준

1. Shipper가 유가증권 B/L을 요구해야 하는 경우

Shipper가 수출지에서 운송서류(B/L, 화물운송장)를 발행하는 발행인(포워더)에게 유가 증권으로서 B/L 발행을 특별히 요구하는 경우는 기본적으로 수출입자 간의 결제조건 (Payment Term)에 영향을 받습니다.

Shipper의 B/L 요구 상황 정리
a. T/T 후결제에서 On Board되는 화물의 소유권을 Shipper가 소지할 필요가 있는 경우 – 지시인(배서인)의 배서에 의해서 Consignee 권리 이전이 필요 없기 때문에 기명식 발행 – 목적국에서 화물을 인수할 자가 수출지에서 B/L 당시부터 정해져 있는 상황 b. L/C 46A Documents Required 조항에서 지시식 B/L 요구 – Beneficiary가 은행으로 B/L 등 서류를 제시하면서 화물의 소유권이 Shipper로부터 은행으로 이전[95] – Applicant는 은행으로부터 B/L 전달(소유권 이전)받고 목적국 운송인에게 B/L 제시 후 D/O 발행 요청 – B/L Consignee의 배서를 통해서 Consignee 권리 역시 최종적으로 Applicant에게 이전 c. 추심결제(D/P, D/A)에서 기명식 B/L 발행 필요 – B/L 등의 선적서류가 Shipper로부터 은행 그리고 수입자에게 전달되는 과정에서 결제 진행 – 기명식으로 발행되기 때문에 배서는 필요치 않음 d. 기타 On Board 화물의 소유권 유지가 필요한 경우

---

95 B/L Consignee가 To Order 혹은 To Order of Shipper로서 Shipper 지시식일 때는 Shipper가 배서해서 은행으로 B/L 제출합니다. 그러나 To The Order Of 개설은행일 때는 Shipper는 배서하지 않습니다.

2. T/T에서의 운송서류 발행과 Surrender 처리

T/T 선결제로서 On Board 이전에 C/I 총액(= 선적 대금) 모두를 결제받았다면 Shipper 는 운송인(포워더)에게 B/L이 아닌 SWB의 발행을 요청할 것입니다. 선적 대금 결제받은 수출자가 굳이 화물의 소유권을 확보하여 On Board 화물에 대한 통제권을 가질 필요가 없기 때문입니다.

그러나 결제조건이 T/T 후결제일 때, 수출자는 On Board 화물의 소유권을 수입자가 결 제하기 전까지 확보할 필요가 있습니다. 그래서 T/T 후결제 조건일 때 수출자는 포워더에 게 유가증권으로서 B/L 발행을 요구할 수 있으며, On Board 화물에 대해서 수입자로서 Consignee가 결제하지 않으면 화물이 Port of Discharge에 도착하기 전에 COD(Change of Destination) 신청할 수 있도록 해야 하며, 설령 Port of Discharge에 도착하더라도 Consignee가 화물 인수하지 못하도록 Shipper가 화물의 소유권 행사할 필요가 있습니다 [96]. 그러나 T/T 후결제일지라도 On Board 화물에 대한 선적 대금 결제 위험이 없는 경우[97], Shipper는 유가증권 상태의 B/L 아닌 발행 시점부터 Surrender 처리된 해상화물운송장 (SWB, Seawaybill)을 요청할 수 있습니다.

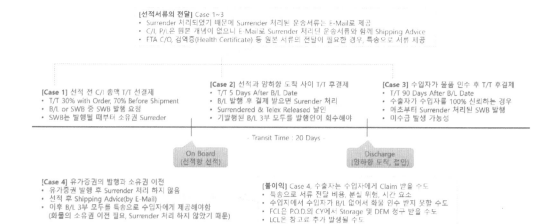

---

96 수입자가 결제하면 Shipper는 B/L 발행인에게 기발행된 B/L에 대한 Surrender 처리를 요청하며, Surrendered 혹은 Telex Released 날인합니다. 그리고 Surrender 사실이 수출지의 포워더로부터 수입지의 포워더에게 전달되어야 최종적으로 수 입지에서 D/O가 발행될 것입니다.

97 수입자가 100% 결제할 것이라는 확신이 있을 때.

3. L/C에서의 운송서류 발행

결제조건 L/C(Letter of Credit, 신용장)에서는 기본적으로 지시식 B/L을 요구하기 때문에 수출자(Beneficiary)는 운송인(포워더)에게 이러한 사실을 전달해야 신용장과 일치하는 B/L을 발행받을 수 있습니다.

46A Documents Required :

+ Signed Commercial Invoice 3 Copies.
+ Full Set of Clean On Board Ocean Bill of Lading Made Out To The Order Of Opening Bank Marked Freight Collect Notify Applicant.
+ Packing List 3 Copies.

• B/L Consignee를 To The Order of 개설은행으로 기재하며, Shipper는 배서하지 않습니다.

수출지에서 운송인에 의해서 발행된 B/L 3부(Full Set)는 Shipper로서 신용장 Beneficiary(수출자)에 의해서 은행으로 제출되는데, 이 과정에서 화물의 소유권이 이전되는 것입니다. 이후 유가증권 B/L은 은행으로부터 다시 신용장 Applicant(수입자)로 이전되는데, B/L Consignee가 지시식이기 때문에 배서인의 배서가 된 상태로 Applicant가 B/L을 전달받아야 화물의 소유권과 Consignee 권리가 최종적으로 Applicant에게 이전됩니다. 이후 Applicant는 수입지의 운송인에게 B/L 3부 중 1부 혹은 Full Set을 제시하고 운송비 결제 후 보세구역에서 화물(Cargo)의 반출(Release)을 위해서 D/O 발행 요청합니다. 결국, 신용장에서는 해상 FCL과 LCL 관계없이 지시식 B/L이 발행되어야 하며, 이러한 내용은 신용장 46A Documents Required 조항에서 확인 가능합니다.

참고로 종종 신용장에서 Surrender B/L Is Acceptable이라는 문구가 기재되는 경우가 있는데, 이는 일반적인 신용장이 아닙니다. 이러한 신용장에 대해서 L/C Beneficiary는 상당한 주의와 의심을 해야겠습니다.

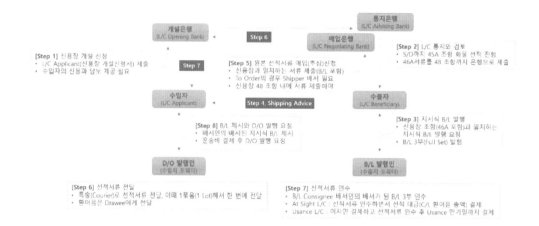

마지막으로 신용장 조건에서 항공 운송 진행할 경우, 신용장 46A 조항에서 AWB Consignee는 개설은행 기명식이 요구됩니다. 따라서 Shipper는 AWB를 수출지 은행으로 제출할 때 배서하지 않으며, 개설은행이 수입자로서 Applicant에게 AWB를 전달할 때는 비록 기명식이라 할지라도 개설은행이 배서인으로서 직접 배서합니다. AWB의 Consignee를 개설은행으로 하는 이유는 선적 후 Shipper로부터 수입자가 Shipping Advice(혹은 수입지 운송인에게 Arrival Notice[98]) 받은 AWB의 Consignee가 수입자 기명식이면 수입자가 은행으로 선적 대금(C/I 총액)을 결제하지 않고 수입지 운송인에게 운송비만 결제하고 화물을 인수해 갈 수 있기 때문입니다.

46A Documents Required :

+ AIRWAY BILL CONSIGNED TO ISSUING BANK MARKED FREIGHT PREPAID NOTIFY APPLICANT.

---

4. 추심(D/P, D/A)에서의 운송서류 발행

추심결제 역시 신용장처럼 운송서류를 포함한 선적서류(Shipping Documents)를 수출자가 은행으로 제출하면서 매입(추심) 신청하고, 수입자는 당해 선적서류를 은행으로부터 인수하여 수입신고 및 Cargo Release 업무 진행합니다. 해상 운송 하에서 추심결제 진행

---

98 Arrival Notice 받는 자는 운송서류의 Notify Party에 기재되어 있습니다. 수입지 운송인은 수출지 운송인에게 선적서류를 받는데, 이를 Pre-Alert이라고 합니다. 이는 수출자가 선적 후 수입자에게 계약 물품의 선적 사실과 선적서류 사본을 E-Mail로 전달하는 Shipping Advice와 동일합니다. 수입지 운송인은 Pre-Alert 받은 내용을 기초로 House 운송서류의 Notify Party에 House 운송서류 등을 제공하면서 Arrvial Notice(A/N, 도착통지)합니다.

하면 유가증권으로서 B/L을 수입자 기명식(수입지 은행 기명식 아님)으로 발행할 수 있고, Surrender 처리하여 SWB 발행하면 Consignee에 수입지 은행을 기명해야 합니다.

유가증권으로서 B/L의 Consignee를 수입자 명으로 하더라도 당해 B/L은 수출자에게서 은행으로 그리고 수입자로 전달되기 때문에 수입자가 수출자로부터 E-Mail로 Shipping Advice(혹은 수입지 운송인에게 Arrival Notice) 받은 B/L Copy로 화물 인수할 수 없습니다. 즉, 수입지 운송인은 수입자가 은행으로부터 인수한 B/L을 전달 받아야 D/O 발행합니다.

반면, SWB가 발행되고 Consignee가 수입자이면 수입자는 은행으로부터 SWB를 인수하지 않고 수출자로부터 Shipping Advice(혹은 수입지 운송인에게 Arrival Notice) 받은 SWB를 기초로 수입지 운송인에게 Cargo Release 요청 가능합니다. 따라서 추심결제 조건에서 수출자는 SWB가 발생되는 경우에는 Consignee를 수입지 은행으로 기명해야 하며, 수입자가 수입지 은행으로부터 SWB를 인수할 때 수입지 은행의 배서가 된 SWB를 인수하여 수입지 운송인에게 화물을 인수받을 수 있도록 해야겠습니다. 이것은 추심결제 조건에서 항공으로 진행할 때 역시 동일하게 적용되는 개념으로서, Shipper는 수출지 운송인에게 AWB Consignee를 수입자가 아닌 수입지 은행이 기명하여 AWB 발행 요청해야겠습니다.

그렇지 않으면, SWB(혹은 AWB) Consignee가 은행으로부터 선적서류 인수 및 선적 대금(C/I 총액) 결제하지 않고, 수입지 운송인에게 운송비만 결제하고 D/O 발급받아서 화물 인수할 수 있습니다. 그 결과 수출자는 미수가 발생되고, 화물의 회수도 불가한 상황에 직면할 수 있습니다.

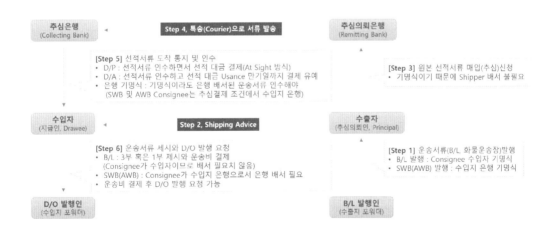

■ 운송서류(B/L, 화물운송장)의 발행 시점과 발행인

A. 해상과 항공 건의 운송서류 발행인과 발행 시점 이해

해상은 화주가 운송인에게 화물을 인도하고, 인도된 화물이 선박에 선적되면 운송인이 화주에게 운송서류(B/L, 화물운송장)를 발행합니다. 운송인이 지정한 반입지에 화물을 반입하면 화주는 업무는 종료되고, 화물이 선박에 On Board되면 운송인이 화주에게 정상적으로 화물이 On Board 되었음을 나타내는 On Board Date가 날인된 운송서류를 발행 교부합니다.

반면 항공은 화주가 운송인에게 화물을 인도하면서 운송서류를 화주가 발행해서 운송인에게 접수하는 개념입니다. 즉, 운송인이 지정한 반입지에 화물을 반입한 화주가 AWB까지 발행해서 운송인에게 서류 접수까지 완료해야 화주의 업무가 종료되며, 운송인은 당해 화물을 항공기에 탑재합니다. 따라서 해상에서 발행되는 운송서류에는 Port of Loading에서 출항하는 선박에 화물이 On Board된 날짜[99]를 반드시 기재해야 하지만, 항공에서 발행되는 운송서류(AWB)에는 Airport of Departure에서 출항하는 항공기에 화물이 On Board 되는 날짜를 기재할 수 없습니다.

항공	화물반입 → AWB 작성해서 기타의 서류와 함께 서류반입(항공사로 AWB 접수) → ULD Build-Up → 항공기에 탑재(On Board)
해상	화물 반입(CFS or CY, 선사는 컨테이너 상태의 화물 접수하기 때문에 On Board 이전에 컨테이너 상태 만들어야) → 선박에 선적(On Board) → 운송서류 발행(운송인이 운송서류 발행)

〈참고〉	운송장의 작성(출처: 아시아나항공 국제화물운송약관)

2.1 송하인에 의한 운송장의 작성
2.1.1 송하인은 화물의 위탁과 동시에 아시아나항공이 정하는 양식, 방법 또는 매수에 따라 운송장을 작성하여아시아나항공에 제출하여야 한다. 그러나 운임 및 요금이 확정되어 있는 경우에는 아시아나항공이 당해 운임 및 요금을 기입한다.

참고로 AWB 양식의 중간 부분에 있는 'Flight/Date' 부분은 예상 편명과 예상 일자입니다. 실제로 항공기에 화물을 탑재한 On Board Date라고는 할 수 없습니다. AWB 양식 우

---

99 선적일(On Board Date, B/L Date). On Board Date가 기재된 해상 운송서류를 On Board B/L이라고 합니다. 신용장 업무 할 때 46A Documents Required 조항에서 B/L 요구 문장에서는 항상 On Board B/L을 요구합니다.

측 하단에는 AWB Issuing Date와 Place가 기재되는데, 이곳의 날짜는 실무에서는 On Board Date로 인식합니다.

B. 항공화물운송장(AWB)의 발행

중요한 것은 항공에서 발행되는 운송서류로서 항공화물운송장(AWB)은 화물을 인수하는 운송인이 아니라 화물을 인도하는 화주가 발행해서 운송인에게 접수한다는 것입니다. 그런데 대부분의 항공사는 국제항공운송협회(IATA)[100]에 가입되어 있고, 그러한 항공사는 IATA에 가입된 화주와 거래하기 때문에 AWB를 발행해서 항공사로 접수하는 화주는 IATA로부터 대리점 등록 인정을 받은 자가 되겠습니다.[101] 이때 IATA에 가입해서 항공사에 AWB 제출과 화물 반입 업무를 하는 자는 일반적으로 항공 콘솔사이고, 실화주 영업하는 포워더 중에서도 일부는 IATA에 가입하기도 합니다.

결국, 항공사는 IATA에 가입된 화주와 운송 업무하기에 Master AWB를 발행하는 자는 IATA에 가입된 화주로서 항공 콘솔사이고, Shipper와 Consignee가 실화주인 House AWB 역시 항공 콘솔사가 발행하는데, 실제 업무에서는 IATA에 미가입된 포워더가 House AWB를 발행하여 실화주에게 교부하는 경우도 빈번합니다.

물류정책기본법 시행규칙

제5조(국제물류주선업의 등록신청) ① 법 제43조 제1항에 따라 국제물류주선업의 등록을 하려는 자는 별지 제5호서식의 국제물류주선업 등록·변경등록 신청서(전자문서로 된 신청서를 포함한다)를 시·도지사에게 제출하여야 한다. 〈개정 2012. 12. 3., 2018. 11. 5.〉

② 제1항에 따른 등록신청서에는 다음 각 호의 서류(전자문서를 포함한다)를 첨부하여야 한다. 〈개정 2010. 8. 30., 2012. 12. 3.〉
1. 법 제43조 제3항 및 영 제30조의 2에 따른 등록기준에 적합함을 증명하는 서류
2. 자기 명의로 발행할 한글 또는 영문으로 작성된 선하증권 및 항공화물운송장의 양식·약관에 관한 서류

상기와 같이 「물류정책기본법」에서는 포워더(국제물류주선업자)는 자신이 등록한 선하증권(B/L)과 함께 항공화물운송장(AWB)의 양식을 활용할 수 있도록 하고 있습니다. 다시 말해서 국제물류주선업자는 자기의 이름으로 선하증권과 항공화물운송장을 발행할 수 있습니

---

100   International Air Transport Association, 국제항공운송협회
101   IATA에 가입하지 않고 항공 화물 운임 정산 제도(CASS, 148~149쪽 참고) 활용이 가능한 화주는 항공사와 직접 거래 가능할 수 있습니다. 물론 IATA에 가입하면 CASS는 필수적으로 활용해야 합니다.

다. 참고로 AWB는 IATA가 제시하는 양식을 그대로 사용하기 때문에 AWB를 누가 발행하던 그 양식은 동일하지만, 해상 운송서류의 양식은 발행하는 운송인마다 차이가 있습니다.

C. IATA 가입

IATA에 가입하면 Agent's IATA Code(ex. 17-3 7777/001 0)가 부여되며, 이는 AWB Consignee란 하단에 기재됩니다. 참고로 IATA는 항공 운송 규칙(Rule)과 운임(Rate) 그리고 AWB 양식 및 발행 방법을 정합니다.

Certificate of Registration
Presented to :

HO 17-3 7777/001 0

OOO LOGISTICS COMPANY LIMITED
Seoul, Republic of Korea
2019

This is certify that the above CASS-Korea Associate has met
the Resolution 851, Section 6 of the
International Air Transport Association
To promote, sell and handle international air cargo transportation.

| 180 | ICN | 27090000 | | | | | | | | | 180-27090000 |

Shipper's name and Address		Shipper's Account Number
(수출지 포워더)		

Not negotiable
Air Waybill
Issued by

KOREAN AIR CARGO
1370, GONGHANG-DONG, GANGSEO-GU
SEOUL 157-712, KOREA

Copies 1, 2 and 3 of this Air Waybill are originals and have h same validity.

Consignee's Name and Address		Consignee's Account Number
(수출지 포워더의 수입지 파트너)		

It is agreed that the goods described herein are accepted in apparent good order and condition (except as noted) for carriage SUBJECT TO THE CONDITIONS OF CONTRACT ON THE REVERSE HEREOF. ALL GOODS MAY BE CARRIED BY ANY OTHER MEANS INCLUDING ROAD OR ANY OTHER CARRIER UNLESS SPECIFIC CONTRARY INSTRUCTIONS ARE GIVEN HEREON BY THE SHIPPER, AND SHIPPER AGREES THAT THE SHIPMENT MAY BE CARRIED VIA INTERMEDIATE STOPPING PLACES WHICH THE CARRIER DEEMS APPROPRIATE. THE SHIPPER'S ATTENTION IS DRAWN TO THE NOTICE CONCERNING CARRIER'S LIMITATION OF LIABILITY. Shipper may increase such limitation of liability by declaring a higher value for carriage and paying a supplemental charge if required.

Issuing Carrier's Agent Name and City
OOO Air Consolidators Co., LTD

Accounting information

Agent's IATA Code	Account No.
17-3 7777/001 0	

Airport of Departure (Addr. Of First Carrier) and Requested Routing
INCHEON AIRPORT, KOREA

Reference Number

Optional Shipping Information

to	By first Carrier	to	by	to	by
JKF	KE				

Currency	CHGS Code	WT/VAL		Other		Declared	Declared
		PPD	COLL	PPD	COLL	Value for Carriage	Value for Customs
KRW	PP	X		X		N.V.D.	N.C.V.

Airport of Destination	Requested Flight/Date	Amount of Insurance
New Yaork John F Kennedy Int	KE923 13, OCT, 2019	XXX

INSURANCE - if carrier others Insurance, and such insurance is requested in accordance with the conditions the real, indicate amount to be insured in figures in box marked "Amount of Insurance".

· 'OOO Air Consolidators'라는 항공 콘솔사가 포워더에게 발행한 Master AWB(단독운임 건).
· 'Requested Flight/Date'는 예상 편명과 예상 일자.

D. AWB 발행자는 화주, 운송인은 AWB 접수

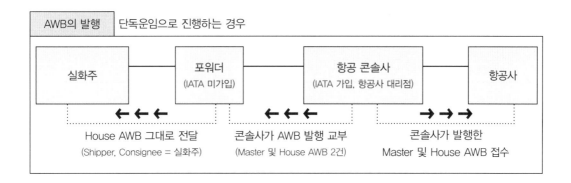

원칙적으로 AWB는 화주가 발행해서 운송인에게 접수하는 개념입니다. 항공사는 IATA에 가입된 화주와 거래하는 입장이기에, IATA에 가입된 항공 콘솔사(혹은 포워더)가 AWB를 발행해서 항공사로 접수할 수 있습니다. 그러나 실화주가 AWB를 발행해서 포워더에게 서류 접수는 불가하며, 포워더가 AWB를 발행해서 항공 콘솔사로 서류 접수하지는 않습니다. 따라서 많은 경우에 항공 콘솔사가 Master AWB와 House AWB 모두를 발행하여 항공사로 서류 접수하고, 포워더는 콘솔사가 발행한 House AWB를 실화주에게 그대로 교부하겠습니다.

참고로 항공 콘솔사가 Master와 House AWB를 모두 포워더에게 제공하는 경우는 단독 운임 건으로서, Master AWB의 Shipper&Consignee는 포워더입니다. 반면 콘솔운임 사용하면 Master AWB의 Shipper는 콘솔사이기 때문에 콘솔사는 포워더에게 발행된 Master AWB는 전달하지 않고 Shipper&Consignee가 실화주인 House AWB만 발행합니다.

■ 해상&항공 운송 계약 구조와 항공 콘솔사의 필요성

> "항공과 해상 운송 업무는 다른 부분이 많습니다.
> 실무자는 해상 운송의 개념을 그대로 항공 운송 개념으로 적용하면 안 됩니다."

A. 해상 화물은 운송 계약 구조(FCL, LCL)

실화주를 영업하는 포워더는 해상과 항공을 구분하지 않고 영업합니다.

선사는 컨테이너 단위 화물만을 접수하기 때문에 포워더가 영업한 화물이 컨테이너 단위 화물로서 FCL이면 선사로 바로 Booking 할 수 있습니다. 그러나 Carton 혹은 Pallet 단위의 소량 화물로서 LCL 건이면, 콘솔사(혼재업자)를 통해서 CFS에서 컨테이너 단위 화물로 만드는 추가적인 과정을 거쳐야 합니다.

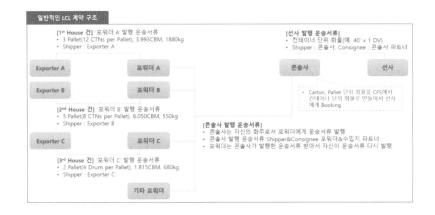

B. 항공 화물의 운송 계약 구조

대부분의 항공사는 CASS No.를 활용해서 운임 정산이 가능한 화주하고만 거래합니다. 이때, IATA에 가입했다면 당연히 CASS는 활용하는 것인데, CASS를 활용한다고 해서 무조건 IATA에 가입되어 있는 것은 아닙니다. 따라서 실화주를 영업한 포워더는 대부분 CASS를 활용하지 않기 때문에(IATA에도 미가입), 항공사가 아닌 CASS를 활용해서 항공사와 운임 정산이 가능한 운송인으로서 항공 콘솔사(혹은 포워더)에게 다시 Booking합니다.

IATA 미가입 포워더는 IATA 가입 운송인에게 Booking해야

[Shipment Booking]
• Actual G/W 550kg, V/W 230kg, C/W 550kg

Exporter — 포워더 (IATA 미가입) — 항공 콘솔사 or 포워더 (IATA 가입, 항공사 대리점) — 항공사

[콘솔사로 Boking] 단독 운임 or 콘솔 운임 선택
• 이유 1 : IATA에 미가입된 자는 항공사와 거래 불가하기 때문
• 이유 2 : 실화주 영업한 포워더는 수출지 공항에서 항공사 창고로 화물 반입 및 AWB 접수 인력 부재
• 장점 : 콘솔운임 받아서 진행 가능 & Buyring Rate 그 만큼 낮아짐(단독운임 받을 수도)
• 결론 : IATA에 가입한 운송인 통해서 업무 진행(콘솔사가 항공사 창고로 화물 반입 및 AWB 접수)

통상적으로 포워더는 항공보다는 해상 화물 비중이 높고, 항공 화물 비중이 높다 하더라도 IATA에 가입할 필요성을 크게 느끼지 못합니다. IATA에 가입해서 항공사와 직접 거래하기 위해서는 수출지 공항에서 항공사를 대신해서 실화주의 화물을 항공사 창고로 반입시켜야 하고 AWB 등의 서류 역시 항공사 사무실로 접수시켜야 하기 때문입니다(공항에 상주 인력 필요). 실화주를 상대하는 포워더가 설령 IATA가 가입되어 있더라도 정기적이고 상당한 항공 물량을 확보하지 못하면 이러한 역량까지 갖추기는 어렵습니다. 다시 말해서 일반적인 포워더가 일정 규모의 창고를 공항에 건설·운영하기 어렵고, 서울 등의 도시에 본사를 두면서 공항에 지사까지 설립해서 운영한다는 것은 자금적인 면 등에서 현실성이 부족합니다.

결국, 공항에 창고와 사무실을 보유하지 않은 포워더는 IATA 가입 여부를 떠나서 실화주의 화물을 콘솔사의 창고로 반입시켜서 콘솔사에 의해서 Labeling 등의 작업을 완료 후 항공사 창고로 반입하는 절차를 따릅니다. 물론 AWB 등의 서류 접수 역시도 공항에 사무실과 인력을 운영하는 콘솔사의 서비스를 받기 마련입니다.

IATA 가입 포워더가 항공사로 Booking하는 경우

[항공사로 Booking] 단독 운임 건(콘솔 운임 X)
• 문제점 : 수출지 공항에서 항공사 창고로 화물 반입 및 AWB 접수 인력 부재
• 결론 : 콘솔사의 도움 받아서 화물 반입 및 AWB 접수

[Shipment Booking]
• Actual G/W 550kg, V/W 230kg, C/W 550kg

Exporter — 포워더 (IATA 가입) — 항공 콘솔사 (IATA 가입) — 항공사

참고로 IATA에 가입한 포워더가 단일 화주(수출자)로부터 Booking 받아서 그 화물만을 항공사로 Booking 하면 단독 건이 됩니다(1 Master 1 House). 그러나 당해 포워더가 복수의 화주(수출자)로부터 Booking 받아서 항공사로 Booking 하면 콘솔 개념으로서 1 Master에 복수의 House AWB가 발행됩니다.

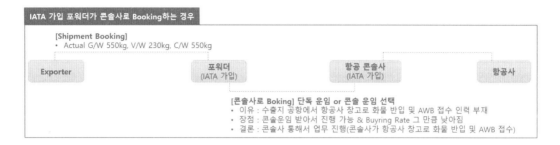

A라는 포워더가 단일 화주(수출자)로부터 Booking 받고 다시 항공 콘솔사로 Booking 함에 있어 타 포워더 화물과 콘솔하지 않고 A 포워더 자신의 화주 화물에 대해서만 Master AWB와 House AWB를 항공 콘솔사로부터 발급받으면, 이는 단독 건이 됩니다. 단독 건에서의 Master AWB Shipper&Consignee는 각각 수출(입)지 포워더입니다. 반면, 항공 콘솔사로 Booking 할 때, A 포워더 자신이 영업한 화물과 타 포워더의 화물을 콘솔할 것을 주문하기도 합니다. 이러한 콘솔 건에서 실화주를 영업한 포워더는 항공 콘솔사로부터 Master AWB는 교부받지 못하고 Shipper&Consignee가 실화주인 House AWB만을 교부받아서 실화주에게 그대로 전달하겠습니다.

■ 해상 운송 계약 구조와 House, Master, Line B/L 의미

A. 기본적인 운송 계약 구조

운송서류의 발행 주체는 운송인입니다. 운송 수단을 직접 보유한 운송인은 선사와 항공사가 있고, 이들과 실화주(무역회사) 사이에서 운송 수단을 보유하지 않은 상태로 운송 서비스 대행하는 자로서 포워더 혹은 콘솔사가 존재합니다. 일반적으로 실화주는 포워더와 운송 계약하고, 항공 건이면 포워더가 항공사 대리점(IATA 가입된 항공 콘솔사)과 운송 계약합니다. 포워더는 해상 FCL 건이면 선사와 운송 계약하며, 해상 LCL 건이면 해상 콘솔사와 운송 계

약합니다[102]. 물론 경우에 따라서는 실화주와 운송 계약한 포워더가 다른 포워더와 다시 운송 계약하는 경우(캡 씌우는 경우)도 있습니다.

| 〈참고〉 | 캡의 의미 |

A 포워더가 실화주에게 FCL 화물 운송 의뢰를 받아서 바로 선사로 운송 의뢰할 수도 있으나, A 포워더와 선사 사이에 다른 포워더가 존재할 수도 있습니다. A 포워더가 선사와 직접 거래할 수 없는 경우도 있으며(예. 미국 해상 수출 건), 선사와 직접 거래할 수 있다 하더라도 선사로부터 Ocean Freight(해상운임)를 경쟁력 있게 받지 못할 수도 있습니다.

따라서 A 포워더가 당해 구간을 서비스하는 선사가 아닌 해당 선사로부터 Ocean Freight를 경쟁력 있게 받을 수 있는 B 포워더에게 견적 의뢰할 수 있습니다. 이때 B 포워더는 선사로부터 Ocean Freight를 경쟁력 있게 받아서 마진을 붙여서 A 포워더에게 견적하고, A 포워더는 다시 마진 붙여서 실화주에게 견적하게 됩니다. 실무에서 B 포워더와 같이 특정 구간에 대해서 경쟁력 있는 Ocean Freight를 가진 포워더가 다른 포워더에게 영업하기도 하는데, 이를 캡 영업이라 합니다.

| 〈참고〉 | 선사와 거래하기 위한 조건(컨테이너 단위 화물 + SC No.) |

선사는 컨테이너 단위화된 화물만을 접수합니다. 실화주 상대로 FCL 화물을 Booking 받은 포워더는 선사로 다시 Booking 할 수 있습니다(실화주가 LCL 화물의 운송을 원하는 콘솔사를 통해서 컨테이너 단위의 화물을 만들어서 선사로 Booking 해야). 이때 포워더는 해당 선사와 계약 관계가 있어야 하는데, 선사와 계약하면 SC No.(Service Contract Number)가 부여됩니다. 선사로 SC No.를 제시하면서 Shipment Booking 하면 됩니다.

선사 입장에서 자신에게 컨테이너 단위 화물을 Booking 하는 자는 화주입니다. 즉, 선사 입장에서 화주는 실화주의 FCL 화물을 Booking 하는 포워더, 실화주의 LCL 화물을 컨테이너에 혼재하여 컨테이너 단위의 화물을 Booking 하는 콘솔사 및 컨테이너 단위의 FCL 화물을 포워더를 거치지 않고 선사로 Direct Booking 하는 무역회사가 있을 것입니다.

B. 해상 FCL의 운송 계약 구조와 House, Master 개념

기본적으로 실화주와 운송 계약한 포워더가 발행하는 운송서류는 House이며, 해당 포워더가 윗대에 존재하는 선사, 해상 콘솔사 혹은 다른 포워더와 계약한 운송서류를 Master라 합니다[103].

---

102 선사는 컨테이너 단위의 화물만 인수하기 때문에 LCL로서 Carton 혹은 Pallet 단위의 화물은 콘솔사의 개입이 필요합니다.

103 실화주와 운송 계약한 포워더 입장에서는 자신의 윗대(선사, 해상 혹은 항공 콘솔사, 포워더)에서 발행한 운송서류는 누가 발행하든 상관없이 Master이고, Master를 근거로 발행한 운송서류는 누구에게 발행하던(해당 포워더가 다른 포워더에게 운송서류 발행할 수도 있고, 실화주에게 발행할 수도 있음) 상관없이 House가 될 것입니다. 이는 포워더 입장에서의 Master와 House 개념이 됩니다.

실화주 (edutradehub)	← 포워더 운송서류(House) ← (Shipper& Consignee 실화주)	A 포워더	← 선사 운송서류(Master) ← (Shipper& Consignee 포워더)	선사

–실화주와 A 포워더의 계약: House로서 A 포워더가 운송인이며, edutrade는 A 포워더의 화주.

–A 포워더와 선사의 계약: Master로서 선사가 운송인이고, A 포워더가 선사 입장에서 화주.

–House 발행된 상황에서 실화주는 Master 운송서류를 수취하지 못하고, 목적국에서 선사에게 직접 Cargo Release 할 수 없습니다.

–목적국에서 Master D/O를 기초로 House D/O가 발행되어야 House Consignee는 목적국 보세구역으로부터 화물 인수가 가능합니다.

–A 포워더는 당해 화물을 선적한 선사와 계약 후 SC No.를 보유하고 있어야 합니다.

–포워더가 실화주에게 받은 화물은 컨테이너 단위의 화물이기 때문에 콘솔사를 통하지 않고 바로 선사에게 Booking 가능합니다.

실화주 (edutradehub)	운송서류 ←	A 포워더	운송서류 ←	B 포워더	운송서류 ←	선사

–A 포워더 입장에서 B 포워더에게 발행받는 운송서류는 Master이고, 자신의 화주로서 실화주에게 발행하는 운송서류는 House입니다. 반면 B 포워더 입장에서 선사에게 발행받는 운송서류는 Master이고, 자신의 화주로서 A 포워더에게 발행하는 운송서류는 House입니다. 즉, 운송인 입장에서 자신이 윗대에서 발행받으면 Master이고, 발행하면 House입니다.

–실화주 간의 가격조건(인코텀스)이 DAP 혹은 DDP일 때, 수출자가 지정한 수출지 포워더는 수입국에서의 내륙운송 서비스를 수출자를 대신해서 진행해야 합니다. 따라서 수출지 포워더는 수입국에 파트너가 있어야 하는데, 수출자가 지정한 A 포워더가 수입국에 파트너가 없으면 수입국에 파트너가 있는 B 포워더에게 Shipment Booking 할 수도 있습니다. 혹은 Line B/L 사용할 수도 있는데, 실화주 영업한 A 포워더는 이러한 경우, 실화주에게 Line B/L 발행을 권할 것입니다.

–그리고 A 포워더는 실화주가 요구한 특정 구간에 대해서 선사에게 좋은 운임을 받지 못하는 반면, B 포워더는 좋은 운임을 받을 수 있는 경우가 있습니다. B 포워더가 비록 중간에서 마진을 취하지만 A 포워더는 B 포워더에게 운임을 받아서 실화주 상대 운송 서비스를 진행할 수도 있습니다.

–마지막으로 미국(수입국)으로 수출하는 건에 대해서는 실화주를 영업한 A 포워더가 FMC 면허를 득하지 못한 경우, 한국 내 FMC 면허를 득한 B 포워더에게 Booking 하기도 합니다.

C. 해상 LCL의 운송 계약 구조와 House, Master 개념

단일 화주가 컨테이너를 임대하는 FCL 건은 필요에 의해서 CFS를 활용합니다. 그러나 컨테이너 내부 공간을 임대하는 Carton 혹은 Pallet 단위의 화물인 LCL은, LCL 화물을 집결하여 컨테이너 단위 화물로 만들어서 선사에게 Shipment Booking하는 콘솔사의 개입이 필요합니다. 이때 콘솔사가 지정한 CFS를 필수적으로 사용해야 합니다. 즉, LCL은 실화주가 원하는 CFS를 선택해서 사용하는 것은 불가합니다.[104]

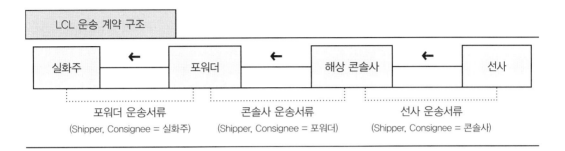

LCL 운송 계약 구조						
실화주	←	포워더	←	해상 콘솔사	←	선사

포워더 운송서류	콘솔사 운송서류	선사 운송서류
(Shipper, Consignee = 실화주)	(Shipper, Consignee = 포워더)	(Shipper, Consignee = 콘솔사)

D. Line B/L 의미와 발행 과정

해상 FCL 건에서는 실화주가 일정한 물량과 선사와 거래할 수 있는 능력만 있다면 선사로부터 SC No.를 부여받을 수 있습니다[105]. 이렇게 부여받은 SC No.로 실화주가 선사로 직접 Shipment Booking 해서 선사 B/L을 받을 수 있으며, 이러한 B/L을 Line B/L 혹은 Direct B/L이라고 합니다.

물론 수출자와 선사 사이에 수출지 포워더가 개입해서 업무를 핸들링하는 상황임에도 불구하고 당해 포워더가 B/L을 발행하지 않고 선사 B/L을 포워더가 받아서 그대로 수출자에게 제공하는 경우도 있으며, 이때 발행되는 B/L 역시 Line B/L이라고 합니다. 이렇게 '수출자 – 수출지 – 포워더 – 선사'의 구조에서 Line B/L이 발행되면 수입지에서 Line B/L의 Consignee로서 수입자는 수입지 포워더를 통해서 선사로 D/O 요청할 수도 있고, 수입자 자신이 직접 선사로 운송비 결제하고 D/O 요청을 할 수도 있습니다[106]. 수입국이 한국이면 한국의 관세사무실에서 Line B/L 건의 Consignee를 대신하여 선사로 D/O 요청하기도 합니다.

---

104 FCL 건은 실화주 필요에 의해서 CFS를 활용합니다. 이때, FCL 건 실화주가 컨테이너 적출입이 가능한 보세창고로부터 적출입 및 보관료에 대한 견적을 받아서 적절한 보세창고를 선택할 수 있습니다.

105 반면 항공에서는 항공사와 거래하기 위해서 반드시 IATA에 가입되어 항공사 대리점 역할을 하는 자(일반적으로 항공 콘솔사)를 통해야 합니다.

106 Line B/L 발행 건에서 Consignee는 수입지 관세사무실에 선사 D/O 요청할 수도 있습니다. 그러면 관세사무실은 Consignee에게 D/O Charge를 통관 수수료와는 별도로 청구합니다. 물론 선사 D/O를 Consignee가 자신이 사용하는 수입지 포워더에게 요청할 수도 있으며, 이때 포워더는 Consignee에게 D/O Charge를 청구합니다. 물론 Consignee가 직접 선사로 D/O 요청하면 별도의 D/O Charge는 발생되지 않습니다. 아울러 포워더 혹은 관세사무실로 D/O 발행 업무 대행을 요청하면, 위임장을 선사로 제출해야 합니다. 따라서 Consignee 회사 명판 직인이 필요합니다.

* Exporter가 컨테이너 단위 화물로서 FCL로 수출해야 Line B/L 발행 가능.

Line B/L이 발행되는 상황

■결제조건 L/C
– L/C 46A Documents Required 조항에서 특별히 선사 발행 B/L을 요구하는 경우

■CFR 거래 (수출자는 포워더와 거래)
– 수출지 포워더가 수입지에 파트너(포워더)가 없는 경우
– 수입자가 포워더 없이 선사에게 직접(혹은 관세사무실을 통해서) D/O 요청 원하는 경우

■FOB 거래
– 수입자가 수출자에게 SC No. 전달하는 경우
 (수출자는 수입자와 계약한 선사로 SC No. 제출하면서 Shipment Booking)
–수입자는 수입지 포워더에게 운송 의뢰하나, 수출지에 파트너가 없는 경우

〈참고〉 가격조건이 D-Terms에 속하는 경우, Line B/L로 진행하기 어려울 수 있습니다. 이유는 선사의 서비스 구간은 Port to Port로서 수입지에서의 내륙운송과 수입통관에는 선사가 관여하지 않기 때문입니다.

Line B/L 건에서의 수입지 D/O 업무

■수입지에 수출지 포워더의 파트너가 없는 경우
– Line B/L Consignee가 선사로 운송비 결제하고 직접 D/O 요청
–Line B/L Consignee가 수입지 관세사무실로 D/O 업무 대행 요청(한국의 경우, D/O Charge 발생)
–Line B/L Consignee가 자신이 사용하는 수입지 포워더에게 D/O 업무 대행 요청(D/O Charge 발생)

■수입지에 수출지 포워더의 파트너가 있는 경우
– Line B/L Consignee가 수출지 포워더의 수입지 파트너에게 D/O 업무 대행 요청(DO Charge 발생)
–수출지 포워더의 파트너가 있음에도 불구하고 Line B/L Consignee가 직접 관세사무실 혹은 수입자가 사용하는 수입지 포워더에게 D/O 업무 진행 요청

〈참고〉 Line B/L 운송인으로서 선사의 운송 서비스 구간은 Port to Port입니다[107]. 따라서 D/O 발행된 이후 Port of Discharge에서 Final Destination까지의 Trucking은 Line B/L Consignee가 직접 핸들링해야 합니다(한국의 경우는 관세사무실에서 컨테이너 내륙운송 대행하기도). 물론 선사와 계약된 내륙운송사를 통해서 Line을 운송할 수도 있습니다.

---

107 선사의 서비스 구간이 Port of Discharge에서 종료되지 않고 수입지의 내륙까지 이어지는 구간도 있습니다(예. 미주. 유럽 등).

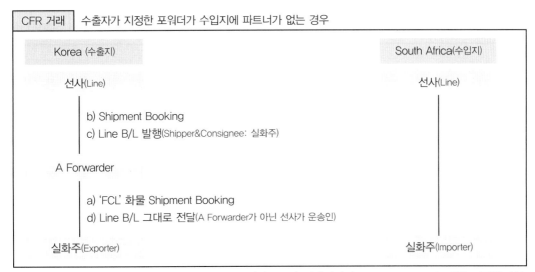

CFR 거래 | 수출자가 지정한 포워더가 수입지에 파트너가 없는 경우

Korea (수출지)

선사(Line)

b) Shipment Booking
c) Line B/L 발행(Shipper&Consignee: 실화주)

A Forwarder

a) 'FCL' 화물 Shipment Booking
d) Line B/L 그대로 전달(A Forwarder가 아닌 선사가 운송인)

실화주(Exporter)

South Africa(수입지)

선사(Line)

실화주(Importer)

■상기 구조에서 수출지 포워더(A Forwarder)는 선사로부터 컨테이너의 Ocean Freight(O/F)를 견적받아서 실화주에게 다시 견적합니다. 이 과정에서 포워더는 선사와 실화주 사이에서 O/F에 대한 마진을 취할 수 있습니다. 그리고 포워더가 운송인이 되어 House B/L을 실화주에게 발행하지 않고, 선사가 운송인이 되어 포워더를 통해서 실화주에게 Line B/L 발행하는 구조이니, 운송 사고가 발생되었을 때 포워더는 도의적인 책임만 부담하게 됩니다.

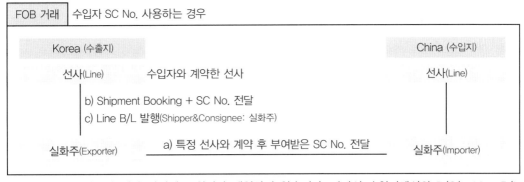

FOB 거래 | 수입자 SC No. 사용하는 경우

Korea (수출지)

선사(Line)   수입자와 계약한 선사

b) Shipment Booking + SC No. 전달
c) Line B/L 발행(Shipper&Consignee: 실화주)

실화주(Exporter)   a) 특정 선사와 계약 후 부여받은 SC No. 전달

China (수입지)

선사(Line)

실화주(Importer)

■본 경우는 실화주와 선사 사이에 포워더가 개입하지 않습니다. 따라서 수입지에서의 D/O는 Line B/L Consignee가 직접 선사에게 요청해야겠습니다.

■ 선적 후 Shipper의 Port of Discharge 변경 신청(COD)

화물이 선박에 선적된 이후에 운송서류의 Shipper가 당해 운송서류를 발행한 운송인에게 운송서류의 Port of Discharge를 변경 신청하는 것을 COD, 즉 Change of Destination이라고 합니다. COD는 당해 화물을 선적한 선박이 Port of Discharge에 도착하기 전에 이루어져야 합니다.

A. Shipper와 Consignee 간의 계약 파기

선적 후 Shipper와 Consignee 사이에 결제 등의 문제가 발생 되었을 때, 당해 화물이 Port of Discharge에 도착하기 전 Shipper의 결정에 의해서 Shipper가 운송인에게 COD 신청하는 경우가 있습니다. Shipper 입장에서 화물이 Port of Discharge에 도착하면 아무리 Shipper가 유가증권으로서 B/L을 소지하고 있는 화물의 소유권자일지라도 Consignee의 협조 없이는 반송하기 어렵기 때문입니다. 그래서 선적 후 Consignee와 불화가 발생되면 조속히 운송인에게 COD 신청해서 발행된 운송서류의 Port of Discharge의 항구를 변경해야 합니다. 이러한 상황에서 '변경 양하지'는 Port of Loading과 동일한 항구가 될 것입니다.

B. 경유항에서 화물 양하하는 경우

운송서류의 Port of Discharge에 도착하기 전의 경유항에서 화물을 양하할 필요성이 Consignee에 의해서 제기되어 Shipper가 운송인에게 신청하는 경우도 있겠습니다. 이를테면, 미국에서 선적된 화물의 운송서류 Port of Discharge는 광양항인데, 직전 경유항으로 부산신항에서 양하 후 내륙운송 원하는 경우가 있습니다. 미국의 Shipper는 단순히 Consignee의 Door 주소가 광양항에서 가깝다는 이유로 40ft 2xDV를 Shipment Booking 할 때 Port of Discharge를 광양항으로 지정했는데, CFS에서 적출해서 내륙운송이 필요한 화물이라면 CFS가 부족한 광양항으로 입항하면 낭패를 볼 수 있습니다. 그래서 부산신항으로 Port of Discharge를 변경 신청해야겠습니다[108].

C. COD 요청서

COD 요청하는 건에 대해서 유가증권(실무에서 O.B/L이라고 함)이 발행되었다면 유가증권 3부(Full Set, 전통) 모두를 운송인에게 반납해야 합니다.

---

108 배의 스케줄은 A Port – B Port – C Port – D Port – E Port 이러한 식으로 여러 Port를 경유하면서 Rotation 합니다. 발행된 운송서류의 Port of Discharge가 D Port일 때, COD 신청해서 다른 항구를 양하지(Port of Discharge)로 변경할 수 있습니다. 물론 수출자는 포워더에게 포워더는 선사에게 COD 신청해서 선사가 Confirm 해야 합니다.

C.O.D 요청서
(CHANGE OF DESTINATION)[109]

■ 날짜	(Date)			
■ 수신	OO해운			
■ 발신	(업체명)	(담당자명)	(전화번호)	(email address)
■ 실화주명(B/L Shipper)	(B/L Shipper 명)			

■ Booking or B/L No.	(No.)	
■ 선적지/양하지	(POL)	(POD)
■ Vessel	(Vessel Name)	(Voyage No.)
■ Container	(Type)	(Qtty)
■ Container No.	(No., 쉼표 구분)	

■ 변경 양하지	(변경하고자 하는 양하 Port)

상기 선적 건과 관련하여 위와 같이 C.O.D(Change Of Destination, 양하항 변경)를 요청하며, 위 요청을 수락하는 데 대하여 다음 사항을 담보합니다.

－다 음 －

1. POD 변경 전 반드시 O.B/L FULL SET을 귀사에 제출하겠습니다.

2. C.O.D에 따른 운임 및 추가비용은 당사가 모두 부담하겠습니다.

3. 당사의 요청에 의해 C.O.D를 함에 따라 발생하는 어떠한 종류의 책임, 손실, 손상이나 비용도 당사의 책임과 부담이며, 이와 관련하여 발생한 귀사, 귀사의 사용인 및 대리인의 손해를 배상하겠습니다.

4. C.O.D 및 이에 대한 담보사항은 한국법이 적용되고 그에 따라 해석되며, 대한민국 서울특별시에서 대한상사중재원의 중재규칙에 따라 중재에 의하여 최종적, 구속적으로 해결하겠습니다.

　FCL은 단독 화주가 컨테이너를 임대하는 건으로서 COD 신청한 화주의 컨테이너가 기존 Port of Discharge가 아닌 변경된 Port of Discharge에서 양하됩니다. 그러나 LCL은 컨테이너를 복수의 화주가 공유하는 개념으로서 컨테이너에 여러 화주의 화물이 혼재되어 있습니다. 다시 말해서 하나의 컨테이너에 A사, B사, C사의 화물이 혼재되어 있는데, B사가 COD 신청해서 당해 컨테이너의 기존 Port of Discharge를 변경하기는 어려울 것입니다[110].

109　출처: 고려해운(KMTC)
110　LCL 화물의 운송 계약 구조 : 실화주 – 포워더 – 콘솔사 – 선사

따라서 LCL 화물은 On Board 후 Shipper와 Consignee 간에 불화가 발생되면 Port of Discharge에 도착하기 전에 Shipper가 운송인에게 Consignee 변경 요청해서 Consignee를 변경하던지, 아니면 Consignee와 최대한 협조해서 Port of Discharge에 도착한 화물이 반송될 수 있도록 해야 합니다.

■ 운송서류(B/L, 화물운송장)의 Consignee 변경

A. 화물이 Port of Discharge에 도착하기 전

화물이 Port of Discharge에 도착하기 전까지 운송물의 처분권, 즉 운송서류(B/L, 화물운송장) Consignee 변경권은 운송서류 상의 Shipper에게 있다고 할 수 있습니다. 따라서 On Board 된 화물이 Port of Discharge에 도착 전이라면 해당 운송서류를 발행한 수출지의 운송인에게 Shipper가 Consignee 변경 요청을 할 수 있습니다. 이때 운송서류의 발행 상태 및 권리관계에 따라서 Consignee 변경 조건이 다릅니다.

■유가증권(O.B/L)	'수하인 변경 요청서'와 함께 B/L 3부 전통(Full Set)을 운송인에게 반환해야.
■Seawaybill(SWB)	화물이 목적항에 도착하기 전까지 운송물의 처분권 및 수하인 변경권은 Shipper(송하인)에게 있으며, '수하인 변경 요청서'를 제출함으로써 Shipper는 Consignee(수하인)를 변경 신청할 수 있음.
■Surrendered B/L	'수하인 변경 요청서'와 함께 변경 전 수하인의 동의서(consent for change of consignee)가 필요. (B/L이 Surrender되는 시점에서, 운송물의 처분권, 즉 수하인의 변경권은 B/L 상의 수하인에게 인도되기 때문.)

■ 출처: 고려해운(KMTC)

B. 화물이 Port of Discharge에 도착한 이후

화물이 Port of Discharge에 도착한 경우, 화물에 대한 권리는 Shipper와 Consignee가 동일하게 가집니다. 그리고 화물 도착 후 Consignee가 적법한 절차를 거쳐 운송인에게 인도청구를 한 경우에는 Consignee의 권리가 우선합니다. 그래서 아무리 유가증권 상태의 B/L이 발행되어서 B/L을 Shipper가 소지하고 있더라도, 화물이 Port of Discharge에 도착한 경우에 Consignee를 변경하고자 한다면 기존 Consignee에게 '수하인의 동의서

(consent for change of consignee)'를 Shipper가 받아서 운송인에게 제시해야 합니다.

수하인 변경 요청서[111]

■ 날짜	(Date)			
■ 수신	○○해운			
■ 발신	(업체명)	(담당자명)	(전화번호)	(email address)
■ 실화주명(B/L Shipper)	(B/L Shipper 명)			

■ Booking or B/L No.	(No.)	
■ 선적지/양하지	(POL)	(POD)
■ Vessel	(Vessel Name)	(Voyage No.)
■ Container	(Type)	(Qtty)
■ Container No.	(No., 쉼표 구분)	

■ 변경 전 수하인	(변경 전 수하인)
■ 변경 후 수하인	(변경 후 수하인)

상기 선적 건과 관련하여 위와 같이 수하인 변경을 요청하며, 위 요청을 수락하는 데 대하여 다음 사항을 담보합니다.

-다 음-

1. [수하인 변경 전 반드시 O.B/L 전통을 귀사에 제출하겠으며, O.B/L 전통의 미제출에 따른 모든 책임 및] 수하인 변경에 따른 추가 비용은 당사가 모두 부담하겠습니다.
* SURRENDER B/L의 경우에는 [전단] 부분 생략

2. 당사의 요청에 의해 수하인을 변경함에 따라 귀사가 입게 되는 어떠한 종류의 책임, 손실, 손상이나 비용과 관련하여 귀사, 귀사의 사용인 및 대리인에게 배상하겠으며, 귀사에 손해가 없도록 하겠습니다.

3. 화물의 멸실·훼손, 인도 지연 등 수하인 변경으로 인하여 발생하는 모든 문제로 인하여 귀사, 귀사의 사용인 및 대리인을 상대로 소송이 제기된 경우 그 방어비용은 당사의 부담으로 하겠습니다.

4. 수하인 변경으로 인하여 상기 선박 또는 귀사가 사용하는 다른 선박이나 재산이 압류되거나 그런 위험이 있는 경우에는 이를 예방하거나 해제할 수 있는 해방공탁금 및 기타 담보를 제공하겠으며, 그런 압류로 인해 귀사가 입게 되는 책임, 손실, 보상 또는 비용을 배상하겠습니다.

5. 위 수하인 변경 및 이에 대한 담보사항은 한국법이 적용되고 그에 따라 해석되며, 대한민국 서울특별시에서 대한상사중재원의 중재규칙에 따라 중재에 의하여 전속적으로 해결하겠습니다.

---

111 출처: 고려해운(KMTC)

수하인 변경 동의서
(CONSENT FOR CHANGE OF CONSIGNEE)[112]

■ Date	(Date)			
■ To	OOOO			
■ From	(Company name)	(Name of Requestor)	(Tel No.)	(email address)
■ Name of B/L Shpr	(Name of B/L Shpr)			

■ Booking or B/L No.	(No.)	
■ 선적지/양하지	(POL)	(POD)
■ Vessel	(Vessel Name)	(Voyage No.)
■ Container	(Type)	(Qtty)
■ Container No.	(Nos.)	

■ 변경 전 수하인	(Name of Old Consignee)
■ 변경 후 수하인	(Name of New Consignee)

We hereby agree to change of consignee as above and in this connection we hereby agree as follows.

－Follows －

1. We shall surrender the full set of original bill of lading to you prior to change of consignee made to the bill of lading and failing which we shall be responsible for all liabilities whatsoever arising out of such failure.

2. We guarantee that all rights shall be transferred to new consignee.

3. This guarantee shall be governed by and construed in accordance with Korean law and any disputes which may arise out of or relating to this change of consignee shall be finally settled by the Korean Commercial Arbitration Board in Seoul under its Arbitration Rules.

■ 목적지에 도착한 화물의 반송 절차

운송서류의 Port of Discharge에 화물이 도착했음에도 불구하고 Consignee가 운송비 결제하지 않고 화물 인수도 거부하는 상황에 직면할 수 있습니다. 다음은 Shipper는 반송을 원하는 상황으로서 Consignee가 반송에 협조하는 상황과 협조하지 않는 상황을 구분해

---

112 출처: 고려해운(KMTC)

서 설명하고 있습니다. 참고로 Consignee가 화물 인수 거부하고 여기에 Shipper까지 반송을 거부하는 경우, 운송인으로서 포워더는 세관에 의해서 공매 처리되기를 기다려야 할 수도 있습니다.

1. Consignee가 반송에 협조하는 상황

A. 세관으로의 반송신고

a) 기본절차(전량 반송 경우): Shipper(A사)가 Consignee(한국 업체, B사)에게 전달한 C/I, P/L의 Shipper, Consignee를 Switch하고 Description은 그대로 해서 Consignee(B사)가 반송신고를 위한 C/I, P/L을 작성합니다. 즉, B사가 반송신고를 위한 C/I, P/L의 Shipper가 되고, Consignee는 A사가 되는 것입니다.

반송신고의 '수출화주'로서 C/I의 Shipper B사는 반송신고를 하는 사유를 기재한 사유서와 사유서 내용을 입증할 만한 증빙 자료를 첨부해서 관세사무실로 반송신고 요청합니다. 이때 최초 수출국으로의 '단순반송'이라는 사실을 함께 통지해야 관세사무실에서 거래 구분 78(외국으로부터 보세구역에 반입된 물품으로 다시 반송되는 물품)로 무상(Free Of Charge) 신고합니다.

〈참고〉 반송과 재수출의 차이점

반송은 보세물품(외국물품)을 수입신고해서 내국물품으로 만들지 않고, 보세물품 상태 그대로를 다시 최초 수출국으로 반품(단순반송, 무상) 혹은 제3국으로 유상 판매(중계반송)하는 2가지 형태로 구분됩니다. 그리고 반송신고 후 수리되면, 반송신고필증이 발행됩니다.
반면 재수출은 보세물품을 수입신고해서 세액 납부 후 내국물품으로 만든 이후에 사용 및 추가 가공 없이 수입한 원상태 그대로 다시 최초 수출국 혹은 제3국으로 수출하는 것으로서 수입신고필증과 수출신고필증이 발행됩니다.

〈참고〉 반송신고 할 때 사유서가 필요한 이유

운송인은 한국의 터미널(항구, 공항)에 운송수단이 입항하기 전에 운송서류(B/L, 화물운송장)를 기초로 입항적하목록(Cargo Manifest) 신고합니다. 입항하는 운송수단으로부터 한국의 터미널에 양하되는 화물에 대해서 입항적하목록 신고가 이루어지는데, 운송서류의 Consignee가 한국에 위치한 화물은 Inbound 신고하고, 한국 터미널에 양하되지만 Consignee가 국외에 위치한 환적(T/S) 화물은 T/S 신고합니다.
Inbound 신고 건에 대해서 세관은 수입신고를 예상하는데, 반송신고를 받으니 그에 대한 적절한 사유를 검토합니다.

---

b) 일부 반송, 일부 수입신고 경우(화물관리번호 분할): 운송인이 세관으로 입항적하목록 신고할 때는 운송서류(B/L, 화물운송장)를 기준으로 합니다[113]. 이후에 '적하목록관리번호 (Manifest Reference Number, MRN), Master B/L 일련번호(MSN)와 House B/L 일련번호 (HSN)'로 구성된 '화물관리번호'가 만들어집니다.

하나의 화물관리번호 화물을 전량 반송하지 않고, 일부만 반송하고 일부는 수입신고 할 때는 관세사무실로 화물관리번호 분할(B/L 분할이라고 표현하기도) 요청해야 합니다.

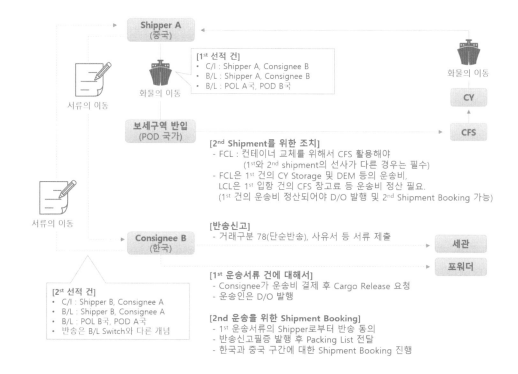

B. 반송을 위한 운송 업무 절차

a) D/O 발행: 한국 보세구역에 장치(보관)되어 있는 보세상태의 화물을 최초 수출국으로 반송하기 위해서는 Port of Discharge가 한국 터미널로서 Consignee가 한국 업체인 운송 서류 건에 대해서 Consignee가 청구받은 운송비를 결제하고 D/O가 발행되어야 합니다. D/O가 발행되지 않고서는 반송을 위한 Shipment Booking 이후 과정을 진행하기 어려울 것입니다.

---

113 운송인에 의해서 운송서류 기준으로 입항적하목록 제출받은 세관은 적하목록 심사를 하고 이후에 C/I의 Consignee가 '수입자'가 되어 C/I, P/L을 기초로 관세사무실을 통하여 수입신고서를 작성해서 세관으로 수입 신고합니다.

b) D/O 발행을 위한 운송비 결제: FCL과 LCL 건 구분 없이 목적국(Port of Discharge 국가)에서는 Price Term(인코텀스)에 의해서 Consignee에게 청구되는 비용이 있습니다. 이를테면 CFR 조건에서는 Handing Charge, Wharfage, DOC Fee, Container Cleaning Fee 및 O/F의 할증료 등의 비용을 Consignee가 운송인(House 건이면 포워더)에게 청구받습니다. 이때 'Per B/L' 기준으로 청구되는 Handling Charge와 DOC Fee를 제외하고 FCL 건은 Per Container, LCL 건은 R.ton 기준으로 청구됩니다. Consignee는 청구받은 이러한 운송비를 결제해야 운송인이 D/O 발행하고, FCL은 CY에서, LCL은 CFS에서 Cargo Release 가능합니다.

물론 FCL 건은 CY에서 발생하는 Storage와 Demurrage Charge, LCL 건은 창고료 정산까지 완료해야 합니다. FCL은 최초 반입된 CY에서 Storage 및 Demurrage Free Time 이내에 반출되면 관련 비용이 청구되지 않지만, Free Time 이후에 반출되는 상황이라면 관련 비용을 Consignee가 결제해야 합니다. LCL 건은 CFS에 반입되는데, 수입지 CFS에서의 창고료는 Free Time이 없으니 창고료는 무조건 청구된다고 봐야 합니다. 항공 화물은 공항창고에서의 Free Time은 24시간으로서 그 이후 반출 화물은 창고료가 청구될 수 있습니다.

c) 컨테이너 교체 작업이 필요한 FCL 건: FCL 건의 반송을 위해서는 새로운 컨테이너를 픽업해서 교체하는 작업이 필요합니다. 입항한 건의 선사와 반송 건의 선사가 다르면 필수적으로 컨테이너 교체 작업이 필요하며(COC 사용 경우), 선사가 동일하더라도 컨테이너 교체가 필요할 수 있는데, 선사의 허락을 받으면 교체 없이 그대로 반송 가능할 수도 있습니다.

컨테이너 교체는 CY가 아닌 CFS에서 가능하며, CY에서 컨테이너를 반출하기 위해서 운송비 결제와 D/O가 발행되어야 합니다. 그리고 반송을 위한 Shipment Booking 후에 새로운 컨테이너 픽업지 CY에서 Empty 컨테이너를 픽업해서 CFS로 이동시켜서 화물의 적출입 작업을 해야 합니다. 이로 인해서 CY-CFS 간의 셔틀 운송비[114], 컨테이너 픽업 비용 및 CFS에서의 작업비, 보관료 등이 추가 발생될 수 있습니다. 마지막으로 CFS에서는 화물의 분실과 파손이 발생될 수도 있다는 점을 인지해야 할 것입니다.

---

114 셔틀(Shuttle)이라는 의미는 두 지역을 정기적으로 오가는 왕복 운송.

2. Consignee가 반송에 협조하지 않는 상황

A. 포워더의 협조가 절대적으로 필요

Shipper(A사)는 반송을 원하지만, Consignee(B사)는 협조를 하지 않는 상황에 직면할 수도 있습니다. 이때 Shipper는 포워더의 도움이 필요하기 때문에 CFR와 같이 Shipper가 포워더를 지정(Nomi)한 상황이, EXW 혹은 FOB처럼 Consignee가 포워더를 지정한 상황보다 반송 업무 진행하는 데 유리할 것입니다.

B. 반송을 위한 세관 및 운송 업무 절차

a) 양수도계약서(세관, 관세사무실): 기존 Consignee가 아닌 다른 자가 수입신고 혹은 반송신고의 화주가 되기 위해서는 양자 사이에 양수도계약이 필요합니다. 즉, 이와 같은 상황에서는 반송에 대한 사유서와 함께 양수도계약서를 세관으로 제출해야 할 것입니다.

양수도계약서의 양도자는 반송에 협조하지 않는 운송서류의 Consignee이고, 양수자는 보세상태의 화물 소유권을 이전받아 세관으로 반송신고하는 자가 됩니다. 이때 포워더가 양수자가 되어 반송신고 화주가 될 수 없다면 포워더가 반송 대행자를 찾아야 할 것이며, 이에 대한 수수료가 발생되어 Shipper에게 청구될 수 있습니다.

〈참고〉	화물의 소유권 이전

양수도계약서는 보세상태의 화물 소유권이 운송서류의 Consignee로부터 제3자에게 이전되었다는 사실을 입증하는 서류라고 할 수 있습니다. 이는 물류(운송)에서의 On Board 화물 소유권 이전과는 별개의 개념으로 봐야 합니다.

b) 화물포기각서(Letter of Abandonment): 운송 업무에서 운송서류 Consignee는 목적국에서 화물을 인수할 권리를 가지며, 유가증권으로서 B/L을 Shipper에게 인수한 상태라면 화물의 소유권까지 보유한 자가 됩니다. 이러한 Consignee가 반송 업무에 협조하지 않는다면 운송인은 유가증권으로서 B/L의 회수(Consignee의 직인/명판 날인해서)와 함께 화물에 대한 일체의 권리를 포기한다는 내용의 각서(LOI)를 Consignee로부터 받아야 합니다.

이러한 화물포기각서를 운송인이 확보한 상태에서 기존 Consignee가 아닌 제3의 업체를 Shipper로 해서 반송 업무 절차를 진행해야겠습니다.

화물 포기 각서[115]

■ 날짜	(Date)			
■ 수신	OO해운			
■ 발신	(업체명)	(담당자명)	(전화번호)	(email address)
■ 수화주명(B/L Consignee)	(B/L Consignee 명)			

■ Booking or B/L No.	(No.)	
■ 선적지/양하지	(POL)	(POD)
■ Vessel	(Vessel Name)	(Voyage No.)
■ Container	(Type)	(Qtty)
■ Container No.	(No., 쉼표 구분)	
■ Description of Goods	(Description of Goods)	

1. 당사는 상기와 같이 OO해운과 화물운송계약을 체결하여 운송된 [B/L에 따른 화물 내품명 및 설명사항] (이하 화물)의 수화주입니다.

2. 당사는 화물의 소유권을 포함한 일체의 권리를 자발적으로 포기하고, OO해운이 선택하는 방법에 따라 화물을 처분하는 데 동의하는 바입니다. 화물을 처분함에 따라 생기는 수익에 대해서는, 그 수익을 당사가 OO해운에 지불해야 하는 비용의 일부를 공제하는 용도로 OO해운이 취득함에 동의합니다.

3. 아울러, 당사는 화물 및 화물운송계약과 관련한 어떠한 청구나 소송도 OO해운에 제기하지 않을 것이며, 화물 소유권에 따른 제3자의 청구 또는 소송에 대하여 OO해운에는 일체의 비용과 책임이 없음을 확약합니다.

4. 본 화물포기각서는 대한민국법에 따르며, 재판관할권은 서울지방법원에 있습니다.

■ 미국 해상 운송 건에 대한 FMC 면허와 SC No. 관련

들어가기 전에) FMC(Federal Maritime Commission)는 미국 해상 운송 감독 기관이며, 미국(수입국)으로 향하는 미국향 화물의 운송서류(B/L 혹은 화물운송장, 이하 'B/L')는 FMC 면허를 취득한 포워더(NVOCC[116], 국제물류주선업[117])의 운송서류 양식을 사용해야 합

---

115 출처: 고려해운(KMTC)

116 Non-Vessel Operation Common Carrier (무선박운송인)

117 「물류정책기본법」 제2조(정의)에서 '국제물류주선업'이란 "타인의 수요에 따라 자기의 명의와 계산으로 타인의 물류시설·장비 등을 이용하여 수출입화물의 물류를 주선하는 사업을 말한다."라고 정의하고 있습니다. 즉, 물류정책기본법에서는 포워더를 국제물류주선업이라고 정하고 있습니다.

니다[118]. 반면 항공 운송과 FMC는 연관이 없으며, 미국 항공 운송 관할 기관은 CAB(Civil Aeronautics Board)입니다. AWB는 IATA에서 정한 양식과 발행 방식으로 발행되며, FMC와 아무런 연관이 없습니다.

A. FCL 화물의 일반적인 B/L 양식과 미국향 화물의 B/L 양식

a) 기본적인 FCL 운송 계약 구조

실화주(무역회사)가 직접 선사에게 FCL 화물(컨테이너 단위 화물)의 운송을 의뢰하는 경우는 흔하지 않습니다. 대부분 트럭과 선박 등의 운송수단을 보유하지 않은 상태에서 내륙운송과 국제 해상 운송을 연계해서 복합운송 서비스 대행하는 포워더(NVOCC)에게 운송 의뢰합니다. 그래서 선사의 화주는 포워더이며, 운송인은 선사로서 이들의 운송 계약 관계를 Master라고 합니다. 포워더와 실화주의 운송 계약 관계는 House로서 포워더의 화주는 실화주이며, 포워더는 실화주의 운송인입니다. 이것이 통상적인 FCL 운송 계약 구조입니다.

FCL 운송 계약 구조				
실화주 (edutradehub)	← 포워더 운송서류(House) ← (Shipper& Consignee 실화주)	포워더	← 선사 운송서류(Master) ← (Shipper& Consignee 포워더)	선사

b) 수출지 포워더의 B/L 양식(미국向 외의 건)

기본적으로 선박에 화물이 On Board 된 이후에 포워더가 발행하는 House B/L은 국제물류주선업 등록할 때 국토교통부령 「물류정책기본법 시행규칙」 제5조(국제물류주선업의 등록신청) 제2항 2호에 의거하여 시·도지사에게 제출한 B/L 양식(Form)을 발행합니다. 이렇게 발행된 House B/L을 Shipper가 인수해서 Consignee에게 인도하며, Consignee는 당해 B/L을 발행한 수출지 포워더의 수입지 파트너 포워더에게 Cargo Release 요청합니다 (House D/O[119]).

---

118 FMC 면허 취득할 때 NVOCC는 자신이 사용한 B/L 양식을 FMC에 등록합니다. 미국向 화물은 FMC에 등록된 B/L 양식을 사용해야 합니다.

119 Master D/O가 발행되어야 House D/O 발행 가능

c) 미국向 화물의 B/L 양식과 발행(FMC 면허 취득 포워더의 B/L 사용)

미국向 해상 화물을 Shipment Booking 받은 한국 포워더는 물류정책기본법에 의해서 시·도지사에게 제출한 B/L 양식이 아니라, 미국 FMC 면허가 있는 포워더가 면허 등록하면서 미국 FMC에 제출한 B/L 양식을 사용해야 합니다. 한국에 있는 대다수의 포워더는 미국 FMC 면허가 없기 때문에 한국의 대형 포워더 중에 FMC 면허가 있는 포워더의 B/L을 사용(캡)하거나[120] 혹은 FMC 면허가 있는 미국 파트너 포워더의 B/L 양식을 받아서 사용합니다. 따라서 한국 수출자 입장에서 자신이 Shipment Booking 한 포워더로부터 미국向 해상 화물의 B/L을 인수할 것이나, 한국 포워더가 FMC 면허를 취득하지 못한 상태라면 그 포워더의 B/L 양식이 아니라는 것입니다.

B. FMC 면허 취득한 미국 파트너 B/L 양식과 S/C No. 사용하는 경우

한국 포워더는 일반적으로 FMC 면허 미취득 상태입니다. 그래서 FMC 가입된 미국 파트너(포워더, NVOCC)로부터 FMC 가입할 때 제출한 B/L 양식을 제공받아서 한국 수출자에게 House B/L 발행합니다. 이때 미국 파트너로부터 B/L 양식과 함께 SC No.를 함께 제공받을 수 있으며, 미국 파트너가 계약한 선사로 SC No. 제시하면서 Shipment Booking 할 수도 있습니다.

경우 1

Korea (수출지)	U.S.A (수입지)
선사(Line)	

c) S/C No. 제시 및 Shipment Booking
d) Master B/L 발행
 - Shipper : A Forwarder
 - Consignee : A Forwarder 미국 파트너

A Forwarder	A Forwarder Partner
(FMC 면허 미취득) b) FMC 등록 B/L 양식(Form) 및 S/C No. 전달	(FMC 면허 취득)

a) Shipment Booking
e) House B/L(FMC 면허 취득한 미국 파트너 B/L 양식) 발행[121]
 - Shipper & Consignee : 실화주

실화주(Exporter)

---

120 미국이 아니라 한국에 있는 포워더로서 FMC에 면허 취득한 포워더는 상당한 규모를 가진 포워더라고 할 수 있습니다. 그 포워더는 자신의 B/L 양식(FMC 등록 양식)으로 B/L 발급해서 한국 내 실화주 혹은 다른 포워더(FMC 면허 미취득 포워더)에게 전달할 수 있습니다. ~ 쪽 참고.

121 B/L No.의 앞자리 영문 4자리는 FMC 면허 취득한 포워더의 것이 기재되어 발행.

C. 한국 내 FMC 면허 취득한 포워더의 SC No.를 사용하는 경우

a) House B/L은 미국 파트너 양식, SC No.는 한국 포워더의 것 사용

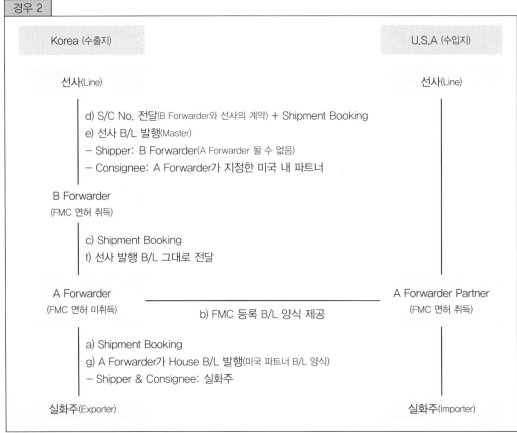

■ 선사 발행 B/L과 A Forwarder가 발행한 B/L(미국 파트너 B/L 양식) 이렇게 2건의 B/L 발행.

■ A Forwarder가 자신의 미국 파트너 B/L 사용하지 않고 FMC 가입된 한국 B Forwarder의 B/L 양식으로 House B/L 발행 원하면, B Forwarder가 Shipper&Consignee를 실화주로 기재해서 A Forwarder에게 House B/L 제공 가능합니다. 이와 같은 상황에서는 B Forwarder가 선사 B/L 및 자신이 발행한 House B/L을 A Forwarder에게 제공하는 것입니다.

● SC No.와 선사 선택권

실화주로부터 Shipment Booking 받은 A Forwarder가 FMC 면허 미취득 상태이면, FMC 면허 취득한 미국 파트너로부터 B/L 양식을 제공받을 수 있습니다. 이때 A Forwarder는 한국 Port에서 미국 Port까지의 해상운임(O/F) 견적을 자신의 미국 파트너와 한국에 위치하면서 FMC 면허를 취득한 타 포워더(B Forwarder)에게 받아서 비교 가능합니다. 만약 한국 B Forwarder의 해상운임 견적이 경쟁력 있다면 A Forwarder는 자신의 미국 파트너로부터 SC No.를 받지 않고, B Forwarder에게 Shipment Booking 합니다. 이를 '캡 씌운다'고 합니다. 이러한 관계에서 A Forwarder가 SC No.를 자신의 미국 파트너로부터 제공받아서 직접 선사로 Shipment Booking 하는 것이 아니라, B Forwarder의 SC No.로 B Forwarder가 선사로 Shipment Booking 하기 때문에 선사 선택권은 B Forwarder에게 있겠습니다.

● Master B/L과 House B/L의 발행

특정 선사로의 Shipment Booking은 SC No.를 보유하면서 FMC 면허를 취득한 B Forwarder가 진행합니다. 이때 선사가 발행하는 B/L을 Master라고 할 수 있는데, 당해 B/L의 Shipper는 FMC 면허 취득한 B Forwarder여야 합니다. 그리고 Master B/L Consignee는 A Forwarder가 B Forwarder에게 자신의 미국 파트너 포워더로 지정 요청할 수 있습니다(Consignee: A Forwarder의 미국 파트너). 이렇게 선사로부터 Master B/L을 B Forwarder가 발급받고, 이를 그대로 A Forwarder에게 제공합니다.

이후 A Forwarder는 자신에게 Shipment Booking 한 한국 수출자에게 House B/L을 제공해야 하는데, A Forwarder는 FMC 면허 미취득 상태입니다. 그래서 A Forwarder의 미국 파트너에게 받은 B/L 양식을 사용해서 Shipper와 Consignee를 실화주로 기재하여 House B/L 발행할 수 있겠습니다. 물론 본 상황에서 A Forwarder의 미국 파트너가 FMC 면허 취득하였음에도 불구하고 B Forwarder에게 Shipper와 Consignee를 실화주로 해서 House B/L까지 받을 수 있습니다(아래 '경우 3'). 그렇다면 A Forwarder는 B Forwarder에게 Master와 House를 모두 받는 것이며, Master B/L의 Consignee는 자신의 미국 파트너이기 때문에 미국 파트너로 전달하고, House B/L은 수출자에게 제공합니다. 이때 실화주로서 한국의 수출자는 House B/L을 A Forwarder에게 제공받지만, 사실은 B Forwarder

의 로고가 날인된 B Forwarder가 발행한 B/L이 되겠습니다.

b) 한국 포워더의 B/L 양식 및 SC No. 사용

실화주에게 Shipment Booking 받은 한국의 A Forwarder는 FMC 면허 미취득 상태라고 가정합니다. 이때 미국 파트너가 FMC 면허 취득했음에도 불구하고 한국에 위치한 FMC 면허 취득 포워더로부터 Master뿐만 아니라 House B/L을 발급받는 경우가 있습니다. 물론 B Forwarder의 SC No.로 B Forwarder가 선사에게 Shipment Booking 해서 Master B/L 받습니다.

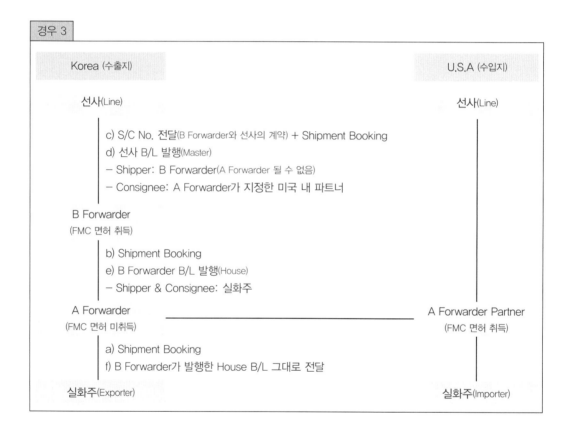

● Master B/L과 House B/L의 발행

B Forwarder가 선사로 SC No.를 제시하면서 선사로부터 발급받는 Master B/L의 Shipper는 FMC 면허 취득한 B Forwarder가 됩니다. 이때 Master B/L Consignee는 A Forwarder의 미국 파트너가 될 수 있습니다. House B/L은 A Forwarder가 B Forwarder

양식을 사용할 수도 있고, A Forwarder 자신의 미국 파트너 B/L 양식을 사용할 수도 있는데, '경우 3'은 B Forwarder 양식을 사용한 경우가 되겠습니다. 그렇다면 실화주로서 수출자가 자신과 거래하는 A Forwarder로부터 받는 House B/L은 실제로는 B Forwarder가 발행한 B/L입니다.

D. 실화주와 선사의 Direct 거래

미국으로 수출하는 물량이 어느 정도 되는 실화주(무역회사)는 선사와 직접 운송 계약해서 FCL 화물의 운송 서비스를 받을 수 있습니다. 이때 실화주와 선사 사이에 S/C No.가 존재하며, 실화주가 선사에게 Shipment Booking 할 때 S/C No.를 함께 전달하겠습니다. 참고로 미국으로 운송 서비스하는 선사는 FMC 면허 취득되어 있기 때문에 해당 선사가 발행하는 B/L을 사용해도 문제없습니다. 이러한 형태로 포워더 없이 선사 B/L을 그대로 받아서 운송하면 Line B/L 건이라고 합니다[122].

포워더가 완전히 배제된 상태에서 실화주와 선사가 FCL 운송계약 진행하면, 수출지 Door에서 Port of Loading의 CY(반입지)까지의 수출지 내륙운송은 수출자가 직접 핸들링해야 할 것입니다. 그리고 Port of Discharge로서 미국의 항구에 도착한 이후에 미국 내륙까지도 선사가 서비스할 수 있기 때문에 선사의 서비스가 종료되는 지점부터 Final Destination까지의 수입지 내륙운송은 수입자가 직접 핸들링해야 할 것입니다.

아울러 CFR과 같은 C 조건 수출로서 수출자의 SC No.로 Shipment Booking 한 Line B/L 건이면, Consignee로서 수입자는 포워더를 통해서 D/O 업무를 받고 싶은 자신의 의지와 관계없이 Consignee가 직접 선사에게 D/O 신청해야 합니다[123].

---

122 FCL 건으로서 실화주 – 포워더 – 선사의 구조에서도 수출자를 영업한 수출지 포워더가 수입지에 파트너가 없어서(C 조건 수출) 혹은 선사에게 직접 D/O 신청하고자 하는 수입자의 요청에 의해서 수출자가 포워더에게 Line B/L 요구하기도 합니다. 이때 포워더가 운송서류(운송 계약서 역할)를 발행하지 않기 때문에 사고 발생 시 도의적인 책임만 부담할 수 있습니다. 물론 실화주와 선사 중간에서 마진은 취할 수 있습니다.

123 Line B/L 건일지라도 Consignee(수입자)가 선사로 직접 D/O 신청하기 어려울 때, 수입지 관세사무실 혹은 Consignee가 사용하는 포워더에게 업무 협조 요청할 수 있습니다. (한국의 경우)

| 경우 4 | 선사&실화주 Direct 거래 |

- 포워더 없이 실화주가 선사로 S/C No. 전달하면서 직접 Booking.
- Line B/L 발행.
- 실화주가 S/C No. 보유.
- FMC 면허 취득 선사로서 해당 선사가 발행하는 B/L 사용.

Korea (수출지)		U.S.A (수입지)
선사(Line)	———————	선사(Line)
|		|
실화주 (Exporter)	———————	실화주 (Importer)

| 〈참고〉 | 미국향 FCL 건은 Line B/L 없다? |

미국으로의 해상 FCL 수출하는 건으로서 포워더가 개입하는 상황에서 Line B/L 발행되는 경우는 거의 없고, 대부분 House B/L 발행됩니다. 미국으로의 FCL 수출에서 Line B/L이 발행되려면 실화주가 직접 선사로부터 SC No.를 받아서 포워더 개입 없이 선사와 Direct 거래하거나 혹은 포워더가 개입해서 포워더가 특정 실화주의 SC No.를 선사로부터 받아서 진행한다면 Line B/L 발행 가능하겠습니다.

■ 화물 명세에 대한 화주의 의무사항과 운송인의 면책사항

A. 화물 명세의 정확한 정보 전달 의무

화주(Merchant)는 운송인(Carrier)에서 Shipment Booking 할 때 화물의 명세를 정확히 전달해야 합니다.

다시 말해서 화주는 운송인에게 Shipment Booking 하는 과정에서 화물의 품명, 중량, 용적, 수량뿐만 아니라 화물의 고유한 성질과 위험성(Dangerous Goods 여부), 숨은 하자 유무 및 포장의 충분성 등에 오류와 숨김이 없이 정확한 정보를 전달해야 할 의무가 있습니다. 이러한 화주의 의무는 운송인이 발행하는 운송서류 이면약관에 별도 명시되어 있으며, 화주가 자신의 의무를 다하지 않아서 발생되는 결과에 대한 운송인의 면책 사항이 함께 명시되어 있습니다. 또한, 대한민국 상법 제127조(화물명세서의 허위기재에 대한 책임) 및 제796조(운송인의 면책사유)에서 별도 규정하고 있습니다.

B. 화주가 제출한 서류만 검토하는 운송인

실화주(화주, 무역회사)와 포워더(운송인)의 운송 거래 과정을 보면 포워더는 실화주에게 Shipment Booking 받은 이후 실화주가 포워더에게 운송 의뢰한 화물을 직접 눈으로 확인하지 않습니다. 운송인으로서 포워더는 실화주가 전달한 선적 화물에 대한 서류(Packing List, 수출신고필증 등[124])상의 정보만 확인하며, 그 서류 내용을 기초로 운송 방법과 운송 가능 여부 등을 판단하여 선적되면 운송서류(B/L, 화물운송장)를 발행[125]합니다.

물론 Shipment Booking 후 항공 화물의 경우, 반입지로 지정된 공항 창고에서 화물의 외관상태, 무게 및 수량 등의 정보를 검수(Tally)하고, 해상 LCL 역시 반입지로 지정된 CFS에서 외관상태, 부피 및 수량 등의 정보를 검수하여 송화인(Shipper)이 제시한 Packing List 및 수출신고필증의 내용과 불일치가 없는지 확인하는 과정을 거칩니다[126]. 그럼에도 불구하고 해당 화물의 고유한 성질, 위험성, 숨은 하자 및 화물의 특징에 따른 포장의 충분성[127] 등은 해당 화물에 대한 정보와 지식이 없는(부족한) 운송인 입장에서 운송인이 정확히 확인하기 어려운 사항입니다. 즉, 운송인은 화주가 제시하는 화물에 대한 정보가 기록된 서류를 기초로 운송 진행 여부와 방법을 검토하고, 문제가 없다고 판단되면 화주가 제시한 서류를 근거하여 운송서류를 발급합니다[128].

---

124 화학성분이 포함된 위험물에 속할 수 있는 화물이라면 제조사가 발행한 MSDS(Material Safety Data Sheet, 물질안전보건자료)를 화주는 운송인에게 전달하여 운송 가능 여부를 확인받아야 합니다. 위험물은 위험물 포장이 별도로 존재하며, 타 화물과의 혼재가 어려울 수 있으며, 항공의 경우 여객기에는 기적 불가하고 화물기에만 기적 가능할 수 있습니다. 경우에 따라서 항공 운송은 불가하고 해상으로만 운송 가능한 경우도 있으며, 동일 위험물이라 할지라도 모든 선사가 운송 허락하는 것은 아닙니다.

125 해상은 선박에 On Board(선적) 된 이후에 운송서류(B/L, 화물운송장) 발행, 항공은 선적되기 전에 AWB 발행합니다.

126 항공 화물 및 해상 LCL 화물의 경우는 별도로 포장재에 화인(Shipping Mark) 정보를 표기하는 것이 적절합니다. 이러한 화인에 화물 취급 주의사항이 명백히 표기되어 있음에도 불구하고 운송인 등의 취급 부주의로 손상이 발생된 경우, 운송인은 면책되기 어려울 수 있습니다.

127 공기와 접촉하면 성질의 변화가 일어날 수 있는 화물은 화주가 진공 포장 후 운송인에게 Shipment Booking 해야 할 것이며, 외부로부터의 직은 충격에도 화물에 손상이 발생될 수 있는 화물이라면 나무 포장(Wooden Packing) 혹은 소량이라도 타 화주의 화물과 혼재되는 LCL이 아닌 컨테이너를 임대하는 FCL로의 운송을 포워더에게 특별히 요청해야 할 것입니다.

128 물론 이러한 과정에서 운송인으로서 포워더는 무역회사로서 실화주 화물에 대한 정보를 전달받고, 포장에서 운송방법과 절차 등에 대한 정보를 제공하여 실화주의 화물이 수출국에서 수입국까지 온전한 상태로 운송될 수 있도록 도움을 주는 역할은 어느 정도 할 수 있습니다. (운송 업무 컨설팅)

〈참고〉 수출화물의 세관 신고 중량과 운송인이 실측한 중량의 차이로 인한 문제 (수출신고 정정 or 미선적)

항공 건은 수출신고필증의 중량과 수출지 공항 창고에서 실측한 중량에 오차가 발생되더라도 세관에서 허용한 오차 범위에 속하면 수출신고 내용을 정정하지 않아도 됩니다. 물론 실측한 중량이 Actual Gross Weight가 되며, Volume Weight와 비교하여 더 큰 값이 A/F를 청구할 때의 기준값, 즉 Chargeable Weight가 됩니다. 수출신고필증 상의 Gross Weight는 수출자가 작성한 Packing List 상의 Gross Weight와 일치하며, AWB의 Gross Weight는 실측한 Actual Gross Weight가 될 것입니다.

해상 LCL 건은 세관에 신고한 수출신고필증의 중량과 CFS에서 실측한 중량이 원칙적으로 100% 일치해야 하나, 실제 업무에서 해상 건은 CFS에서 중량 측정은 하지 않을 수도 있습니다. 해상 FCL 건은 VGM(Verified GrossMass) 신고를 해야 합니다. VGM 신고는 컨테이너 자체의 중량(Tare Weight)과 컨테이너 내품의 중량(Gross Weight)의 합계를 선사에 제출해야 하는 것인데, 세관에 신고한 수출신고필증 상의 중량과 +−5%의 오차 범위 내에서는 수출신고 한 중량의 정정 진행을 하지 않아도 될 것입니다. 수출 건에서 세관에 신고된 수출신고필증 상의 중량과 선적(기적) 이전에 확인된 중량이 허용된 오차 범위를 넘는 경우, 세관 신고 내용을 정정해야 하며, 그렇지 않으면 미선적 처리될 수 있으니 참고하기 바랍니다.

특히나 해상 FCL로서 송화인이 직접 Door에서 컨테이너 작업(적입과 고정 작업[129]) 후 반입 지로 지정된 CY로 반입되는 건은 운송인뿐만 아니라 운송 과정에서 운송인의 서비스를 지원/대행하는 어떤 누구(내륙운송사, 보세창고 기타)도 컨테이너 내에 화물이 (실)화주가 제시한 Packing List의 명세와 일치하는 화물인지 혹은 세관에 수출신고 되어 수리되었음을 입증하는 수출신고필증 상의 명세와 일치하는 화물인지 기본적으로 확인하기 어렵고, 확인하지도 않습니다[130].

따라서 포워더(운송인)가 실화주로서 송화인(운송서류 Shipper)에게 발행하는 해상 운송서류의 Description 부분에는 "Shipper's Load, Count and Seal" 혹은 "Said (by Shipper) to Contain" 등과 같은 부지약관(Unknown Clause) 문구가 기재되어 있습니다. 이와 별도로 "According to the Declaration of the Consignor" 혹은 "Particulars Furnished by Consignor/Shipper"라는 문구가 기재되기도 하는데, 이러한 문구가 의미하는 바는 (실)화주가 제공한 화물 명세를 기초로 운송인이 운송서류를 발행했다는 뜻으로서, 만약 실제 화물이 운송서류의 수량 등에 불일치가 있거나 (실)화주가 운송인에게 제공한 정보가 잘못되어서 발생하는 손해에 대해서는 기본적으로 운송인은 면책이라는 뜻으로 이해하면 되겠습니다.

---

129 Shoring/Lashing

130 FCL 건에 대해서 세관에 수출신고하면 P/L(Paperless), 서류제출 혹은 물품검사(신고지 검사 or 적재지 검사) 중 하나가 지정됩니다. 이때 물품검사로 지정되어 출항지 보세구역에서 On Board되기 전에 화물 검사를 하게 되면(적재지 검사), 출항지 세관에서는 해당 컨테이너를 개장하여 신고지 세관(수출신고 당시 물품이 위치한 물품소재지를 관할하는 세관)에 신고된 내용과 동일한 지 여부를 직접 확인할 수 있습니다. 본 경우에는 Door에서 작업한 Seal을 제거하고 출항지에서 세관에 의해서 개장된 후 검사 후 Seal을 다시 채워야 하니 Seal No.의 변동이 발생됩니다.

해상 운송서류 Description				
		PARTICULARS FURNISEHD BY SHIPPER		
Container No. Seal No. Marks and Numbers	No. of Containers or Pkgs	Kind of Packages ; Description of Goods	Gross Weight	Measurement

- **Master PP(CC), House PP(CC) 및 Profit Share**

기본적으로 House 운송서류의 Freight 지급조건이 Collect일 때, 포워더는 상대국 파트너와 Profit Share 합니다. 반면 House Freight Prepaid일 때는 상대국 파트너와 Profit Share 하지 않습니다. 참고로 아래 내용은 Ocean Freight와 Profit Share에 관한 내용만을 언급 드리며, D-Terms에서 수입국 그리고 EXW 조건에서 수출국의 Local Charge에 대한 파트너 간 정산 부분은 고려치 않습니다.

1. Master Prepaid, House Prepaid (Profit Share X)

House Prepaid(PP) 건은 수출지 포워더가 실화주 영업한 화물입니다[131]. 그리고 수출입자 간의 매매계약 가격조건(인코텀스)이 C 혹은 D-Terms 중 하나입니다. 예를 들어 CFR 거래 건에서 수출자가 수출지 포워더에게 Ocean Freight(운임)에 대한 견적을 의뢰하면서 수출자가 수출지 포워더를 지정합니다. 반대로 말하면 수출지 포워더는 CFR로 수출하는 수출자를 상대로 영업해서 Shipment Booking 받는 경우라 할 수 있습니다.

House PP 건에서 수출지 포워더는 수출지 선사 영업사원으로부터 운임(Ocean Freight)을 받거나, 혹은 상대국 파트너(수입지 포워더)로부터 수입지 선사 운임을 받아서 비교 가능합니다. 후자의 경우는 수입지 포워더가 수입지 선사로부터 받은 운임(Net, Buying Rate)에 Hidden 운임(마진)을 포함해서 수출지 포워더에게 운임 제시(Selling Rate)할 수 있습니다. 그러나 대부분 Master 건은 수출지 포워더가 수출지 선사로부터 받은 운임(Net, Buying Rate)에 자신의 마진을 포함해서 수출자에게 House 운송 계약 건의 운임을 Prepaid로 청구(House PP)합니다.

---

131 House Prepaid 건은 수출지 포워더 입장에서 Free Cargo(자신의 영업 화물)이며, 수입지 파트너 포워더 입장에서는 Nomi Cargo(상대국 파트너 영업화물)가 됩니다.

즉, Master PP, House PP 거래에서 수출지 포워더는 수입지 포워더가 운임 부분에서 수익을 취할 수 있도록 Profit Share를 하지 않는 게 일반적입니다. 수입지 포워더는 House 운송서류 Consignee에게 Cargo Release 업무를 핸들링하면서 D/O Charge와 Handling Charge를 청구해서 이익을 얻고, Ocean Freight 자체에서 수익을 취할 여지는 없겠습니다. 결국, 수출입지 포워더 간에 Master 운임과 Profit Share 금액에 대한 Credit(혹은 Debit) Note 발행할 일이 없으니 이 부분에 대한 미수금 역시 발생하지 않습니다.

2. Master Prepaid, House Collect (Profit Share O)

House Collect(CC) 건은 수입지 포워더의 영업 화물입니다[132]. 이것은 수출입자 간의 매매계약 가격조건(인코텀스)이 EXW 혹은 F-Terms 중 하나입니다. 예를 들어 FOB는 수입자가 수입지 포워더에게 Ocean Freight에 대한 견적을 의뢰하면서 경쟁력 있는 수입지 포워더를 지정합니다. 반대로 말하면 수입지 포워더는 FOB로 수입하는 수입자를 상대로 영업해서 Order 받고 수출지 파트너 포워더와 협업해서 Door to Door 운송 서비스를 이행합니다. 이러한 과정에서 수입지 포워더가 수입자에게 운임을 제시할 것이며, 이를 위해서 수입지 포워더는 사전에 선사로부터 운임(Net, Buying Rate) 견적을 받아야 합니다. 이때 수입지 포워더가 수입지 선사 영업사원을 통해서 운임받을 수도 있고(Master Freight CC), 수출지 파트너 포워더를 통해서 선사 운임 받을 수도(Master Freight PP) 있습니다.

통상적으로 Master Freight PP로 진행하는 쪽을 택합니다. 그래서 수입지 포워더는 수출지의 몇몇 파트너 포워더[133]에게 선사 운임과 Profit Share 금액 견적을 문의합니다. 이러한 요청을 받은 수출지 포워더는 수출지 선사에게 운임 견적 요청하여 받은 컨테이너당 운임(Net, Buying Rate)에 파트너에게는 공개하지 않는 Hidden 운임(마진)을 붙이거나 혹은 붙이지 않고 선사 Net 운임을 공개합니다. 아무래도 Hidden 운임을 붙이면 타 포워더의 제시 운임보다 경쟁력이 낮아져서 수출지 포워더는 수입지 파트너로부터 오더를 받지 못할 수 있습니다.

이후에 Profit Share에 대해서 양측이 논의할 것입니다. 예를 들어 수출지 포워더가 파트

---

132 House Collect 건은 수입지 포워더 입장에서 Free Cargo이며, 수출지 파트너 포워더 입장에서는 Nomi Cargo가 됩니다.

133 포워더는 상대국에 특정 포워더 한 곳하고만 거래하는 것이 아니라 2곳 이상의 포워더와 거래하기도 합니다. 그리고 비교 견적을 통해서 보다 경쟁력 있는 운임과 신속·정확한 업무 처리 능력이 있는 파트너를 선택하려 할 것입니다. 이는 수출자와 수입자의 아이템 거래에서도 신뢰할 수 있는 상대를 찾는 것과 동일한 이치일 것입니다.

너(수입지 포워더)에게 컨테이너당 Profit Share 금액을 USD30 제시할 수 있고, 수입지 포워더가 동의하면 거래가 성사될 것입니다. 만약 한 건당(Per B/L) 컨테이너 수량이 많으면 Profit Share 금액이 상당히 많이 발생할 수 있기에 조절 가능하며, Per 컨테이너가 아닌 Per B/L로 Profit Share 할 수도 있겠습니다.

정리하면, 수출지 포워더가 선사로부터 받은 20ft 컨테이너 운임(Net, Buying Rate)이 USD100일 때, 수출지 포워더가 USD20 Hidden해서 수입지 파트너 포워더에게 선사 Net 운임이 20ft 컨테이너당 USD120이라고 제시할 수 있습니다. 이때 제시된 USD120이 수출지 포워더 입장에서는 Selling Rate가 됩니다. 수입지 포워더 입장에서 제시된 운임 USD120이 경쟁력 있다고 판단되면 Profit Share 금액에 대해서 논의합니다. 수출지 포워더가 20ft 컨테이너당 USD30 제시하고 수입지 포워더가 동의하면 향후에 수출지 포워더가 Debit Note 발행하면서 운임 USD120에 Profit Share USD30해서 총 USD150를 청구합니다. 수입지 포워더 입장에서 Buying Rate는 USD150이 되며[134], 자신의 마진을 붙여서 수입자에게 Freight Collect로 청구합니다.

3. Master CC, House CC (Profit Share O)

수입지 포워더 영업 화물이며, 수입지 포워더가 수입지 선사로부터 받은 운임을 Net으로 해서 자신의 마진을 붙인 후 House 계약 건에서 수입자에게 운임을 청구하는 구조입니다. 이러한 경우는 Profit Share는 해주는데, Net 운임으로서 Master 운임을 수출지 파트너에게 공개하지 않고 Profit Share 역시 5대5가 아닌, 건당 일정 금액을 Share 해주는 개념이 됩니다. 즉, 수입지 포워더가 영업한 화물을 수출지 파트너가 선적 핸들링해 주면 당해 건에 대해서 수입지 포워더가 Credit Note 발행하여 USD20 정도 수고비로 지급하겠다는 명목의 Profit Share가 됩니다. 물론 수출지 파트너 포워더는 수출자에게 H/C를 청구함으로 추가적인 수익을 취할 수 있습니다.

---

134 Master PP, House CC일 때 수출지 포워더 입장에서 선사로부터 받은 Net 운임이 Buying Rate가 되며, 여기에 Hidden 운임을 붙여서 수입지 파트너에게 제시하는 운임은 Selling Rate가 됩니다. 이때 Profit Share 금액은 Selling Rate에서 제외될 수 있습니다. 그러나 수입지 포워더 입장에서는 Profit Share 포함해서 Debit Note 발행받는 금액이 Buying Rate가 되며, 수입지 포워더 마진을 붙여서 수입자에게 청구하는 운임은 Selling Rate가 되겠습니다.

4. Master CC, House PP (Profit Share X)

가장 드문 경우라 할 수 있습니다.

Master는 대부분 Prepaid로 진행됩니다. 그리고 House Prepaid 조건에서는 실화주를 영업한 수출지 포워더가 수입지 파트너 포워더에게 Profit Share 제안하는 일은 거의 없습니다. 즉, House Prepaid 조건은 Master 계약 역시 Prepaid로 진행되는 것이 일반적이라 할 수 있겠습니다.

그럼에도 불구하고 수출지 선사 운임보다 수입지 파트너 포워더에게 받은 선사 운임이 저렴하고, 여기에 수출지 포워더가 마진을 붙여서 수출자에게 청구하는 것까지 고려해서 매력이 있으면 House PP에 Master CC로 진행할 것입니다.

만약 House PP하에서 Master CC로 진행한다면 수입지 포워더가 수입지 선사로부터 받은 Net 운임(Buying Rate)에서 Hidden 운임을 적용해서 수출지 포워더에게 운임 제시(Selling Rate)를 할 것입니다. 이때 Profit Share까지 수입지 포워더가 수출지 포워더에게 제안할 수도 있고 하지 않을 수도 있지만, 수입지 포워더가 운임에서 마진을 취하고, House 건에서는 수입자로부터 D/O Charge와 H/C에 대한 수익도 취할 수 있게 됩니다.

구분	인코텀스	Profit Share	미수금[135]
Master PP House PP	■C 조건 (CFR, CIF, CPT, CIP) ■D 조건 (DPU, DAP, DDP)	■Profit Share X ■(수입지 포워더) H/C와 D/O CHG에 대해서 수익	■수출입지 파트너 사이에 Credit(Debit) 발행하지 않으며, 운임과 Profit Share 금액 모두에 대해서 미수금 발생 여지가 없음.
Master PP House CC	● EXW, FCA, FOB	■Profit Share O ■양측이 Profit Share 금액 조율 ■Master Net 운임 파트너에게 공개(Hidden 가능성)	■수출지 포워더 입장에서는 선사에게 운임을 Prepaid 지급하고, 수입지 파트너에게 Debit 발행해서 비용 청구해야 하는데, 결제받지 못하면 운임에 대해서 미수 발생.
Master CC House CC	■EXW, FCA, FOB	■Profit Share O ■수입지 포워더가 일정금액을 파트너에게 Profit Share 금액 제시하며, 거래가 성사되면 수출지 포워더는 Profit Share 금액을 수입지 파트너에게 받고, 수출자에게는 H/C 청구해서 수익 취할 수 있음 ■Master Net 운임 비공개	■수출입지 파트너 사이에 Master 운임에 대한 미수 발생 여지는 없으나, 약속된 Profit Share 금액 미수 발생할 수도
Master CC House PP	● C 조건 (CFR, CIF, CPT, CIP) ● D 조건 (DPU, DAP, DDP)	■Profit Share X ■수입지 포워더가 Master Net 운임을 파트너에게 공개할 때 Hidden 적용 가능하고, 여기에 추가적인 마진을 취할 수도	■실무에서 사례 거의 없음

---

135 Ocean Freight와 Profit Share 금액에 관해서만 설명하고 있으며, D-Terms에서의 수입지 Local 비용 그리고 EXW에서의 수출지 Local 비용에 대한 파트너 사이 정산은 고려치 않았습니다. D-Terms에서는 수입지 포워더가 지출한 내륙운송비, 수입통관 수수료 및 세액에 대해서 수출지 파트너에게 정산받지 못할 수 있으며, EXW에서는 수출지 포워더가 지출한 수출지 내륙운송비 등에 대해서 수입지 파트너에게 정산받지 못할 수도 있습니다. 그렇다면 이들 비용은 미수금이 될 것입니다.

제6장

항공 화물 운임 체계와 서류 업무

6. 항공 화물 운임 체계와 서류 업무

■ 항공 화물 운임 정산 제도(CASS)

　IATA(국제항공운송협회)는 국제항공수송사업에 종사하는 항공 회사 간의 협조 강화를 목적으로 설립한 민간 국제협력단체로서 주요 업무는 항공운임의 결정[136], 운송규칙의 제정(운송약관), 항공운송 대리점 관리 및 정산제도(CASS) 개발 및 보급 등이 있습니다. 모든 항공사가 IATA의 회원(Member)은 아니나, 대부분의 항공사는 IATA 회원입니다. 대한항공과 아시아나 항공은 모두 IATA에 가입되어 있습니다.

　이러한 항공사는 항공기를 보유하고 특정 구간에 항공기를 투입해서 실제 운송 서비스를 제공하는 운송인이라 할 수 있습니다. 항공사는 화주와의 항공 운임 정산을 항공사 자신과 화주가 직접 진행하지 않고, CASS라는 IATA가 만든 운임정산시스템을 활용합니다. 그렇다면 항공사의 화주로서 역할을 하는 항공 콘솔사 역시 IATA에 가입해서 CASS를 활용할 수 있어야 합니다.[137]

　참고로 무역회사를 상대로 항공 화물 운송 서비스 영업하는 일반적인 포워더는 CASS를 활용하지 않고 IATA에 가입되어 있지 않습니다. 설령 CASS를 활용한다해도 포워더는 공항에 사무실과 창고를 운영하지 않기 때문에 항공사[138]와의 직접적인 업무 진행에 어려움이 있습니다. 따라서 대부분의 항공 운송 계약 구조는 포워더가 무역회사를 상대로 영업한 화물을 CASS를 활용하여 항공사와 직접 운임 정산이 가능한 항공 콘솔사로 접수합니다. 이러한 항공 콘솔사는 공항에 사무실과 창고를 운영하면서, 항공사를 대리하는 항공 화물 대리인으로서도 역할을 합니다.

136　IATA는 TACT(The Air Cargo Tariff)라는 책자를 정기적으로 발행하며, 그 내용은 규칙(Rule)과 항공 운임 Rate로 구성되어 있습니다. 본 책자의 Rate가 공시 가격이며, 항공사에서 대리점에 제시하는 판매가격(Net)은 공시 가격보다 낮을 것입니다.

137　IATA에 가입하면 CASS를 활용해야 하지만, IATA에 가입 없이 CASS만 활용하는 포워더도 있습니다. CASS 활용 가능한 포워더는 항공사와 직접 거래할 수 있습니다.

138　대부분의 항공사는 IATA에 가입되어 있어서 자신의 화주와 CASS를 활용한 항공 운임 정산을 합니다. 그러나 일부 항공사는 IATA에 가입되어 있지 않고, CASS를 활용한 항공 운임 정산을 하지 않는 항공사도 존재하긴 합니다.

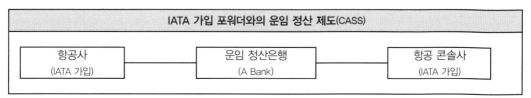

IATA 가입 포워더와의 운임 정산 제도(CASS)

| 항공사
(IATA 가입) | 운임 정산은행
(A Bank) | 항공 콘솔사
(IATA 가입) |

a) IATA에 가입된 항공사와 거래하는 항공 콘솔사(항공 화물 대리인)는 CASS를 활용하여 항공 운임 정산
b) CASS 시스템을 사용하기 위해서 대리인은 자금에 문제가 없어야 하고, 담보 설정이 필요할 수도[139]
c) 항공사는 운임 정산 은행으로서 정산인을 통해서 운임 결제받고. 대리인은 정산인에게 운임 결제

이렇게 CASS를 활용한 운임 정산은 항공사와 항공 콘솔사 간의 계약에 해당됩니다. 항공 콘솔사와 일반 포워더 그리고 포워더와 실화주(무역회사) 간의 계약에서의 정산은 CASS가 아닌 양자 간에 별도로 이루어집니다. 항공사와의 운송 계약에서 Air Freight Prepaid가 대부분인 것처럼, 항공 콘솔사와 포워더의 계약에서도 Air Freight는 기본적으로 할증료와 함께 Prepaid 결제입니다. 물론 포워더와 실화주 간의 계약에서 Air Freight는 수출입자 간의 매매계약에서 결정된 Price Term(인코텀스)에 영향을 받습니다.

■ 항공 화물 운임 체계

항공 운임(Air Freight, A/F)은 화물의 중량(kgs)과 종류에 의해서 적용되는 요율(Rate)이 다르며, 부대비용 및 운송인의 업무 대행에 대한 Handling Charge(H/C)가 별도로 추가될 수 있습니다. 다시 말해서 항공운임 요율은 공항에서 공항까지의 운송만을 위한 것으로서 [140], 공항에서의 보관료, THC(Terminal Handling Charge)[141] 등과 같은 부대비용, EDI 전송료, 운송장 작성 수수료, 통관 수수료(비용) 등의 수수료는 별도로 발생할 수 있습니다.

---

139 서울보증보험을 통해서.

140 항공운임(A/F)에는 운송 구간별로 FSC(Fuel Surcharge, 유류할증료) 및 SSC(Security Surcharge, 보안할증료)가 추가될 수 있습니다.

141 항공에서의 THC는 항공 운임에 일반적으로 포함되는 경우가 많습니다

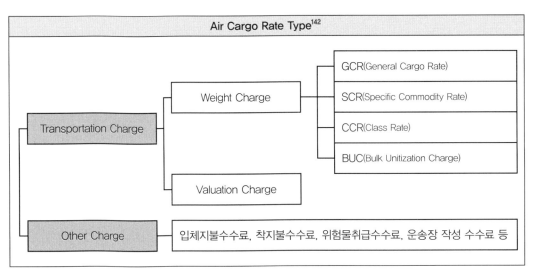

Air Cargo Rate Type[142]

Transportation Charge	Weight Charge	GCR(General Cargo Rate)
		SCR(Specific Commodity Rate)
		CCR(Class Rate)
		BUC(Bulk Unitization Charge)
	Valuation Charge	
Other Charge	입체지불수수료, 착지불수수료, 위험물취급수수료, 운송장 작성 수수료 등	

▲ 운송료는 Gross Weight와 Volume Weight 중에 더 큰 값으로 기준으로 적용되는 Weight Charge와 화물의 가치에 대한 Valuation Charge로 구분됩니다. Weight Charge는 품목의 성질에 따라서 GCR, SCR, CCR과 BUC로 구분되며, Valuation Charge는 화물 사고 시 항공사 배상 책임 금액 확대에 목적이 있습니다.

| 항공화물 요율(Tariff) 적용 일반원칙 | * 출처: http://cargo.koreanair.com |

−운송장(AIR WAYBILL) 발행일에 유효한 것을 적용합니다[143].
−항공화물의 요율은 공항에서 공항까지의 운송만을 위하여 설정된 것입니다[144].
−출발지국의 현지통화로 설정되는 것이 원칙입니다. (예외) 많은 국가에서 USD로 요율을 설정합니다.
−모든 화물 요율은 kgs당 요율로 설정되어 있습니다. (예외) USA 출발 화물요율은 LB당 요율로 설정되어 있습니다.
−해당 정부의 승인을 득한 후에야 유효한 것으로 이용될 수 있습니다
−별도의 통보 없이 변경 가능합니다.

---

142 출처: 대한항공

143 IATA의 항공 화물 운임 Rate가 공시되는 TACT는 2월, 6월, 10월 이렇게 연 3회 발행됩니다. AWB가 발행되는 날짜가 11월 20일이면 10월에 발행된 TACT의 IATA 운임 Rate를 기준으로 항공사는 대리점으로 판매가를 제시할 것입니다.

144 항공 화물의 Rate는 Airport to Airport 운임이며, 편도 운임(one way) 적용됩니다. 다시 말해서 제시되는 Air Freight Rate는 편도 운임으로서 INC에서 LAX까지의 편도 운임이라는 것이며, LAX에서 INC까지의 Air Freight Rate는 다를 수 있습니다. 또한, 수출지 공항 및 수입지 공항에서 발생하는 THC와 보세창고료 및 내륙운송료는 Air Freight Rate와 별개입니다.

3.1.4 공시 요율에 포함되지 않는 요금
태리프에 정하고 있지 않은 한, 공시된 요율에는 아래의 서비스 요금을 포함하지 않는다.
3.1.4.1 집하, 배달 및 시내화물 취급 서비스 요금
3.1.4.2 창고료 또는 보관료
3.1.4.3 보험료
3.1.4.4 화물의 통관에 따른 비용
3.1.4.5 제세공과금을 포함한 제 수수료 및 과태료
3.1.4.6 화물포장의 개, 보수에 따른 비용
3.1.4.7 화물을 출발지로 반송함에 따른 비용
3.1.4.8 기타 서비스 요금

■ Gross, Volume Weight 및 Chargeable Weight의 구분

A. Actual Gross Weight(G/W, 실중량)

화물(Cargo) 자체의 무게를 Net Weight(순중량 N.W.)라 합니다. 기본적으로 화물은 운송에서 발생되는 외부로부터의 충격을 흡수하고, 내품의 상태를 유지하기 위해서 포장을 합니다. 이때 화물의 특성을 고려하여 포장하는 방법과 포장재의 종류가 달라집니다. 이러한 과정을 거쳐서 포장된 상태의 화물의 무게가 Gross Weight(총중량, G.W.)가 됩니다.

항공 화물의 Air Freight(항공 운임) Rate는 기본적으로 kgs을 기준(혹은 LB)으로 합니다. 그래서 화물의 무게가 무거우면 무거울수록 Air Freight는 증가합니다. 이때 정해진 Air Freight Rate에 적용되는 화물의 무게는 Net Weight가 아니라 Gross Weight입니다.

B. Volume Weight(V/W, 용적중량)[145]

그렇다면, 항공 운임은 단순히 화물의 Gross Weight로만 계산될까요? 당연히 그렇지는 않습니다. Gross Weight는 30kgs인데 부피가 대단히 클 수 있습니다. 그래서 실제의 Gross Weight와 용적(부피)무게를 비교해서 더 큰 값을 찾아내야 하고, 더 큰 값을 Air Freight Rate에 적용해야겠습니다.

항공화물의 용적중량은 화물의 가로, 세로, 높이를 cm 단위로 곱하고 나누기 6,000을 합니다. 이는 IATA에서 제시한 기준입니다. DHL 등과 같은 특송 화물은 나누기 5,000을 합니다. 이렇게 계산된 화물의 부피중량과 실제의 Gross Weight 중에 더 큰 값이 Air

---

145 용적무게, 부피중량

Freight Rate에 적용되어 Air Freight를 계산하게 됩니다. 이때 화물의 가로, 세로, 높이를 알지 못하고[146] 단순히 CBM 값만 알고 있다면, 곱하기 about 167kgs을 하면 되겠습니다(특송화물 해당 사항 없음).

C. Chargeable Weight(C/W, 운임산출중량)

운임중량 혹은 운임산출중량이라고도 합니다. 앞에서 언급하였듯이 Air Freight Rate는 기본적으로 kgs 단위로 구성되어 있으며, Rate에서 뜻하는 kgs은 Actual Gross Weight와 용적중량(Volume Weight) 중 실제로 Air Freight를 계산할 때 적용되는 중량을 운임중량(Chargeable Weight)이라 하겠습니다.

Chargeable Weight(C/W) 구하는 방법[147]	Actual Gross Weight와 Volume Weight 중 더 큰 값

a) Actual Gross Weight에 의한 방법
Actual Gross Weight가 C/W가 되는 경우, 0.5kgs 이하의 단수는 0.5kgs으로 절상, 0.5kgs을 초과하는 단수는 1kgs으로 절상합니다. 또한 1lb(파운드) 미만의 단수는 1lb로 절상합니다.

* 0.001kgs ~ 0.5 kgs: 0.5kgs으로 절상
* 0.501kgs ~ 1.0 kgs: 1.0kgs으로 절상
* 0.001lb ~ 1.0 lb: 1.0lb로 절상

b) Volume Weight에 의한 방법(6,000 cubic cm[148] = 1.0kgs)
-용적의 계산은 화물의 최대용적에 의거하여야 하며, 화물이 수 개의 포장으로 구성되어 있을 경우, 포장되어 있는 전체화물의 최대용적을 기준으로 합니다. 최대용적은 화물의 최대길이, 최대폭 및 최대높이를 곱하여 산출합니다.
-최대가로, 최대세로, 최대높이를 곱할 때, 0.5cm 미만 또는 0.5inch 미만의 단수는 절사하고, 0.5cm 이상 또는 0.5inch 이상의 단수는 각각 1cm 또는 1inch로 절상합니다[149].

* Volume Weight = (최대가로 cm)×(최대세로 cm)×(최대높이 cm) / 6,000

---

146 실제 업무에서 화물의 가로, 세로, 높이의 사이즈는 중요합니다. 화물의 사이즈가 항공기의 Door Size를 벗어나면 해체하거나, 보다 큰 Door Size의 항공기가 필요할 수 있습니다.
147 참고: 아시아나 항공 국제화물운송약관
148 3 제곱 센티.
149 넷 이하는 버리고, 다섯 이상은 열로 하여 원 자리에 끌어올리어 계산하는 법(사사오입). 반올림.

■ 품목에 따른 Air Freight Rate 적용의 구분

A. GCR(General Cargo Rate)

Air Freight Rate는 화물의 종류에 따라서 달리 적용됩니다. 일반적인 화물로서 General Cargo에 대해서 적용되는 Rate를 General Cargo Rate(GCR)이라 하며, GCR은 Minimum(M), Normal(N, −45kgs) 그리고 중량 단계별(Weight Break)로 할인요율이 적용되는 Quantity Rate[150](Q, Lower in higher weight)로 구분됩니다. Quantity Rate는 45kgs(+45kgs), 100kgs(+100kgs), 300kgs(+300kgs), 500kgs(+500kgs) 등으로 구성되어 있습니다.

그리고 특정품목에 대해서 Code를 부여하여 특정구간에 해당 화물이 운송되면, GCR과는 다른 운임을 적용받을 수도 있습니다. 이렇게 특정구간의 특정품목에 대해서 일반화물에 적용되는 GCR이 아닌 별도의 요율이 적용되는데, SCR(Specific Commodity Rate, 특정품목 할인요율)과 CCR(Class Rate, 품목분류요율)이 있습니다.

GCR Rate의 예시						관련 설명
항공사	KE	운송구간	ICN/ATL[151]	Local Curr	KRW	* KE: 대한항공, ICN: 서울/인천, ATL: 애틀랜타
GCR		Minimum	(M, Min Charge)		50,000	* Min(M)은 Rate가 아니라 Minimum Charge이며, Chargeable Weight를 기준으로 Rate가 적용되는 구간은 Normal부터입니다.
		Normal	(N, −45kgs)		2,000	
		45	(+45kgs, 45kgs~99.5kgs)		1,600	* Min, Normal, +45kgs 구간만 존재하고 +100kgs 구간은 제시받은 GCR에서 보이지 않는 경우는 +45kgs 이상의 구간에 대해서 모두 +45kgs 구간의 Rate가 적용되는 45 Flat Rate 구간이 됩니다. 즉, 150kgs이라도 +45kgs 구간 Rate 적용, +350kgs 이라도 +45kgs 구간 Rate 적용됩니다.
		100	(+100kgs, 100kgs~299.5kgs)		1,300	
		300	(+300kgs, 300kgs~499.5kgs)		1,100	* 항공 화물의 Weight 산출은 소수점에서 0.5kgs 단위로 절상합니다.
		500	(+500kgs, 500kgs~)		1,000	
항공 스케줄		KE, ICN/LAX KE0017[152] 1730/1127 Boeing 747−8 F, DAILY				

---

150 Quantity Over 45kgs Rate

151 항공 건에서의 공항 Three Letter Code.

152 KE0017은 Flight Number(편명)입니다. 항공 건에서 편명의 끝자리가 홀수이면 Outbound 스케줄이며, 짝수이면 Inbound 스케줄입니다. 즉, KE0271은 Outbound 편명이며, KE0536은 Inbound 스케줄입니다.

MIN은 최저 운임으로서 45kgs 미만의 화물에 대해서 per kg으로 계산되는 NOR(Normal) 운임과 비교하여 MIN이 비싸면 MIN 운임이 적용되고, NOR 운임이 비싸면 NOR 운임이 적용됩니다. 예를 들어서 상기 운임 견적을 기초로 Chargeable Weight(Actual Gross Weight와 용적무게[153] 중 더 큰 값)가 30kgs의 화물에 NOR 운임을 적용하면, 30kgs × 2,000원 = 60,000원입니다. 따라서 Chargeable Weight(C/W) 30kgs 화물은 NOR 운임이 적용됩니다.

그렇다면 상기 견적에서 MIN 운임이 적용되는 Chargeable Weight는 몇 kg 이하의 화물이 될까요? MIN 운임에 kg 당 운임으로서 NOR 운임을 나누면 됩니다. 따라서 상기 견적에서 Chargeable Weight 25kgs 기준으로 그 이하의 화물은 MIN 운임이 일괄 적용되어 A/F가 무조건 50,000원이 됩니다[154]. 만약 25kgs 초과하고 45kgs 미만 화물이 있다면, kg 당 계산되는 NOR 운임 적용되겠습니다. 그래서 Chargeable Weight가 30kgs이면 kg 당 NOR 운임으로서 2,000원이 적용되어 60,000원이 A/F로 청구된다는 뜻입니다. 물론 Chargeable Weight가 45kgs와 100kgs 사이가 되면 +45kgs 운임이 kg 당 적용되겠습니다.

실화주와 항공사 중간에 위치하는 포워더는 항공사로부터 상기와 같은 형태의 견적을 받아서 실화주에게 제공합니다. 이때 항공사는 상기처럼 MIN, NOR, +45kgs +100kgs, +300kgs 이러한 식으로 견적 제공할 수도 있으나 NOR는 제외할 수도 있고, MIN과 +45kgs이 제외될 수도 있습니다. 만약 MIN, NOR 및 +45kgs을 제외하고 +100kgs부터 견적을 받은 경우, Chargeable Weight가 1kg이라도 100kgs으로 계산됩니다.

마지막으로 Boeing 747-8 F에서 F는 Freight로서 화물기를 뜻하며, Airbus 380-800 P일 때 P는 Passenger로서 여객기를 뜻합니다. 그리고 Daily는 해당 노선에 항공 스케줄이 매일 있다는 뜻입니다.

◆ 높은 중량단계에서 낮은 운임 적용 가능과 AS의 활용:

업무할 때 AS라는 말을 사용하고 이를 활용하는 이유는 Chargeable Weight가 43kgs의 화물을 앞에서 제시한 GCR 견적에 기초하여 계산하면 Normal 구간으로서 kg당 2,000원 적용되어 86,000원이라는 값을 얻을 수 있습니다. 그러나 만약 비록 43kgs의 화물이

---

153   Volume Weight
154   Min 가격 50,000원 나누기 kgs당 Normal 가격 2,000원 하면, 25라는 값을 확인할 수 있습니다. 따라서 Chargeable Weight 25kgs까지 Min Charge로서 50,000원 적용되고, 26kgs부터는 Normal 운임 적용되겠습니다.

지만, 45kgs 화물로 인식하여 +45kgs 구간의 Rate로서 1,600원을 적용하면 72,000원이 됩니다. 즉, Chargeable Weight 43kgs 화물보다 2kgs 더 무거운 45kgs 화물의 Air Freight가 더 저렴하다는 뜻입니다.

이러한 불합리한 부분을 해결하기 위한 하나의 방법이 AS(~로서)라는 개념을 적용하여, 비록 43kgs의 화물이라도 45kgs로서(AS 45kgs) 인정하여 +45kgs 구간의 Rate를 적용받는 것입니다. 결국, 실제의 Chargeable Weight를 기준으로 적용되는 구간의 요율(Rate)로 산출한 Air Freight와 한 단계 높은 중량 단계보다 낮은 요율을 적용하여 산출된 Air Freight를 비교했을 때, 높은 중량 단계에서의 낮은 요율을 적용하여 산출된 Air Freight가 낮다면 그 낮은 운임이 실제 청구되는 Air Freight가 됩니다. 이것이 바로 높은 중량단계에서 낮은 운임 적용(Lower Charge in Higher Weight Category)에 대한 사례가 되겠습니다.

아시아나 항공 국제화물운송약관

3.1.11 중량에 의한 할인
동일한 화물에 적용되는 운임은 화물의 총중량에 해당 중량에 적용하는 요율을 곱하여 산출된 운임과 당해 화물에 적용하는 중량단계보다 더 무거운 다음 중량단계에 당해 중량에 대한 요율을 곱하여 산출된 운임 중 더 낮은 운임이 우선하여 적용된다.

◆ **AS 개념을 적용할 때 주의점:** A/F는 GCR을 기준으로 계산한 값과 운송 구간별로 유류할증료(FSC, Fuel Surcharge) 및 보안할증료(SSC, Security Surcharge)가 추가적으로 발생할 수 있습니다. 만약 이러한 할증료가 추가 발생한다면 A/F의 총액은 GCR로 계산한 값에 할증료가 합산됩니다. FSC와 SSC 역시 kgs당 가격이 제시되는데, 이때 GCR 계산할 때와 마찬가지로 Chargeable Weight가 적용됩니다.

만약 +45kgs 구간(45kgs~99.5kgs) Rate가 1,500원이고, +100kgs 구간의 Rate가 1,300원일 때, Chargeable Weight가 88kgs인 화물을 +45kgs Rate 적용하면 132,000원이 발생하고, +100kgs Rate 적용하면 130,000원 발생합니다. 이것만 봐서는 AS 100kgs 적용하는 것이 2,000원 이익입니다. 그러나 FSC가 발생되고 kgs당 Rate가 410원이라고 가정합니다. 그렇다면 88kgs일 때는 FSC가 36,080원으로 132,000원을 합하면 168,080원입니다. AS 100kgs 적용했을 때는 FSC가 41,000원으로 130,000원 합하면 171,000원입니다. 결국, 이러한 상황에서는 AS 개념을 적용하지 않는 것이 이익이라 할 수 있습니다.

실무적으로는 +100kgs 이상에서 AS를 적용하여 이익이 발생하더라도, 이미 중량단계별 할인이 상당히 적용된 견적이기 때문에, +100kgs 이상에서는 AS 개념이 흔치 않습니다. 대부분 AS의 개념은 +45kgs에서 적용된다 할 수 있습니다.

B. SCR(Specific Commodity Rate)

SCR은 특정구간에 반복적으로 운송되는 특정품목에 대해서 GCR보다 낮은 수준의 Rate를 제시하며, 이때 최저중량을 제한하고 있습니다. 특정구간의 특정품목에 대해서 GCR보다 낮은 Rate를 제시하는 이유는 해당 구간에 대해서는 지정된 품목을 항공기로 운송하도록 유도하려는 목적이 있으며[155], SCR을 제시할 때 최저중량을 제시하는 이유는 지정된 품목을 다량 운송 유도를 유도하려는 목적이 있다고 할 수 있겠습니다.

항공사	DL	운송구간	LAX/ICN	* DL: 델타항공, LAX: 로스앤젤레스, ICN: 서울/인천
Rate	GCR	Minimum (M)	USD90.20	
		Normal (N,−45kgs)	USD10.00	Specific Commodity[156]
		45 (+45kgs)	USD7.50	0001−0999 Edible animal and vegetable products
		100 (+100kgs)	USD7.10	1000 −1999 Live animals & inedible animal and vegetable products
		300 (+300kgs)	USD6.50	2000−2999 Textiles; fibers and manufactures 3000−3999 Metals and manufacturer, excluding machinery, vehicles and electrical equipment
		500 (+500kgs)	USD5.90	4000−4999 Machinery, vehicles and electrical equipment 5000−5999 Non−metallic minerals and manufacturers
	0008	100	USD5.20	6000−6999 Chemicals and related products 7000−7999 Paper, reed, rubber and wood manufactures
	0008	500	USD4.80	8000−8999 Scientific, professional and precision instruments, apparatus and supplies
	0010	250	USD3.80	9000−9999 Miscellaneous
	0010	500	USD3.30	

---

155 항공 운송 확대를 위한 목적.

156 IATA의 품목분류 체계, 출처: https://www.google.co.kr

C. CCR(Class Rate)

CCR 역시 특정구간의 특정품목에 대해서 GCR과 별도의 Rate를 제시하는데, GCR을 기준으로 할인(R, Reduction)된 Rate를 적용받은 품목과 할증(S, Surcharge)되는 품목이 구분되어 있겠습니다. 즉, CCR은 몇 가지 특정 품목을 정하고 GCR 기준으로 할인 혹은 할증을 적용한다 할 수 있습니다. 신문, 잡지, 정기간행물, 책 및 수화물(Baggage) 등에 대해서는 GCR보다 낮은 운임을 적용하고, 생동물(Live animal, Avi[157]) 및 화폐, 금, 다이아몬드, 기타보석류 등 귀중화물과 시체 및 유골 등에 대해서는 GCR보다 높은 별도의 할증(Surcharge) 요율이 적용됩니다.

구 분		CCR 적용 품목
CCR	할인품목 (R, Reduction)	신문, 잡지, 정기간행물, 책, 카탈로그, 점자책 및 그 용구
		비동반 수하물(Baggage Shipped as Cargo)
	할증품목 (S, Surcharge)	생동물
		화폐, 여행자수표, 주권, 채권, 금, 백금, 다이아몬드(공업용 다이아몬드 포함), 기타보석류 등 귀중화물과 시체 및 유골 등

◈ AWB의 Rate Class Code

아래는 AWB 양식의 중간 부분입니다.

Rate Class(적용되는 화물의 요율) 부분을 보면 Q라고 되어 있습니다. Rate Class Code 'Q'는 GCR 중에 중량이 Over 45kgs에 대해서 할인이 적용된 운임 Code라 보면 적절하겠습니다.

MAWB NO. 999-00011100	Flight / Date OZ-0000/23		Flight / Date		Amount of insurance		INSURECE- If carrier offers insurance and such insurance is requested in accordance with the conditions thereof indicate amount to be insured in figures in box marked Amount of insurance.
No. of Pieces RCP	Actual Gross Weight	kg / lb	Rate Class	Chargeable Weight	Rate	Weight Charge	Nature and Quantity of Goods (Incl. Dimenstions or Volume)
7	120.0	K	Q	120.0			BABY CARRIER
7	120.0			120.0		AS ARRANGED	7 CARTONS INVOICE NO. 11027

Handling Information (Incl. Marks, Number and Method of Packing)

CASE MARK :　　　　BUSAN

PO# 14033　　　　REP.OF KOREA

EDUTRADEHUB　　MADE IN AUSTRALIA

　　　　　　　　　　C/NO. 1-5

"FREIGHT COLLECT" ALL CHARGE COLLECT

ORIGIN AUSTRALIA

LC No. : MA122406NU00111

157　Vi=life A=animal, Avi=live animal

구분	Code		Rate Class
GCR	M	최저운임	Minimum Charge
	N	기본 요율 (Normal Rate)	Normal under 45kgs (100 lb) rate or under 100kgs rate where no under 45kgs rate exists.
	Q	중량할인 요율	Quantity over 45kgs (or 100 lb) rate
SCR	C	특정품목할인요율	Specific Commodity Rate
CCR	R	할인품목	Class Rate (Reduction)
	S	할증품목	Class Rate (Surcharge)
BUC	U	ULD 기본요금	Pivot Weight And Applicable Pivot Weight Charge
	E	ULD Over Pivot 요율	Weight in excess of pivot weight and applicable rate
	X	ULD Information	Unit Load Device (as an additional line entry with one of the above)
	Y	ULD 할인	Unit Load Device Discount

D. BUC[158]와 Pivot Weight

항공사는 IATA에 가입된 자와 거래합니다. 무역회사인 실화주는 IATA에 가입하지 않으며, 포워더라 하더라도 IATA 미가입 포워더는 항공사와 직접적인 거래가 불가합니다. 그래서 IATA에 가입된 포워더 혹은 콘솔사를 통해서 항공 화물을 항공사에 Booking 합니다.

따라서 항공사 입장에서의 화주는 IATA에 가입된 포워더 혹은 콘솔사입니다. 항공사는 자신의 화주에게 IATA에서 정한 ULD Type 별로 특정 구간(예, ICN/LAX)에 대해서 per ULD Charge[159]를 제시할 수 있습니다. 이를 단위탑재요금(BUC, Bulk Unitization Charges)이라 합니다.

이때 ULD Type 별로 정액한계중량(pivot weight)이 설정되어 있고, 해당 ULD에 적재되는 화물이 정액한계중량 이하면 해당 ULD의 기본운임(pivot charge)이 적용됩니다. 그러나 ULD에 적재되는 화물의 중량이 정액한계중량을 초과한 경우, 정액한계중량과 화물의 중량의 차액을 kgs당 설정된 Excess pivot rate(초과중량운임율, over pivot weight)에 곱한 값을 기본운임(pivot charge)에 가산하여 최종적으로 해당 ULD의 운임을 산출하게 됩니다.

이러한 계산 과정은 화주 소유가 아닌 운송인(항공사) 소유의 ULD를 화주가 임대하여

---

158 BUC는 per ULD로 설정된 단위탑재요금(Bulk Unitization Charges)을 의미합니다. 이때 ULD Type 별로 BUC Tariff가 제시됩니다. 그리고 위험물(DG Cargo), 생동물, 귀중화물, 유해 등은 BUC 사용제한 품목(참고: http://cargo.koreanair.com)입니다.

159 해상 운송과 비교했을 때 FCL 운임이라 할 수 있습니다. FCL은 컨테이너 소유사에 화주가 컨테이너를 임대하는 건으로서 Ocean Freight가 Per Container로 발생됩니다. 항공사에서 ULD Type 별로 Air Freight를 제시할 수 있는데, 이는 항공사 입장에서의 화주에게 ULD를 임대했을 때의 비용이라 보면 적절할 것입니다.

사용할 때의 경우로서, ULD 자체중량(Tare Weight)은 운임 계산에서 공제되겠습니다. 결국, 실제 화물의 중량(Actual Gross Weight)만을 기초로 Pivot Weight 이하일 때 Pivot Charge(기본운임) 발생, Pivot Weight 초과일 때 Pivot Charge + Excess Pivot Rate 된 운임이 발생됩니다.

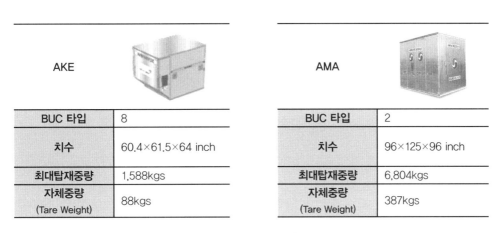

AKE			AMA	
BUC 타입	8		BUC 타입	2
치수	60.4×61.5×64 inch		치수	96×125×96 inch
최대탑재중량	1,588kgs		최대탑재중량	6,804kgs
자체중량 (Tare Weight)	88kgs		자체중량 (Tare Weight)	387kgs

▲ 출처: https://www.asianacargo.com 및 http://cargo.koreanair.com

ULD Type 8의 Dimension 60.4 × 61.5 × 64 inch ULD를 방콕공항(BKK)로 운송할 때 항공운임을 아래의 BUC Tariff를 기초로 알아보도록 하겠습니다. 이때 해당 ULD에 적재되는 화물의 실제 중량(Actual Gross Weight)은 615kgs라 가정합니다. ULD Type 8의 Pivot Weight는 600kgs로서 화물의 실제 중량과의 차이는 마이너스(−)가 아니라 초과(+) 15kgs가 됩니다. 따라서 Pivot Charge(USD2,500) + Excess Pivot Rate(USD3.20× 15kgs)의 합이 방콕공항까지의 해당 화물의 항공운임이 되겠습니다.

BUC Tariff (Bulk Unitization Charges)				
ULD Type	Dimension (치수)	Pivot Wt(kgs)	Pivot Charge	
			(ICN/BKK)	(ICN/NYC)
8	60.4 × 61.5 × 64 inch	600	USD2,500	USD2,900
2	96 × 125 × 96 inch	2,500	USD8,500	USD11,250
…	…	…	…	…
Excess Pivot Rate(kgs)			USD3.20	

이렇게 BUC Tariff에 의한 항공 운임은 ULD를 소유한 항공사가 화주에게 ULD를 임대하는 개념이라 할 수 있습니다. 마치 해상에서 화주가 컨테이너 소유사(Container Owner)에 컨테이너를 임대해서 운송 진행하는 FCL과 비슷합니다. 아울러 해상 FCL에서 컨테이너를 임대한 자가 CY에서 컨테이너를 조속히 반출하지 않으면 반출지체료(Demurrage)가 발생할 수 있고, 반출된 컨테이너의 조속한 반납이 이루어지지 않으면 반납지체료(Detention)가 발생할 수 있습니다. 항공에서도 ULD 소유사에 화주가 임대한 ULD를 정해진 기간 이내에 반납하지 못하면 지체료가 발생할 수 있습니다.

■ 운송인의 배상책임한도액과 종가요금(Valuation Charges)

A. 운송인의 배상책임한도액

운송인의 고의 또는 과실로 인하여 발생된 화물의 분실, 손상, 지연(이하 '손해'Damage)은 운송인이 배상책임 한도액 내에서 화주가 실제로 입은 손해액을 배상해야 합니다. 물론 화주(송화인 or 수하인)는 모든 손해배상 청구에 있어 실제 손해액을 증명해야만 합니다.

IATA AWB 이면약관에서의 운송인의 책임한도에 관한 내용은 다음과 같습니다.

AWB 이면약관

송화인이 고가의 화물을 신고한 경우를 제외[160]하고 모든 화물의 멸실, 손상, 지연에 대해 운송인의 책임한도는 kgs당 SDR 22[161] 또는 250 French gold francs으로 제한되며, 적용 가능한 법률에 따라 해당 국가의 환율로 환산된다. SDR은 국제통화기금(IMF)에서 정의한 특별인출권이다.

〈참고〉 SDR 22는 USD로 얼마인가?

1 SDR은 2020년 2월 10일 현재 USD 1.370890입니다. 아래의 IMF 홈페이지 SDR Valuation에서 확인 가능합니다.
https://www.imf.org/external/np/fin/data/rms_sdrv.aspx

---

160 고가의 화물은 AWB 발행할 때 운송신고가격을 기재해야겠습니다. '운송신고가격' 혹은 '운송가격'이란 화물의 분실, 손상, 지연('손해')의 경우에 운송인의 배상책임한도액을 산정하기 위하여 송하인이 신고하는 화물의 가격을 말합니다.
161 2019년 12월 28 일부로 배상 한도가 19 SDR에서 22 SDR로 변경되었습니다.

운송인의 고의 또는 과실로 화물에 '손해'가 발생된 경우, 운송인은 kg 당 설정된 한도액(SDR 22 per kgs[162]) 내에서 실제 손해액을 배상해야 합니다[163]. 그렇다면 손해가 발생된 화물의 kgs당 가격을 계산해야 합니다. AWB 상의 전체화물에 손해가 발생되어 화물의 가치가 상실된 경우, 전체화물의 가격을 AWB에 기재된 총중량으로 나눕니다. 이렇게 확인된 kgs당 실제 손해액과 운송인의 배상책임한도액을 비교했을 때, 실제 손해액이 배상책임한도액에 미치지 못하면 화주 입장에서 문제가 되지 않습니다. 그러나 실제 손해액이 운송인의 배상책임한도액을 초과했다면, 그 초과 손해액을 화주는 보상받지 못하니 억울한 입장이 됩니다.

그래서 화물의 가격이 kgs당 운송인이 정한 배상책임한도액(SDR 22)을 초과하는 경우, 송화인이 AWB의 'Declared Value for Carriage' 부분에 화물의 가격을 신고하여 AWB를 발행해야 합니다[164]. 화물의 kgs당 가격이 운송인이 정한 배상책임한도액을 초과함에도 불구하고 AWB의 'Declared Value for Carriage' 부분에 '운송신고가격 없음'(N.V.D., No Value Declared)으로 기재하여 AWB를 발행하면 운송인이 실손액을 배상하더라도 배상책임한도액을 초과할 수 없습니다.

그리고 AWB의 'Declared Value for Carriage' 부분에 가격 신고하여 AWB가 발행된 이후, 손해가 발생되어 운송인이 실손액을 배상하는 데 있어 그 손해액은 신고가격을 초과할 수 없습니다. 마지막으로 본 부분은 AWB가 발생된 이후에 화물이 On Board되면 수정 불가합니다. 이유는 운송인의 배상액과 연관되어 있기 때문입니다.

---

162 여기서 kgs은 기본적으로 Gross Weight가 기준이 되며, Chargeable Weight를 뜻하는 것은 아닙니다.

163 배상책임 한도액은 손해가 발생된 부분이 중량을 기준으로 산정될 수 있으며, 화물의 일부 손해가 동일 운송장(AWB) 상의 전체화물의 가치에 영향을 미치는 경우, 당해 화물의 총중량이 운송인의 배상책임한도액을 산정하는 데 고려될 수도 있습니다.

164 해상 건의 운송서류(B/L, 화물운송장)는 화주가 관련 정보를 운송인에게 전달하고 운송인이 선박에 화물을 적재(On Board)하면, 운송인이 운송서류를 발행하여 화주에게 교부합니다. 그러나 항공 건의 AWB(항공화물운송장)는 화주가 직접 AWB를 발행하여 운송인에게 전달하고 운송인은 화물을 항공기에 기적(On Board)하게 됩니다. 즉, AWB는 운송인이 아닌 화주가 발행합니다. 실무에서 항공사 입장에서의 화주는 포워더/콘솔사입니다. 따라서 포워더/콘솔사가 AWB를 발행하여 항공사에 전달합니다. 그러나 무역회사(실화주)와 포워더 관계에서 화주는 무역회사인데, 무역회사가 AWB를 발행할 수 없기 때문에 이들의 관계에서 AWB는 어쩔 수 없이 포워더가 발행하게 됩니다.

to	By first Carrier		to	by	to	by	Currency	WT/VAL		Other		Declared	Declared
								PPD	COLL	PPD	COLL	Value for Carriage	Value for Customs
ICN		OZ					USD		X		X	N.V.D	
MAWB NO.		Flight / Date		Flight / Date			Amount of insurance						
999-00011100		OZ-0000/23											

No. of Pieces RCP	Actual Gross Weight	kg / lb	Rate Class	Chargeable Weight	Rate	Weight Charge	Nature and Quantity of Goods (Incl. Dimenstions or Volume)
7	120.0	K	Q	120.0			
7	120.0			120.0		AS ARRANGED	

INSURECE- If carrier offers insurance and such insurance is requested in accordance with the conditions thereof indicate amount to be insured in figures in box marked Amount of insurance.

■ AWB의 Declared Value for Customs 부분은 송하인의 세관 신고 가격을 기재할 수 있습니다. N.C.V.(No Customs Value)로도 기재됩니다.

B. 종가요금(Valuation Charges)

AWB의 'Declared Value for Carriage' 부분에 신고된 화물의 가격이 kgs당 배상책임한 도액(SDR 22)을 초과하는 경우, 그 초과분에 대해서 일정 %의 금액을 종가요금으로 부과할 수 있습니다.

(아시아나항공, 국제화물운송약관)

3.1.9 운송가격신고
종가요금의 적용과 관계없이 송하인은 모든 화물에 대하여 운송장에 운송가격을 신고하여야 하며, 그러한 신고는 금액 또는 'NVD(NO VALUE DECLARED: 신고가격 없음)'으로 하여야 한다.

3.1.10 종가요금
3.1.10.1 운송신고가격에 종가요금이 적용되는 경우, 킬로그램당 화물의 가격은 운송신고가격을 운송장에 기재된 화물의 총중량으로 나누어 결정한다.
3.1.10.2 화물의 가격이 킬로그램당 22 SDR을 초과하는 경우, 그 초과분에 대하여 0.75%에 해당하는 금액을 종가요금으로 한다.

종가요금 계산 공식

종가요금 = {운송신고가격 − (총중량 × SDR 22)} × 0.75%

■ AWB의 Currency, WT/VAL 및 Other 부분의 PPD, COLL

Airport of Departure		Airport of Destination					Copies 1, 2 and 3 of this Air Waybill are originals and have the same validity						
SYDNEY, AUSTRALIA		INCHEON AIRPORT					Special Accounting Information						
to	By first Carrier		to	by	to	by	/// ALL CHARGE COLLECT ///						
							Currency	WT/VAL		Other		Declared	Declared
								PPD	COLL	PPD	COLL	Value for Carriage	Value for Customs
ICN		OZ					AUD		X		X	N.V.D	

A. AWB의 Currency

AWB 중간에는 Currency, WT/VAL, Other 부분이 있습니다.

Currency 부분에는 Airport of Departure 국가의 통화 혹은 USD가 적용됩니다.

B. AWB의 WT/VAL

WT는 Weight를 뜻하며, VAL은 Valuation을 뜻합니다. 즉, WT/VAL은 Weight/Valuation Charge입니다. 기본적으로 Air Freight는 화물의 중량(Weight, G/W 혹은 V/W 중 더 큰 값)을 기준으로 청구됩니다. 물론 화물의 가격(Valuation)이 상당히 높아서 운송인의 배상책임한도액(SDR 22)를 초과하는 경우에는 종가요금(Valuation Charge)을 지불해야 합니다. 어쨌든 이러한 Air Freight가 Origin(수출국)에서 운송인이 Shipper에게 청구하면 Prepaid로서 AWB의 WT/VAL 부분의 PPD에 X 혹은 PP 표기를 합니다. 그러나 Air Freight가 Destination(목적국)에서 운송인이 Consignee에게 청구하면 Collect로서 WT/VAL 부분의 COLL에 X 혹은 CC 표기합니다.

항공사와의 항공 운송 계약 건의 AWB(Master 혹은 Master Single)는 Air Freight Collect가 안되니, PPD 부분에 X 혹은 PP가 표기될 것입니다. 반면에 포워더와 실화주의 항공 운송 계약 건으로서 House AWB에는 수출자와 수입자 간의 계약한 가격조건(인코텀스)에 의해서 Air Freight Prepaid 혹은 Collect가 결정될 것입니다.

C. AWB의 Other

이곳은 Origin에서 항공기에 화물이 On Board 되기 전에 발생된 비용으로서 수출지 Local Charge를 운송인이 Shipper에게 Prepaid로 청구할지 아니면 Consignee에게 Collect로 청구할지 기재합니다. EXW Seller's Door 조건으로 항공 운송 진행하면 House AWB의 WT/VAL은 COLL에 X 혹은 CC기재될 것이며, Other 부분 역시 COLL에 X 혹은 CC로 표기될 것입니다. 반면에 FCA Incheon Airport로 한국 수출자가 수출하는 경우에 AWB의 WT/VAL에는 COLL이 선택되지만, 수출지 공항으로서 인천공항에서 발생되는 On Board 이전의 비용이 있기 때문에 Other는 PPD가 선택될 수 있을 것입니다. CPT 등 C 조건 및 D 조건은 WT/VAL에 PPD가 선택되며, Other 부분 역시 PPD가 선택됩니다.

■ 항공 운임 할증료, 수수료 및 Other Charge

A. 입체지불수수료(Disbursement Fee)

On Board 이전에 발생된 Trucking Charge(Pick Up Charge), Handling Charge, Documentation Charge, 보관료, THC 등 Origin charge를 송하인이 직접 결제하지 않고 수하인이 지정한 포워더가 대납하여 수하인에게 그 비용을 청구하는 EXW, FCA, FOB 조건에서 포워더가 대납한 Origin charge의 10%를 입체지불 수수료로 청구할 수 있습니다[165]. 이러한 정의와 10%에 대한 언급은 IATA에서 정한 것이며, 항공사에서 제시하는 '국제화물운송약관'에도 명시되어 있습니다.

결국, 입체지불수수료는 가격조건이 EXW 혹은 F 조건에서 수입자가 지정한 포워더가 On Board 이전 Origin의 Local Charge를 대납한 것에 대한 수수료입니다. 물론 수입자에게 청구됩니다.

B. Collect Charge(착지불 수수료)

Collect Charge 역시 가격조건 EXW, F조건으로 진행될 때 수입자가 청구받는 수수료입니다.

수출지 포워더는 항공 콘솔사(IATA 가입된 자)에 Master 건의 Air Freight를 기본적으로 Prepaid(PP)로 지급합니다. 그리고 EXW 혹은 F 조건일 때 Debit note를 발행하여 Air Freight를 수입지 포워더에게 청구합니다. 이후 수입지 포워더는 수입자에게 동 대금을 청구 후 결제받는데, 수입자가 한국이면 KRW으로 결제받습니다.

그리고 수입지 포워더는 수출지 포워더에게 Profit Share 금액을 제외하고 외국환으로 결제합니다. 이 과정에서 환차손이 발생될 수 있고, 송금 수수료 등의 비용이 발생됩니다. 이것과 관련된 수수료가 Collect Charge이며, Air Freight의 5%(최저요금 12,900원)가 수입자에게 청구됩니다. 이때의 기준 역시 IATA에서 정하고 있으며, 항공사에서 제시하는 '국제화물운송약관'에서도 명시하고 있습니다.

> 한국 도착 착지불 수수료: 운송료(Weight Charge + 종가요금) × 5%

---

165 이 서비스의 수수료는 입체지불금의 10%, 최저요금은 25,800원이며, 운송인이 송하인 또는 수하인으로부터 징수합니다. 또한 입체지불금은 운송장에 명시된 운임을 초과하여서는 안 됩니다. 단, 운임이 129,000원 미만인 경우에는 입체지불금은 129,000원까지 가능합니다. (출처: 대한항공 카고 홈페이지)

결국, 입체지불수수료(Disbursement Fee)와 Collect Charge(착지불 수수료)는 Freight Collect 조건에서 청구될 수 있습니다. On Board 이전의 수출지 Local Charge는 입체지불수수료, On Board 이후의 Air Freight 구간(On Board 해서 도착)에 대해서는 착지불 수수료가 구분되어 청구되어야 하나, 실무에서는 착지불 수수료라는 명목으로 일괄 청구되는 경우가 대부분이라 할 수 있습니다.

C. 위험물취급수수료

위험물(DG, Dangerous Goods)의 운송이 진행될 때는 위험물취급수수료를 운송인은 징수하는데, 위험물 접수 시 포장상태, 관련 서류, 관계국 규정 등의 검사에 대한 수수료 개념이 되겠습니다. 대한민국 출발의 경우 하나의 운송장으로 된 화물의 포장단위가 4개를 초과(5개 이상)한다면 위험물 포장 한 개당 한화 11,400원(또는 그 상당액)을 위험물취급수수료로 합니다. 최저 위험물취급수수료는 한화 51,800원(또는 그 상당액)입니다. 단, 어떠한 경우에도 위험물취급수수료는 한화 258,800원(또는 그 상당액)을 초과할 수 없습니다[166].

D. Other Charge

AWB 우측 하단에 'Other Charge'란 이 있습니다. Other Charge Codes는 2 Letter Code와 마지막 3번째 자리에서 C 혹은 A가 붙어서 3 Letter Code로 표기됩니다.

대표적인 IATA Other Charge		
Charge Code	Category	Description
AC	Live Animals	Animal container
AW	Documentation	Air Waybill Fee
CG	Customs	Electronic processing or transmission of data for customs purposes
CH	Customs	Clearance and handling—origin
DB	Administration	Disbursement fee
FC	Administration	Charges collect fee
HR	Human remains	Human remains
MY	Miscellaneous	Fuel surcharge—due issuing carrier
RA	Dangerous goods	Dangerous goods fee

---

166 참고: 아시아나 항공 국제화물운송약관

2 Letter code 다음에 'C'는 'due carrier', 즉 항공사의 몫(항공사에 지불하는 금액)을 의미합니다. 반면 2 Letter code 다음에 'A'가 표기되면 'due agent', 즉 대리점의 몫(대리점에 지불하는 항목)을 의미합니다.

Prepaid	Weight Charge	Collect	Other Charges
	2,890,000		MYC 173,400

Valuation Charge

Tax

Shipper certifies that the particulars on the face hereof are correct and that insofar as any part of the consignment contains dangerous goods, such part is properly described by name and is in proper condition for carriage by air according to the applicable Dangerous Goods Regulations

Total Other Charges Due Agent

Total Other Charges Due Carrier
173,400

Signature of Shipper or his Agent

Total Prepaid   Total Collect
3,063,400

Currency Conversion Rates   CC Charges in Dest. Currency

31-Aug-2019   ICN   SUNGMI KIM

For Carrier's Use only   Charges at Destination
at Destination

Executed on   (Date)   at   (Place)   Signature of Issuing Carrier or its Agent
Total Collect Charges

ORIGINAL 3 FOR SHIPPER   180-28088112

[참고] Weight Charge 등 비용은 Prepaid(PPD, 左) 혹은 Collect(CCT, 右) 중에 표기

[설명]
- Weight Charge: 중량 운임 기재란, PPD or CCT 선택 기재
- Valuation Charge: 종가 운임 기재란, PPD or CCT 선택 기재
- Total Other Charges Due Agent: Other Charge 중 Agent 몫의 합계, PPD or CCT 선택 기재
- Total Other Charges Due Carrier: Other Charge 중 항공사 몫의 합계, PPD or CCT 선택 기재
- Total Prepaid: 운임, 종가요금, Other Charge 등의 제비용 중 PPD란에 표시된 금액의 합계
- Total Collect: 운임, 종가요금, Other Charge 등의 제비용 중 CCT란에 표시된 금액의 합계

■ AWB의 Notify Party와 'Handling Information' 란의 활용

1. 해상 운송서류의 Notify Party와 Arrival Notice

해상 운송서류에는 Consignee 하단에 Notify Party란이 있으며, 운송인은 화물이 Port of Discharge에 도착하는 시점에 운송서류 상의 Notify Party에게 Arrival Notice(A/N, 도착통지) 합니다. 물론 운송인이 A/N 하지 않아도 문제가 되지 않는다고 규정하는 운송서류 이면조항도 있으니 참고하기 바랍니다.

Kiffa B/L 이면조항

ii-7. 물품의 인도
1) 물품의 도착 통지를 받을 당사자를 본 선하증권에 기재하는 것은 단지 운송인의 정보용일 뿐이며, 그러한 통지를 하지 않았다 하더라도 운송인은 어떠한 책임에도 연루되지 않을 뿐만 아니라 본 선하증권 하에서의 화주의 의무가 면제되는 것은 아니다.

2. AWB의 Notify Party

반면 IATA의 AWB 양식에는 Notify Party란이 별도로 존재하지 않습니다. 그래서 Shipper&Consignee가 실화주가 되는 AWB의 Accounting Information 혹은 Handling Information란에 "Notify Party : Same As Consignee"와 같은 문구를 별도로 명시해서, 목적지의 포워더가 Arrival Notice 할 수 있도록 하고 있습니다.

아시아나항공 AWB 이면약관

7.1 화물의 도착통지
제9장에서 정하는 바에 따라 화물이 목적지공항 이외의 지점에 운송되는 경우를 제외하고는 아시아나항공은 항공업계에서의 통상적인 방법으로 수하인에게 화물의 도착을 알린다. 단, 송하인의 별도 지시가 있는 경우에는 그에 따른다. 또한, 운송장에 도착통지를 받을 자가 별도로 명시된 경우 화물의 도착 통지는 당해화물 도착 통지를 받을 자에게 행한다. 아시아나항공은 도착 통지가 수신되지 못한 사실과 수신 지연된 사실에 대하여 책임을 지지 아니한다.

3. AWB의 Handling Information

화물 운송에 필요한 정보를 기재하는 란으로서, Notify Party 정보 및 AWB와 함께 발송하는 서류명을 기재합니다. 아래와 같이 Notify Party 정보를 운송료 지불 방법 등에 대한 회계 처리 사항을 기재하는 곳으로서 Accounting Information 부분에 기재했다면, Handling Information 부분에는 AWB와 함께 발송되는 C/I(Commercial Invoice)와 같은 서류 정보가 기재될 수 있습니다.

이뿐만 아니라 화물의 포장 방법과 위험물(DG, Dangerous Goods) 발송 시 "Dangerous Goods as per attached Shipper's Declaration"이라는 문구가 기재될 수 있습니다.

■ 항공 운송에서 단독 운임과 콘솔 운임 개념

항공에서 단독은 운송인이 단일 화주의 화물만을 운송하는 경우로서 1 Master 1 House 건이라 할 수 있습니다. 반면 콘솔은 운송인이 다수의 화주 화물을 혼재해서 하나의 1 Master에 복수의 House AWB가 발행되는 경우가 되겠습니다.

A. 콘솔 운임 개념

항공 콘솔사를 운송인, 포워더를 화주라고 가정 해보겠습니다.

항공 콘솔사가 복수의 포워더에게 항공 화물을 접수해서 그 모든 화물을 단일(One) Master AWB로 묶고, 각각의 포워더에게 House AWB를 발행할 수 있습니다. 이때 Master AWB의 Shipper는 항공 콘솔사이며, 각 포워더에게 발행하는 House AWB의 Shipper와 Consignee는 실화주입니다. 이것은 운송인이 화주의 화물을 콘솔한 건으로서 포워더(콘솔사 입장에서 화주)는 콘솔사(포워더 입장에서 운송인)로부터 콘솔 운임을 제공받는 상황입니다.

항공 콘솔사로부터 운임을 받아서 실화주에게 견적하는 포워더 입장에서 마진을 높이거나 혹은 경쟁력 있는 운임을 제시하기 위해서는 콘솔사로부터 콘솔 운임을 받는 것이 단독 운임 받는 것보다 유리할 것입니다. 반면 물동량이 얼마 되지 않는 구간은 서비스하는 항공사가 많지 않고, 콘솔 할 수 있는 물량도 상대적으로 부족합니다. 그렇다면 콘솔사를 통해서 단독 운임 받고 진행할 가능성이 큽니다.

No	화물관리번호	MBL - HBL No.	입항일자	양륙항	운송사명	포장개수	중량
1	19KE01U2Kii_0029_0001	18010101010 – ABC3330101	2019-06-21	서울/인천	㈜대한항공	1 CT	334 kgs
2	19KE01U2Kii_0029_0002	18010101010 – ABC3330102	2019-06-21	서울/인천	㈜대한항공	2 CT	32 kgs
3	19KE01U2Kii_0029_0003	18010101010 – ABC3330103	2019-06-21	서울/인천	㈜대한항공	1 CT	98 kgs
4	19KE01U2Kii_0029_0004	18010101010 – ABC3330104	2019-06-21	서울/인천	㈜대한항공	1 CT	427 kgs
5	19KE01U2Kii_0029_0005	18010101010 – ABC3330105	2019-06-21	서울/인천	㈜대한항공	2 CT	13 kgs

B. 단독 운임 개념

역시 항공 콘솔사를 운송인, 포워더를 화주라고 가정하겠습니다.

이러한 관계에서 단일 포워더가 항공 콘솔사에게 콘솔 운임이 아닌 단독 운임을 제공받을 수도 있습니다. 본 경우 Master AWB Shipper는 콘솔사로 Booking 하는 수출지 포워더가 되고, House AWB Shipper는 Master AWB Shipper에게 Booking 한 실화주가 됩니다. 즉, 콘솔사가 복수의 포워더 화물을 콘솔해서 Master로 진행하는 경우(콘솔 운임)가 아니라, 단일 포워더 화물을 Master로 진행하는 경우(단독 운임)입니다. 이러한 단독 운임 건은 아무래도 콘솔 운임 건보다 상대적으로 Chargeable Weight(C/W)가 가볍기 때문에 콘솔 건의 kgs당 Buying Rate보다 비쌀 수 있습니다.

그럼에도 불구하고 단독 건으로 진행하는 이유 중 하나는 Master AWB Consignee를 수출지 포워더의 수입지 파트너[167]로 지정할 수 있다는 점입니다. 콘솔 건으로 진행하면 수입지 포워더는 Master AWB Consignee(수출지 콘솔사의 수입지 파트너)에게 항공사에게 창고 배정과 E-D/O 접수를 요청해야 하기 때문에 D/O Charge를 청구받습니다. 항공사로의 창고 배정과 E-D/O 접수는 Master AWB Consignee가 하기 때문입니다. 반면 단독 건은 수입지 포워더 입장에서 별도의 D/O Charge가 발생하지 않습니다. 단독 건은 Master AWB Consignee가 포워더이기 때문입니다.

단독 운임, 1 Master 1 House

| Exporter A | 포워더 A | 항공 콘솔사 (IATA 가입, 항공사 대리점) | 항공사 (대한항공) |

[1st House 건] ABC3330101
• House AWB Shipper는 Exporter A
• 중량 334kg

[Master AWB] 단독 운임
• Shipper 수출지 포워더, Consignee 포워더의 파트너
• 콘솔사가 포워더에게 Master, House AWB 교부
• 중량 334kg(House AWB와 동일)
• 수입지 포워더가 항공사로 창고배정 및 E-D/O 접수 (D/O Charge 미발생)

〈참고〉 항공 스케줄과 콘솔(단독) 운임 관계

콘솔사로부터 콘솔 운임을 받으면, 콘솔사가 여러 화주(포워더 혹은 실화주[168])의 화물을 One Master로 취합하기 위해서 시간이 필요합니다. 특정 구간에 대해서 항공 스케줄이 매일 있지만, 콘솔 운임으로 진행하는 건은 주 2~3항차가 될 수 있습니다. 그렇다면 신속한 운송이 이루어질 수 없습니다.
반면 단독 운임은 단일 화주[169]의 화물을 다른 화주의 화물과 취합하지 않고, One Master로 진행하기 때문에 신속한 운송이 이루어질 수 있습니다. 즉, 항공 스케줄이 매일 있는 구간에서는 지체하지 않고 바로 기적 가능할 수 있다는 뜻입니다. 물론 화주가 콘솔사로부터 제시받는 Air Freight는 콘솔 운임이 단독 운임보다 낮을 것입니다.
아울러 콘솔 운임 건은 Master AWB Consignee가 수출지 콘솔사의 파트너, 단독 운임 건은 수출지 포워더의 파트너입니다. 이러한 여러 상황을 고려해서 콘솔 운임 혹은 단독 운임 결정해야 할 것입니다.

---

167 단독 운임 건임에도 불구하고 Master AWB Consignee가 수출지 포워더 파트너가 아닌 수출지 콘솔사의 파트너가 지정되기도 합니다. 이러한 경우는 수출지 포워더가 수출자를 영업한 건(C 혹은 D-Terms 중에 하나의 건)인데, 수입국에 수출지 포워더 파트너가 없는 상황일 수 있습니다.

168 IATA에 가입되어 항공사와 거래할 수 있는 여건을 갖춘 운송인은 포워더만을 영업하는 것이 아니라 실화주를 직접 영업하기도 합니다.

169 포워더가 1개 실화주의 화물을 콘솔사로 Booking 할 수도 있고, 복수의 실화주 화물을 포워더가 콘솔사로 Booking 할 수도 있습니다. 이때의 '단일 화주'라 함은 포워더를 뜻합니다. 콘솔사 입장에서 화주인 포워더가 1개 실화주 화물을 Booking 할 때 포워더는 이를 단독, 포워더가 복수의 실화주 화물을 Booking 할 때 포워더는 이를 콘솔이라고 말하기도 합니다.

C. 포워더 콘솔, 복수의 House 발행(단독 운임 or 콘솔 운임)

포워더가 동일한 시점에 동일한 구간으로의 항공 운송을 복수의 실화주에게 요청받을 수도 있습니다. 그렇다면 포워더가 복수의 House 화물을 콘솔하게 됩니다. 물론 수출지 공항에서 항공사 창고로의 화물 반입과 AWB 등의 서류를 항공사로 직접 제출할 수 없고 CASS 활용 불가한 포워더라면, 반드시 이러한 문제점을 해결할 수 있는 항공 콘솔사에게 포워더 자신이 콘솔한 복수의 House 화물을 Booking 해야 합니다.

이때 포워더는 항공 콘솔사에게 Master AWB Shipper를 자신(포워더)으로 해서 단독 운임 받아서 진행할 수도 있고, 콘솔 운임을 받을 수도 있습니다. 포워더 입장에서 이미 상당 물량이 콘솔 된 건이기 때문에 단독 운임 받아서 진행하더라도 경쟁력 있는 운임을 제시받을 수도 있습니다. 결국, 포워더가 항공 콘솔사로부터 단독 운임을 제공받더라도 1 Master 에 복수의 House가 발행된 경우이기 때문에 콘솔 건으로 해석될 수도 있겠습니다.

■ 항공 운임 낮추는 방법과 단독&콘솔 운임 업무 절차

A. 항공 화물 운임 Rate와 Buying Rate를 낮추는 방법

항공 운임(Air Freight)은 품목에 따라서 적용되는 운임 Rate가 다릅니다[170]. General Cargo의 경우는 GCR(General Cargo Rate)이 적용되며, Chargeable Weight(C/W) 값이 무거우면 무거울수록 kgs당 A/F Rate는 저렴해집니다. 결국, 항공사(혹은 콘솔사)로부터 kgs당 저렴한 A/F 견적을 받기 위해서는 C/W가 높아야 합니다.

그런데 실화주 상대로 영업하는 대부분의 포워더가 실화주에게 항공 Shipment Booking

---

170 GCR, SCR, CCR, BUD. 참고 ~쪽.

받는 Weight는 그리 높지 않습니다. 이러한 화물을 단독으로 진행하면 kgs당 A/F Rate 는 높을 수밖에 없습니다(가격 경쟁력 없음). 그래서 여러 화주의 화물을 콘솔해서 항공사로 Booking 하면, kgs당 Rate는 상대적으로 저렴해져서 포워더의 마진율이 상승되고, 동시에 실화주에게 청구하는 견적은 경쟁력을 갖출 수 있습니다. 설령 포워더가 IATA에 가입된 상 태라 할지라도 콘솔사를 통해서 콘솔하면 콘솔사의 Rate가 항공사에 직접 받는 Rate보다 저렴할 수도 있습니다.

GCR(General Cargo Rate)		Quantity Rate(Q, 중량 단계별 할인요율 적용)				
Min(M)	Normal(N)	+45	+100	+300	+500	+1000
KRW 50,000	KRW 2,000/kgs	KRW 1,500/kgs	KRW 1,200/kgs	KRW 1,000/kgs	KRW 800/kgs	KRW 600/kgs

만약 '포워더 A'가 단일 화주(Exporter A)로부터 Booking 받은 화물을 콘솔사에 단독 운 임 받아서 진행하면 C/W는 350kgs이며, kgs당 KRW1,000을 적용받습니다.

그러나 '포워더 A'가 Master AWB Consignee를 자신의 파트너로 지정되는 것을 포기하 고 콘솔사로부터 콘솔 운임을 받으면 보다 낮은 kgs당 Rate를 견적 받을 수 있습니다. 그리 고 다음의 사례에서 콘솔사는 불법적으로 Weight Cut(혹은 Volume Cut) 하지 않더라도 3 House AWB C/W 합계 1,190kgs과 Master AWB C/W 합계 1,020kgs 사이의 70kgs에 대한 이익을 취할 수 있겠습니다.

House AWB	2 House		
구 분	Actual Gross Weight	Volume Weight	Chargeable Weight
1st House AWB	350kgs	130kgs	350kgs
2nd House AWB	120kgs	290kgs	290kgs
3rd House AWB	550kgs	160kgs	550kgs
3 House AWB C/W 합계			1,190kgs

Master AWB	1 Master		
구 분	Actual Gross Weight	Volume Weight	Chargeable Weight
Master AWB	1,020kgs	580kgs	1,020kgs
1 Master AWB C/W 합계			1,020kgs

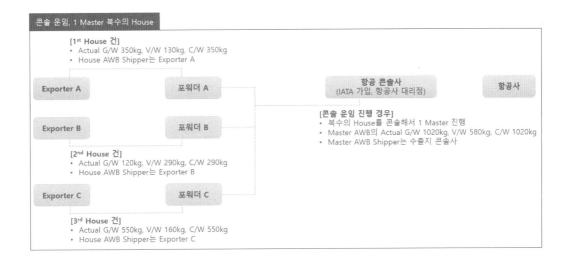

콘솔 운임, 1 Master 복수의 House

[1st House 건]
• Actual G/W 350kg, V/W 130kg, C/W 350kg
• House AWB Shipper는 Exporter A

Exporter A — 포워더 A

항공 콘솔사
(IATA 가입, 항공사 대리점)

항공사

[콘솔 운임 진행 경우]
• 복수의 House를 콘솔해서 1 Master 진행
• Master AWB의 Actual G/W 1020kg, V/W 580kg, C/W 1020kg
• Master AWB Shipper는 수출지 콘솔사

Exporter B — 포워더 B

[2nd House 건]
• Actual G/W 120kg, V/W 290kg, C/W 290kg
• House AWB Shipper는 Exporter B

Exporter C — 포워더 C

[3rd House 건]
• Actual G/W 550kg, V/W 160kg, C/W 550kg
• House AWB Shipper는 Exporter C

B. 항공 화물의 단독 운임 및 콘솔 운임 업무 절차

[Step 1]
• 수출자와 수입자 사이에 Price Term 결정

[Step 2]
• EXW, F-Terms : 수입지 포워더가 단독 or 콘솔 결정(수입지 포워더 영업 화물)
• C 혹은 D-Terms : 수출지 포워더가 단독 or 콘솔 결정(수출지 포워더 영업 화물)

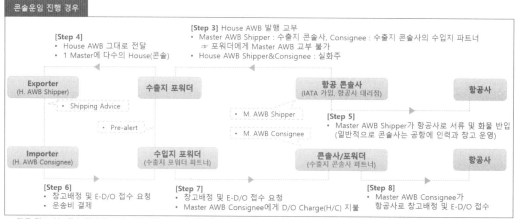

• 단독 건보다는 콘솔 건이 콘솔사로 지불하는 Rate가 저렴할 것이나, 수입지 포워더가 Master AWB Consignee에게 D/O Charge 지불해야.
  따라서 수출지 포워더 입장에서 Nomi Cargo 일 때, 실화주 영업한 수입지 포워더에게 단독 혹은 콘솔 여부 확인 할 필요.
• 콘솔운임 적용 받는 이유는 수입지에서 D/O Charge가 발생되더라도 A/F에 대한 Buying Rate를 낮추어 마진 높이기 위함 목적이 클 것.

■ Master Single, House 및 Master AWB의 구분

A. House 및 Master AWB의 구분

발행된 AWB가 House AWB라면 Shipper와 Consignee는 실화주의 상호가 기재되며, Master AWB라면 Shipper와 Consignee에는 포워더 혹은 콘솔사의 상호[171]가 기재됩니다. House AWB의 좌측 상단에는 Master AWB No.(eg. 180-27090000)가 기재되고, 우측 상단에는 House AWB No.(eg. ABCX-1910012)가 기재됩니다[172].

그리고 AWB 우측 하단 'Signature of Shipper or his Agent' 및 좌측 상단 'Issuing Carrier's Agent Name and City'에는 콘솔사 혹은 포워더의 정보가 들어갑니다(Master AWB 콘솔사, House AWB 포워더).

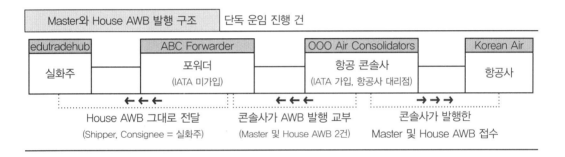

Master와 House AWB 발행 구조 | 단독 운임 진행 건

edutradehub	ABC Forwarder	OOO Air Consolidators	Korean Air
실화주	포워더 (IATA 미가입)	항공 콘솔사 (IATA 가입, 항공사 대리점)	항공사

House AWB 그대로 전달 (Shipper, Consignee = 실화주) | 콘솔사가 AWB 발행 교부 (Master 및 House AWB 2건) | 콘솔사가 발행한 Master 및 House AWB 접수

---

[171] 단독 운임 건이면 Master AWB의 Shipper는 실화주로부터 Shipment Booking 받은 포워더일 것이며, 콘솔사가 Master AWB를 포워더에게 제공합니다. 그러나 콘솔 운임 건이면 Master AWB의 Shipper는 콘솔사이며, 이때 콘솔사는 Master AWB를 포워더에게 제공하지 않습니다.

[172] Master Single 건의 AWB의 좌측 및 우측 상단의 AWB No.는 동일합니다.

B. Master Single

항공에서 실화주는 CASS 활용하지 않기 때문에 항공사와 Direct 거래를 할 수 없습니다. 따라서 공항에 창고와 사무실을 운영하면서 IATA에 가입되어 항공사의 대리점 역할을 하는 항공 콘솔사를 통해서 항공 운송 서비스를 받을 수밖에 없습니다. 이때 콘솔사는 일반적으로 실화주 영업을 하지 않고 포워더가 실화주 영업하니, 실화주와 항공사 사이에는 포워더와 콘솔사가 개입합니다.

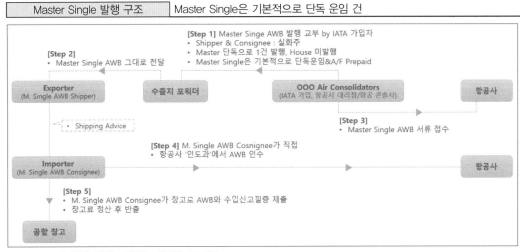

■ 'Step 4&5'의 과정은 수입지 포워더의 도움 받을 수도 있음.

Master Single AWB는 House AWB가 발행되지 않고 Master AWB만 발행되며, Shipper와 Consignee는 실화주입니다. 그래서 실화주를 영업한 포워더가 항공 콘솔사에 실화주의 정보를 제공해서 Master Single AWB를 받으면 이를 그대로 Exporter에게 제공합니다.

이렇게 Master Single 건에서는 House AWB가 발행되지 않기 때문에 Master Single 건의 AWB No.만 존재하고 House AWB No.는 없습니다. 따라서 수입 화물일 때 화물관리번호는 MRN과 MSN으로만 구성되고 HSN은 없습니다. 그리고 Master Single AWB(Master AWB 포함) 우측 상단 "Air Waybill issued by" 뒤에는 당해 화물과 AWB를 접수하는 항공사의 상호가 표기됩니다.

| Master Single AWB | | | | | |

180|ICN|27090000 ... **180-27090000**

Shipper's name and Address		Shipper's Account Number	Not negotiable Air Waybill Issued by	KOREAN AIR CARGO 1370, GONGHANG-DONG, GANGSEO-GU SEOUL 157-712, KOREA
(실화주) EDUTRADEHUB				

Copies 1, 2 and 3 of this Air Waybill are originals and have h same validity.

It is agreed that the goods described herein are accepted in apparent good order and condition (except as noted) for carriage SUBJECT TO THE CONDITIONS OF CONTRACT ON THE REVERSE HEREOF. ALL GOODS MAY BE CARRIED BY ANY OTHER MEANS INCLUDING ROAD OR ANY OTHER CARRIER UNLESS SPECIFIC CONTRARY INSTRUCTIONS ARE GIVEN HEREON BY THE SHIPPER, AND SHIPPER AGREES THAT THE SHIPMENT MAY BE CARRIED VIA INTERMEDIATE STOPPING PLACES WHICH THE CARRIER DEEMS APPROPRIATE. THE SHIPPER'S ATTENTION IS DRAWN TO THE NOTICE CONCERNING CARRIER'S LIMITATION OF LIABILITY. Shipper may increase such limitation of liability by declaring a higher value for carriage and paying a supplemental charge if required.

Consignee's Name and Address	Consignee's Account Number
(실화주) IMPORTER	

Issuing Carrier's Agent Name and City	Accounting information
(수출지 콘솔사) OOO Air Consolidators Co., LTD	NOTIFY : SAME AS CONSIGNEE

Agent's IATA Code	Account No.	
17-3 7777/001 0		"FREIGHT PREPAID"

Airport of Departure (Addr. Of First Carrier) and Requested Routing	Reference Number	Optional Shipping Information	
INCHEON AIRPORT, KOREA			

〈참고〉 Airline Prefix Code

AWB 좌측 상단에는 항공사(Airline)의 Prefix Code 3자리가 표기됩니다. 180은 대한항공의 Prefix Code이며, 아시아나 항공은 988입니다. 180|ICN|27090000에서 180은 대한항공을 뜻하고 ICN은 Airport of Departure(Origin)로서 출발지 공항 코드를 뜻합니다. 그리고 대한항공의 IATA Code는 KE이며, 아시아나 항공은 OZ입니다.

AWB Prefix	ICAO	IATA	Airline Name	Country
001	AAL	AA	American Airlines Cargo	United States
006	DAL	DL	Delta Air Lines	United States
020	GEC	LH	Lufthansa Cargo	Germany
131	JAL	JL	Japan Airlines	Japan
180	KAL	KE	Korean Air	South Korea
988	AAR	OZ	Asiana Airlines	South Korea

〈참고〉 AWB No.의 의미

988|SYD|77539092

- 988: Carrier(항공사), 988은 아시아나 항공 Prefix Code
- SYD: Origin(출발지), Airport of Departure 국가로서 AWB가 발행된 국가
- 7753909: Serial No.
- 2: Check Digit

■ 항공 Master 건의 Air Freight Prepaid(PP)

A. Air Freight는 기본적으로 Prepaid(PP)

항공사와 콘솔사 그리고 콘솔사와 포워더 간의 거래에서 Air Freight(A/F)는 기본적으로 Prepaid(PP) 조건입니다. 이들 간 거래에서는 A/F Collect(CC) 조건은 극히 드물다고 할 수 있습니다. 즉, Master 건에서는 A/F Prepaid이며, Master Single 건에서 역시 그러합니다. 반면 House AWB 건에서는 실화주 사이에 협의한 가격조건(Price Term)을 기초로 A/F가 Prepaid 혹은 Collect로 업무 진행될 수 있습니다[173].

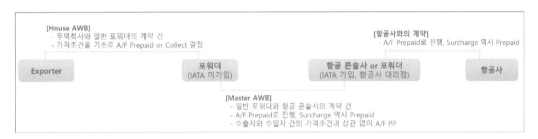

<참고> 항공사 대리점(콘솔사)과 항공사 간의 CASS[174]를 통한 정산

항공사와의 거래에서 A/F는 99% PP입니다.
수출지 콘솔사는 화물과 서류를 항공사로 접수해서 수출 이행되면, 일정 기간 이내에 양자 간에 CASS를 통하여 A/F 정산합니다. 비록 On Board 된 이후에 A/F 정산이 이루어지나, 수입지 포워더와 항공사 간에 수입지에서 정산이 이루어지는 것이 아니라 수출지 포워더와 항공사 간에 정산이 이루어지니 A/F PP가 된다고 할 수 있을 것입니다.

<참고> A/F 할증료(Surcharge) 결제

Master AWB 발행 건에서 실화주에게 Shipment Booking 받은 포워더는 콘솔사에 A/F와 함께 FSC, SSC와 같은 할증료(및 THC) 역시 Prepaid(선납) 결제합니다. 반면에 House AWB 건에서 A/F의 할증료는 A/F처럼 실화주 사이에 결정된 가격조건을 기초로 Prepaid 혹은 Collect 청구되겠습니다.

---

173 수출자와 수입자 사이의 매매계약서 가격조건이 EXW, F-Terms 중 하나면 House AWB에는 'Freight Collect'로 표기됩니다. 반면, C 혹은 D-Terms 중 하나면 'Freight Prepaid'로 표기됩니다.

174 Cargo Account Settlement Systems, 항공화물운임정산제도. 특정 은행이 정산 시스템을 운영하고 있습니다. IATA에 가입된 항공사(대부분의 항공사는 IATA에 가입되어 있음)와 IATA에 가입된 항공사의 대리점 역할을 하는 포워더/콘솔사 간의 직접적인 거래(해당 포워더/콘솔사가 항공사의 화주가 되어 Master AWB를 항공사로 전송, FWB)의 운임 정산은 건 by 건으로 이루어지는 것이 아니라 CASS라는 운임정산시스템을 운영하는 은행을 통해서 일정 기간 이내에 정산됩니다.

B. Master AWB 건 A/F Collect(CC) 조건

Master 건의 A/F를 Collect로 하고자 한다면 Airport of Destination에서 Consignee 가 A/F 결제하겠다는 동의서를 제출해야 하며, 그렇지 않으면 Master A/F Collect는 거부 될 것입니다. 특정 항공사는 동의서가 있음에도 불구하고 A/F Collect를 인정하지 않는 경 우도 있으니, 참고하기 바랍니다.

〈참고〉 착지불 조건으로 운송 불가한 경우(출처: 아시아나 항공 국제화물운송약관)

아시아나 항공은 다음의 화물에 대하여 착지불 조건으로 운송을 수락하지 않는다.
1) 자유를 구속당하고 있는 자에게 보내는 화물
2) 정부 기관에 보내는 화물. 단, 정부 기관원이 정당한 증명서를 제시하여 운송하는 경우는 제외됨
3) 부패성 화물
4) 법규에 따라 착지불 화물의 인도를 금지하는 국가로 발송하는 화물
5) 생동물
6) 시체 및 유골

■ Volume Cut 및 Weight Down

A. Volume Cut과 Weight Down의 의미

항공은 Actual Gross Weight(G/W)와 Volume Weight(V/W) 중에 더 큰 값이 A/F 및 A/F Surcharge에 대한 Chargeable Weight(C/W)가 됩니다.

- Actual Gross Weight: 350kgs per Pallet (Total 1 Pallet)
- DIM: 105cm(최대길이), 110cm(최대가로), 80cm(최대높이) per Pallet
- Volume Weight: (105cm × 110cm × 80cm) / 6,000 = 154kgs
- Chargeable Weight: 350kgs

이때 Actual Gross Weight를 수출지 공항 창고로 화물이 Acceptance(반입)될 때 Down 시킬 수 있다면 Weight Down이 될 수 있습니다. 그렇다면 포워더는 항공사로 서류 접수할 때 Weight Down된 값으로 진행하고, 실화주에게 비용 청구할 때 그리고 House AWB에 는 정상적인 Actual Gross Weight로 청구합니다. 결과적으로 포워더는 더 많은 마진을 취 하게 됩니다.

Volume Weight가 Chargeable Weight가 될 때 역시 Volume Weight 값을 낮출 수 있

다면 포워더는 항공사와 실화주 사이에서 더 많은 마진을 취할 수 있게 됩니다. 현재 한국에서는 이러한 잘못된 관행이 거의 없어졌습니다.

B. 1 Master에 House가 2개 이상인 경우

하나의 포워더가 2개 실화주의 화물을 접수했고, 그 화물이 동일한 시점에 동일 Origin에서 동일 Destination으로 동일한 항공기 편명(Flight No.)에 On Board(탑재)되는 화물이라면 1 Master에 2 House AWB가 발행될 수 있습니다.

House AWB	2 House		
구 분	**Actual Gross Weight**	**Volume Weight**	**Chargeable Weight**
1st House AWB	150kgs	200kgs	200kgs
2nd House AWB	220kgs	100kgs	220kgs

2 House AWB C/W 합계 — 420kgs

Master AWB	1 Master		
구 분	**Actual Gross Weight**	**Volume Weight**	**Chargeable Weight**
Master AWB	370kgs	300kgs	370kgs

1 Master AWB C/W 합계 — 370kgs

본 경우 포워더는 항공사에 House 2건을 하나로 묶어서 Master 한 건을 접수합니다. 따라서 Master AWB의 Chargeable Weight는 370kgs입니다. 그러나 각각의 House 건에서 포워더가 각각의 House AWB의 실화주에게 청구하는 Chargeable Weight는 각각 200kgs 및 220kgs로서 총 420kgs입니다.

결과적으로 굳이 불법적 관행에 의해서 Volume Cut 혹은 Weight Down을 하지 않아도 370kgs과 420kgs 사이의 50kgs에 대해서는 A/F와 그 할증료에서 수익이 창출되는 것입니다.

C. 항공사 입장

항공사는 Weight Down 혹은 Volume Cut하는 관행에 대해서 부정합니다. 항공사의 Load Master는 서류를 기초로 화물의 ULD 작업 지시와 Build-Up(BUP) 완료된 ULD를 항공기의 적재적소에 배치하는 계획을 세웁니다. 즉, 항공기의 Weight and Balance를 맞추기 위함입니다. 그러나 실제의 중량보다 낮게 확인된 실제로는 상당히 무거운 화물을 항공기에 잘못 배치하면 항공기의 Balance가 맞지 않아서 사고로 이어질 수 있습니다.

■ 항공 화물 터미널과 수출입 화물 Flow

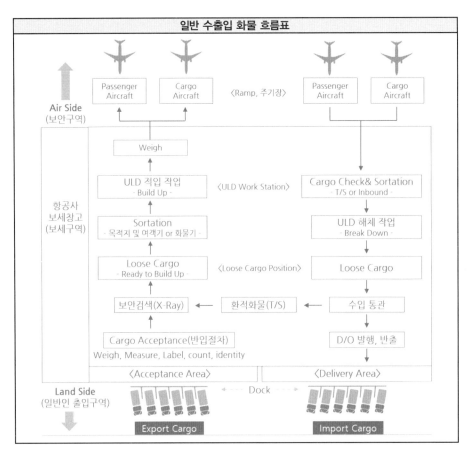

A. 항공 화물 터미널 용어

a) Land Side와 Air Side

– 랜드사이드(Land Side): 일반인 출입 가능 지역

– 에어사이드(Air Side): 항공기의 이착륙을 위하여 직접 필요한 활주로, 착륙대, 유도로, 주기장 등을 포함한 보안 구역

b) 주기장(Ramp)

주기장의 의미는 출항 전 혹은 입항 후 항공기가 정지(계류)하는 장소이며, 이곳에 정지된 항공기에 승객뿐만 아니라 화물(수화물 포함)의 기적(탑재, Loading)과 하기(Unloading) 작업, 항공기의 내·외부 세척, 기내용품 탑재, 급유, 정비 등의 작업이 지상조업사[175]에 의해 진행됩니다. 이러한 의미의 주기장은 계류장, 에이프런(Apron) 혹은 Ramp 등 여러 가지 용어와 혼용되고 있습니다.

화물 부분에서 에이프런, 즉 Ramp는 화물 터미널의 Air Side 부분에 화물기가 계류(정지)되어 있는 장소가 될 것입니다. 수출 화물은 Load Master의 지시와 계획을 기초로 지상조업사가 화물 터미널에서 Build-Up 작업 후 화물기에 탑재될 것이고, 수입 화물은 지상조업사가 항공기에서 화물을 하기하여 화물 터미널에서 Break Down 작업이 진행될 것입니다. 이렇듯 입·출항 항공기가 계류 상태에서 화물의 기적(탑재)과 하기뿐만 아니라 기타 작업이 수행되는 장소를 주기장, 에이프런, Ramp 등의 용어로 혼용하고 있습니다. 아울러 이러한 장소는 Air Side에 속한다 할 수 있습니다.

여객 부분에서 에이프런(Ramp)은 여객 터미널과 여객기를 연결하는 장소를 말하며, 승객은 여객 터미널에서 Boarding Bridge(탑승교)를 이용하여 여객기에 탑승할 수 있습니다. 때로는 여객 터미널에서 버스로 승객을 여객기로 이동시키는 경우가 있습니다. 이때 사용되는 버스를 Ramp Bus(혹은 Apron Bus)라고 합니다.

---

175 대한항공 지상조업사는 한국공항(KAS), 아시아나항공 지상조업사는 아시아나에어포트(AAP)입니다. AAP를 AAS라고 표현하기도 합니다.

c) Marshalling

항공에서 Marshalling이란 공항에서 항공기가 입·출항할 때, 제 위치에 도달할 수 있도록 유도(안내)하는 것을 뜻합니다. 입항하는 항공기는 착륙 후 주기장까지 안전하게 유도하고, 출항하는 항공기는 주기장에서 안전하게 벗어날 수 있도록 유도합니다. 그리고 이러한 항공기 유도 업무를 하는 자를 Marshaller(항공기 유도사)라고 합니다. 항공기의 유도는 지상조업사의 지상조업(Ramp Service)에 속하며, Marshaller는 지상조업사에 소속되어 있습니다.

B. 수출 화물의 수출신고와 사전 체크 사항

a) 수출신고 시점

수출신고는 수출신고 당시 수출 물품이 위치한 지역(물품소재지)을 관할하는 세관으로 수출 신고합니다. 그래서 수출자의 Door에 위치한 상태에서 수출 신고할 수도 있고, 콘솔사가 지정한 수출지 공항 보세창고(반입지)에 반입 완료된 이후에 수출 신고할 수도 있습니다.[176]

참고로 2020년 9월 1일부터 한국에서 항공기로 수출되는 물품은 항공사 창고에 반입되기 전에 필수적으로 수출신고해서 수출신고필증이 발행되어야 합니다. 콘솔사 지정 보세창고에 1차적을 반입 후 항공사 창고로 반입하는 게 일반적이며, 수출신고는 콘솔사 보세창고에서 반입된 상태에서 진행할 수도 있습니다.

그리고 항공 건은 공항 보세창고에 화물이 반입될 때 중량 측정(Weighing)을 필수적으로 합니다. 이때 측정한 실제 중량(Actual Gross Weight)과 수출신고필증의 총중량(Gross Weight)이 상이하면, 수출신고 정정해야 할 수도 있습니다. 그래서 가능한 콘솔사가 지정한 보세창고에 반입하는 과정에서 실측한 중량을 기준으로 수출신고하는 게 적절하다고 사료됩니다.

---

176 수출자가 포워더에게 항공화물 Shipment Booking하면 포워더는 콘솔사가 지정한 수출지 공항 보세창고(반입지) Code를 관세사무실로 전달합니다. 이유는 수출신고할 때, 신고 당시 물품의 위치로서 물품소재지 주소와 적재예정 보세구역 Code를 수출신고서에 반영해야 하기 때문입니다. 이는 해상 건으로 진행할 때도 마찬가지이며, LCL은 CFS Code, FCL은 CY Code를 관세사무실로 전달합니다(반입지 Code).

b) 비행기 출발 예정 시간과 Cargo Closing Time(Cut Off Time)

수출자는 포워더(혹은 항공 콘솔사)에게 Shipment Booking하고, 포워더는 화물 반입지로서 수출지 공항 항공사 보세창고 주소와 함께 Cargo Closing Time(Cut off Time) 등[177]의 정보를 전달합니다. 항공 건에서의 Cargo Closing Time은 항공기 출발 예정시간을 기준으로 3~6시간 전(일반화물 3시간, 위험물 6시간)이 될 수 있습니다.[178] 반입지로 지정된 항공사 보세창고에 반입되어 ULD 작업 후 항공기에 탑재되기까지의 시간을 고려한 Closing Time입니다.

c) 단일 화물(per packing) Size 제한 이유

■ X-ray 기계 용량

항공사 창고에 수출 화물이 반입되는 과정에서 X-Ray 검사(보안검색)는 필수적입니다. 그러나 항공사 창고마다 X-Ray 기계 크기가 달라서 단일 화물(per package)의 부피가 상당한 Big Cargo(BIG)[179]의 경우, X-Ray 기계를 통과하지 못하는 경우가 종종 발생합니다. 그

---

177 반입지를 항공사 보세창고 지정할 수도 있고, 항공 콘솔사 보세창고로 지정할 수도 있습니다.

178 화물기와 여객기의 Cargo Closing Time은 각각 다를 수 있습니다. 여객기는 일반적으로 3시간 전이고, 화물기는 5시간 전이 될 수 있습니다. 그러나 포워더가 수출자로부터 인수하는 하나의 수출 건임에도 불구하고 Carton 수량이 많으면, 항공사 Labelling 작업을 포워더가 각 Carton 별로 모두 진행해야 하기 때문에 Cargo Closing Time은 1시간 정도 앞당겨질 수 있겠습니다.

179 항공사 별로 규정한 단일 화물(per package)의 중량 제한을 초과하는 화물은 Heavy Cargo(HEA), 제한 Size를 초과하는 화물은 Big Cargo(BIG)라고 합니다.

리고 수출지 공항(Airport of Departure, Origin)에서 수입지 공항(Airport of Destination)으로의 직항 스케줄이 아닌, 환적(T/S) 스케줄의 경우 환적 공항에서 또 한 번의 X-ray 검사가 진행될 수 있습니다. 이러한 이유로 단일 화물의 Size와 X-ray 기계 용량을 사전에 체크할 필요가 있습니다[180]. 만약 분해(해체) 불가한 단일 화물이라면 사람이 수동으로 X-Ray 검사 혹은 포장을 개봉하여 육안 검사할 수도 있습니다.

- ■ 항공기 Door Size

인천에서 일본 등 가까운 곳으로 향하는 항공기는 작은 기종입니다. 그래서 부피가 큰 화물은 항공기 Door를 통과하는 데 어려움이 있을 수 있습니다. 이러한 이유로 단일 화물의 분해가 필요할 수도 있습니다. 반면 인천에서 유럽 등으로 향하는 항공기는 큰 기종이며, 항공기 Door Size 역시 그만큼 넉넉하여 부피가 큰 화물도 항공기 Door를 통과하는 데 어려움이 없습니다.

직항이 아닌 환적 스케줄 건에서는 환적 공항에서 단일 화물의 분해가 불가피할 수 있습니다. 이유는 인천 공항(Origin, Airport of Departure)과 환적 공항(T/S Airport) 사이에는 큰 항공기가 투입되어 항공기 Door Size가 넉넉했으나, 환적 공항과 도착 공항(Airport of Destination) 구간은 작은 항공기의 투입으로 Door Size 역시 그만큼 축소될 수 있기 때문입니다. 따라서 애초 출발 공항(Origin)에서 화물 Size를 환적 공항과 도착 공항 구간에 투입되는 항공기 Door Size에 맞게 작업하여 탑재하는 것이 적절하겠습니다.

C. 항공화물 반입 절차(Acceptance) 진행

모든 항공 화물이 그렇다고 할 수 없지만, 대부분의 항공 화물은 신속한 운송이 요구되는 화물입니다. 그래서 Booking 된 항공기의 출발예정시간(E.T.D.)과 Booking 화물의 공항 항공사 보세창고 반입 Closing Time의 시간적 차이는 해상보다 크지 않습니다. 쉽게 말해서 Booking 된 항공기의 E.T.D.가 15시라면 반입지로 지정된 공항 항공사 보세창고로의 Cargo Closing Time은 그날 오전 시간이 될 수 있다는 것입니다[181][182].

---

180 advance arrangement
181 해상은 E.T.D.를 기준으로 2~3일 정도까지 지정된 반입지에 화물의 반입을 요구(Cargo Closing Time/Cut Off Time, 선사마다 조금씩 다를 수도)할 것입니다. 부산항에서 미주향은 E.T.D. 기준으로 일주일 전에 Cargo Closing 될 수 있습니다
182 공항창고 반입 시점부터 3시간 정도 작업 후 항공기에 탑재됩니다. 따라서 항공기 E.T.D. 기준으로 작업 시간 고려하여 반입되어야 할 것입니다.

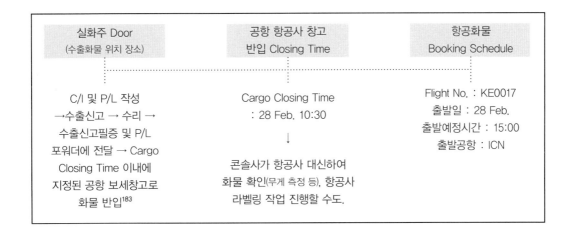

실화주 Door (수출화물 위치 장소)	공항 항공사 창고 반입 Closing Time	항공화물 Booking Schedule
C/I 및 P/L 작성 →수출신고 → 수리 → 수출신고필증 및 P/L 포워더에 전달 → Cargo Closing Time 이내에 지정된 공항 보세창고로 화물 반입[183]	Cargo Closing Time : 28 Feb. 10:30 ↓ 콘솔사가 항공사 대신하여 화물 확인(무게 측정 등), 항공사 라벨링 작업 진행할 수도.	Flight No. : KE0017 출발일 : 28 Feb. 출발예정시간 : 15:00 출발공항 : ICN

항공사로 Shipment Booking 하면, 공항 보세창고[184]에 반입 완료해야 하는 Cut Off Time이 제시됩니다. 따라서 생산과 포장 완료 이전 상태에서는 Shipment Booking 진행할 수 없습니다. 생산과 수출 포장까지 완료한 이후에 Shipment Booking을 진행하고, 제시된 Cargo Closing Time까지 지정된 공항 보세창고에 화물을 반입시켜야 합니다. 이때 Booking 한 항공기의 출발 예정 시간(E.T.D.)을 기준으로 Cargo Closing Time이 제시되는데, Closing Time까지 시간직 여유가 있으면 콘솔사 보세창고에 반입 후 항공사 보세창고로 다시 반입할 수 있습니다. Closing Time까지 시간적 여유가 없으면 항공사 보세창고로 직반입될 수 있습니다.

중요한 것은 보세창고로 화물이 반입되는 과정에서 화물의 부피 측정(Measure[185]), 무게 측정(Weighing), 외관상 Damage 확인 및 항공사 Label 작업을 진행한다는 것입니다. 이때 실화주가 포워더에게 전달한 P/L(Packing List, 포장명세서)과 수출신고필증 상의 화물 중량은 동일하지만, 공항 보세창고에서 측정한 무게에 차이가 발생될 수도 있습니다[186]. 수출자가 관세사무실을 통해서 세관에 신고한 항공 건의 중량과 출항적하목록 신고할 때의 중량이 허용된 오차범위에 있으면 미선적처리 되지 않을 수 있으나, 허용된 오차범위를 벗어나면 수출신고 내용을 정정해야 할 수도 있습니다. 아울러 보세창고에서 측정한 무게가 더

---

183 수출자 중에는 콘솔사의 보세창고로 화물을 반입 시킨 후, 반입 과정에서 측정된 Gross Weight 값을 받아서 관세사무실로 수출신고 의뢰하는 경우도 있습니다. 항공사 창고에 반입하기 위해서는 수출신고필증 발행된 상태의 화물이어야 합니다.

184 항공사 보세창고 or 콘솔사 보세창고

185 Dimension, 즉 최대가로, 최대세로, 최대높이 치수를 측정하게 됩니다. 이를 Dim으로 줄여서 표기하기도 합니다.

186 공항 창고에 반입되기 전에 수출자가 작성한 Packing List를 기초로 관세사무실은 수출신고하니 수출신고필증의 총중량은 Packing List의 Gross Weight와 동일합니다.

무거울 경우, AWB의 Actual Gross Weight는 공항 창고에서 측정한 중량으로 기재되고 Actual Gross Weight와 Volume Weight 중에 더 큰 값을 Chargeable Weight[187]로 결정할 것입니다.

〈참고〉 수출화물의 세관 신고 중량과 운송인이 실측한 중량의 차이로 인한 문제 (수출신고 정정 or 미선적)

■ 항공 건은 수출신고필증의 중량과 수출지 공항 창고에서 실측한 중량에 오차가 발생되더라도 세관에서 허용한 오차 범위에 속하면 수출신고 내용을 정정하지 않아도 됩니다. 물론 실측한 중량이 Actual Gross Weight가 되며, Volume Weight와 비교하여 더 큰 값이 A/F를 청구할 때의 기준값, 즉 Chargeable Weight가 됩니다. 수출신고필증 상의 Gross Weight는 수출자가 작성한 Packing List 상의 Gross Weight와 일치하며, AWB에는 수출지 공항 창고에 반입되는 과정에서 실측한 Actual Gross Weight가 표기됩니다.

■ 해상 LCL 건은 세관에 신고한 수출신고필증의 중량과 CFS에서 실측한 중량이 원칙적으로 100% 일치해야하나, 실제 업무에서 해상 건은 CFS에서 중량 측정을 실제로 하지 않는 경우가 많습니다. 해상 FCL 건은 VGM(Verified Gross Mass) 신고해야 합니다. VGM 신고는 컨테이너 자체의 중량(Tare Weight), 화물의 중량(Gross Weight) 및 고정 장치의 무게 합계를 선사에 제출하는 것인데, 세관에 신고한 수출신고필증 상의 중량과 +-5%의 오차 범위 내에서는 수출신고한 중량의 정정 진행을 하지 않아도 됩니다. 수출 건에서 세관에 신고된 수출신고필증 상의 중량과 선적(기적) 이전에 확인된 중량이 허용된 오차 범위를 넘는 경우, 세관 신고 내용을 정정해야 하며, 그렇지 않으면 미선적 처리될 수 있으니 참고하기 바랍니다.

■ 수출신고 중량과 적하목록 중량 오차 허용 범위
• OCEAN 수출 : (LCL) 수출신고필증 중량과 적하목록 제출 중량은 100% 일치해야 선적 처리
  (FCL) +-5% 이내
• AIR 수출 : 오차범위 인정.
(100kgs 미만: +- 50%, 100kgs 이상: +- 30%, 30kgs 이하: 오차범위 구분 없음)

〈참고〉 해상 LCL 화물의 수출지 CFS 반입

■ 부산항구 인근 CFS, 도착보고
지정된 반입지(CFS)에 내륙운송사에 의해서 화물이 도착하면 기사님이 화주로부터 전달받은 P/L(Packing List)을 반입지 담당자에게 전달하면서 도착보고 합니다. 이때 P/L 상의 내역과 도착한 화물의 내역 및 CBM(가로, 세로, 높이) 측정 후 이상 없으면 반입되겠습니다. 이러한 작업을 Tally라 합니다. 해상 LCL 건은 이렇게 반입지에서 별도로 중량 측정을 하지 않고, 화주가 제공한 P/L 및 수출신고필증의 중량을 기초로 운송서류(B/L, 화물운송장)가 발행됩니다. 그러나 항공 건은 반입지로서 지정된 항공사 창고(혹은 포워더 창고)로 반입되는 과정에서 중량 확인(Weighing) 및 보안검색(X-ray) 절차가 있습니다.

■ 인천항구 인근 CFS, 입고증
LCL 수출화물이 인천항에서 선적되면 인천항구 인근 CFS가 반입지로 지정될 것입니다. 이때는 부산항 인근 CFS 반입과는 달리 '입고증'을 제출해야 합니다.

---

187 항공 운임은 무조건 실제의 무게(포장 완료된 상태의 무게로서 Gross Weight)를 기준으로 운임이 결정되는 것은 아닙니다. 실제의 부피(CBM, Volume, Measurement)를 무게로 변경한 용적무게와 실제 Gross Weight를 비교하여 더 큰 값을 기준으로 항공 운임 계산하겠습니다. 용적무게는 CBM 곱하기 167kgs(항공은 1CBM = 167kgs)한 값이 될 수도 있고, 가로(cm) × 세로(cm) × 높이(cm) / 6,000 한 값이 될 수도 있습니다. 결과는 동일합니다. 자세한 내용은 책 『어려운 무역실무는 가라 Part 1. 서술편』을 참고하세요.

(해상) 수 출 화 물 입 고 증
■ 출고지에서 본 화물 입고증을 작성하여, 화물과 함께 선광CFS로 입고하시기 바랍니다.
■ 만약 본 화물 입고증을 제시하지 못할 경우 화물 입고가 불가 (CFS로 팩스 접수 가능)
■ 우든케이스 및 파렛트 화물은 방역 마크가 되어 있는 것으로 준비해 주세요. (플라스틱 파렛 가능)
■ 위약 반송 화물의 경우 PACKING, 견본면장, 사업자등록증을 사전에 보내주셔야 합니다.
■ 보세(반송) 화물의 경우 사전에 보세운송 신고 승인이 되어 입고되어야 합니다.

▷ 입고지	선 광 C F S ㈜ [CODE :02086174] 인천시 중구 항동 7가82-25번지 홍길동 과장 TEL) 032-000-0000 FAX) 032-000-0000
▷ 선 사	
▷ 포워더(물류대행사)	
▷ 출고지(실화주)	
▷ 수 량	(LCL / FCL) 화물 개당 50KG 이상되는 화물은 팔레트 작업 의무화입니다
▷ 선적모선/선적일	
▷ SHIPPING MARK	

(항공) 화물 입고증		
Air Waybill No. 158-1234 0815		
Destination IKA	FLT/DATE/TIME QR1234/2020-05-22/00:50	Total No. of Pieces 1
주식회사 스카이블루 로지스틱스		Origin ICN
Hawb No. SKLXA2002101		Hawb Pcs 1
Hawb Destination IKA		

■ 화물 하차 시 제출 바랍니다.
■ 화물 입고증 미지참 시 입고 불가 및 하차 지연이 될 수 있습니다.
(하차지) 인천광역시 중구 자유무역로 107번길 (D3) Tel. 032-000-0000
(하차시간): 08:30 ~ 11:30, 13:30~18:00

D. Load Master의 업무

로드마스터는 항공기에 화물 탑재 계획(Load Plan)을 세울 때, 화물의 Weight와 항공기 내(內, 기내) 해당 화물의 탑재 위치를 고려합니다. Weight와 탑재 위치를 고려하는 이유는 항공기의 앞뒤 좌우 균형을 맞추기 위함이며, 이러한 업무를 Weight&Balance라고 합니다.

그리고 지상조업사에게 항공사 창고에서의 ULD 작업 지시 및 항공기 연료량 계산 업무 등을 병행합니다[188][189].

이러한 과정에서 로드마스터는 배정된 항공기에 탑재될 화물의 현황을 파악하여 ULD 작업 지시서(Load Sheet)를 작성합니다. 이후 작업 지시서를 기초로 Loose Cargo의 Build-Up 작업과 ULD 단위로 포장된 화물(Unit Load Device, 단위탑재용기)을 항공기에 탑재하는 일련의 과정은 지상조업사에 의해서 진행되겠습니다. 항공사 보세창고에서 Build-Up 완료된 ULD 상태의 화물은 자체 동력이 없는 Dolly라는 장비에 적재하여 Tug Car에 의해서 Ramp까지 견인됩니다. 이후에 Dolly에서 Lower Deck Loader(혹은 Main Deck Loader)로 이동시키는데, 이때 Dolly와 Loader 바닥에는 Roller(Ball Mat)가 설치되어 ULD를 밀어서 이동시킬 수 있습니다. Loader에서 LD 혹은 MD의 Door를 통과하여 기내로 ULD를 이동시킬 때 역시 항공기 바닥에는 Roller가 설치되어 작업자의 힘으로 쉽게 작업 가능합니다.

참고로 승객의 수화물(Baggage)을 상업화물(Cargo)보다 우선하는 여객기에 Shipment Booking 한 화물은 승객의 수화물에 의해서 Offload 될 수도 있습니다.

〈참고〉 단위화 화물(Unitized Cargo)과 Loose Cargo

단위화 화물은 일반적으로 컨테이너라는 반복 사용 가능한 포장 용기에 적입된 상태의 화물이라 할 수 있습니다. 해상뿐만 아니라 항공 건에서도 ULD(Unit Load Device 단위탑재용기)[190]라는 컨테이너를 사용합니다. ULD 작업 이전의 화물이 설령 Box(Carton) 단위로 포장된 화물일지라도 해당 화물은 단위화 화물이 아닌 Loose Cargo가 됩니다. 이렇게 Loose Cargo의 의미는 ULD 작업(Build-Up) 이전 단계 혹은 ULD 해체작업(Break Down) 이후 단계의 화물이라 할 수 있습니다.

---

188 화물기의 경우는 로드마스터가 항공사 창고에 반입된 화물의 ULD 작업부터 항공기에 탑재되는 Load Plan까지 진행하나, 여객기에 탑재되는 화물(Cargo)에 대한 로드마스터의 업무는 Load Plan 이전의 항공사 창고에서의 ULD 작업까지 담당한다고 할 수 있습니다.

189 로드마스터(탑재관리사)는 일반적으로 항공사 소속이며, ULD Build-Up, Tie Down 및 Break Down 그리고 Ramp(주기장)에서의 화물 하역(탑재와 하기) 작업 등은 지상조업사의 업무입니다.

190 팔레트 Type, 이글로 Type 및 컨테이너 Type

제7장

해상손해보험

7. 해상손해보험[191]

■ 보험자, 피보험자, 보험계약자, 보험목적물, 피보험이익 등 용어

1. 보험자와 피보험자의 구분

보험자는 자신이 제시한 담보위험(보험자가 보상하는 보험사고) 범위 내에서 보험목적물(화물)에 손해가 발생되었을 때, 보험금을 피보험자(Assured)에게 지급하는 자입니다. 반면 피보험자는 보험목적물에 발생된 경제적인 손실을 보험자로부터 보상받는 자입니다.

2. 보험계약자와 피보험자의 구분

보험계약자는 보험자(적하보험회사)와 적하보험 계약하는 자로서 보험자에게 보험료를 지급하는 자입니다. 반면에 피보험자는 적하보험 가입(부보) 후 보험목적물('보험의 목적'이라고 표현하기도)에 경제적인 손실이 발생되었을 때 보험자로부터 보험금을 지급받는 자입니다. EXW, FCA, FOB, CFR, CPT 조건에서 수입자가 적하보험 가입 결정하여 적하보험 가입할 수 있는데, 수입자가 적하보험 가입하면 수입자가 보험계약자이자 피보험자가 됩니다. 반면 DAP와 같은 D-Terms에서는 수출자가 적하보험 가입 결정하여 적하보험 가입할 수 있는데, 수출자가 적하보험 가입하면 수출자가 보험계약자이자 피보험자가 됩니다.

CIF, CIP는 수출자가 적하보험 가입해야 하는 조건입니다. CIF, CIP 조건에서 보험계약자는 수출자이고, 기본적으로 피보험자(Assured, Insured) 역시 수출자입니다. 물론 On Board 이후에 발생된 사고에 대해서는 수입자가 보험금을 지급받을 수 있습니다.

3. 보험목적물과 피보험이익

적하보험은 화물의 분실(혹은 파손)로 인하여 당해 화물의 소유권자가 직면하는 경제적인 손실을 보상하는 손해보험이라 할 수 있습니다. 따라서 적하보험 계약이 성립되기 위해서는 보험목적물로서 화물이 존재해야 하며, 당해 화물의 분실(혹은 파손)로 경제적인 손실을 보

---

191 본 장(chapter)의 상당 부분은 구글(www.google.co.kr) 검색 자료를 참고했습니다. 구글 검색 결과를 일부 참고하여 저자가 내용을 재구성했음을 알려드립니다.

는 당해 화물의 소유권자가 필요합니다. 즉, 보험목적물과 피보험자는 이해관계가 있어야 합니다. 이러한 이해관계를 피보험이익이라 합니다.

　FOB 조건에서 수입자는 보험계약자이자 피보험자가 됩니다. FOB 조건에서는 On Board 이후 화물의 소유권이 수출자에게서 수입자가 넘어간다 할 수 있기에 On Board 이후의 화물 소유권자는 수입자입니다. 만약 On Board 이후 보험목적물로서 화물이 파손되었다면 그에 따른 피해는 고스란히 수입자의 경제적인 손실로 이어집니다. 이러한 보험목적물의 보험사고로 인한 경제적인 손실을 보는 특정인(피보험자)과의 이해관계가 피보험이익이라 하겠습니다.

　적하보험 계약 당시에 이러한 피보험이익이 성립되지 않으면 보험자는 보험계약을 거부할 수 있으며, 설령 보험계약을 체결했더라도 보험사고 발생 시 피보험자는 보험금을 보험자에게 청구할 수 없습니다. 예를 들어 FOB 조건에서 피보험이익이 없는 내륙운송사가 화물에 대한 적하보험 계약 및 피보험자가 될 수 없으며, 설령 내륙운송사가 보험계약 및 피보험자가 되었더라도 보험사고 발생 시 보험금 청구할 수 없습니다. 이유는 피보험이익이 성립되지 않기 때문입니다.

4. 보험가액(Insurable Value)[192]과 보험금액(Insured Amount)

　영국 해상보험법(MIA)에 따르면 보험가액의 평가 기준에 있어 화물 또는 상품에 관한 보험에서 보험가액은 피보험재산의 원가에 선적비용과 선적의 부수비용 및 그 전체에 대한 보험비용을 가산한 금액이라고 기술하고 있습니다. 실무에서 적하보험의 보험가액은 일반적으로 보험목적물의 C/I 총액이며, 당해 화물의 멸실 혹은 파손이 발생되었을 때 희망이익(통상 110%)을 더하여 지급하는 금액(한도액)은 보험가액이 아니라 보상한도액이라는 표현을 사용하는 게 일반적입니다. 참고로 손해 발생 시 보험자가 지급하는 보상 책임의 최고한도액을 보험금액(Insured Amount)이라고 하겠습니다.

192　상법 제697조(적하보험의 보험가액) 적하의 보험에 있어서는 선적한 때와 곳에 적하의 가액과 선적 및 보험에 관한 비용을 보험가액으로 한다. 〈개정 1962.12.12.〉

용어	설명
Insurer (보험자)	보험자는 보험회사로서 화물(Cargo)의 파손·분실 등의 위험(Risk)에 대비한 적하보험(Cargo Insurance) 상품을 판매하는 적하보험회사가 되겠습니다.
Policy holder (보험계약자)	보험계약자로서 보험자(적하보험회사)와 적하보험 가입(부보) 진행하고, 보험료를 납부할 의무를 지는 자를 뜻합니다. 보험 가입하고 보험료 납부하면 보험자는 보험계약자에게 보험증권(Insurance Policy/Certificate)을 발급합니다.
Assured, Insured (피보험자)	피보험자로서 보험사고가 발생되었을 때, 보험금 지급받는 자입니다.
보험금(Insurance)	적하보험사고 발생되었을 때, 보험회사(보험자)가 피보험자에게 지급하는 금전(보상금)입니다.
보험료(Premium)	적하보험 가입할 때 보험회사에 지급하는 금액입니다.
보험목적물	적하보험에서 보험목적물은 보험증권에 기재되는 화물(Cargo)이 됩니다. 보험목적물이 존재하지 않는 상태에서 보험 가입할 수 없습니다.

■ 가격조건별 적하보험 가입 기준과 위험 담보 구간

1. 가격조건별 적하보험 가입 기준

Door to Door 구간에 대한 운송에 있어 적하보험 가입은 매도인(Seller)과 매수인(Buyer) 중 해상(항공) 운송 구간에 대한 사고 책임이 있는 자가 선택합니다. 화물(적하, Cargo)이 선박(항공기)에 On Board 된 이후의 사고에 대한 책임이 매도인에게 넘어가는 FOB와 CFR은 매도인이 적하보험 가입 여부를 선택합니다. 반면 해상(항공) 운송 종료 후 수입지의 특정 지점까지의 사고가 매수인의 책임하에 있는 D 조건은 매수인이 적하보험 가입 여부를 선택합니다.

> **참고** │ 적하보험 가입 시점
>
> (원칙) 수출지에서 화물이 선박(항공기)에 On Board 되기 이전 시점
> (예외) On Board 후 가입할 때는 On Board 이전에 Damage 없었다는 사실 확인 필요

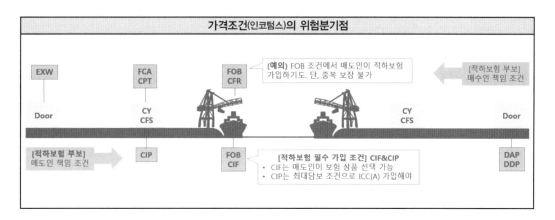

가격조건(인코텀스)의 위험분기점

비용의 분기와 적하보험 가입자											
구분	비용	EXW	FCA	FOB	CFR	CIF	CPT	CIP	DPU	DAP	DDP
수출지	포장비	Seller	Seller	Seller	Seller	Seller	Seller	Seller	Seller	Seller	Seller
	Door 상차료	Buyer	Seller	Seller	Seller	Seller	Seller	Seller	Seller	Seller	Seller
	내륙운송비	Buyer	Seller	Seller	Seller	Seller	Seller	Seller	Seller	Seller	Seller
	수출통관수수료	Buyer	Seller	Seller	Seller	Seller	Seller	Seller	Seller	Seller	Seller
	포워더 수수료	Buyer	Seller	Seller	Seller	Seller	Seller	Seller	Seller	Seller	Seller
	터미널 부대비용	Buyer	Buyer	Seller	Seller	Seller	Seller	Seller	Seller	Seller	Seller
	Ocean(Air) Freight	Buyer	Buyer	Buyer	Seller	Seller	Seller	Seller	Seller	Seller	Seller
	적하보험료	Buyer's Option	Buyer's Option	Buyer's Option	Buyer's Option	Seller (최소담보)	Buyer's Option	Seller (최대담보)	Seller's Option	Seller's Option	Seller's Option
수입지	터미널 부대비용	Buyer	Buyer	Buyer	Buyer	Buyer	Buyer or Seller	Buyer or Seller	Seller	Seller	Seller
	내륙운송비	Buyer	Buyer	Buyer	Buyer	Buyer	Buyer or Seller	Buyer or Seller	Seller	Seller	Seller
	포워더 수수료	Buyer	Buyer	Buyer	Buyer	Buyer	Buyer	Buyer	Seller	Seller	Seller
	수입통관수수료	Buyer	Buyer	Buyer	Buyer	Buyer	Buyer	Buyer	Buyer or Seller	Buyer or Seller	Seller
	세액(관부가세)	Buyer	Buyer	Buyer	Buyer	Buyer	Buyer	Buyer	Buyer	Buyer	Seller
	Door 하차료	Buyer	Buyer	Buyer	Buyer	Buyer	Buyer	Buyer	Seller	Buyer	Buyer

■ CPT(CIP) 수입지 공항 조건의 거래에서는 수입지 공항 부대비용(THC, 창고료) 및 내륙운송비 등 수입지 비용은 모두 매수인(Buyer)에게 청구
■ CPT(CIP) 수입지 내륙 지점(e.g. 수입자 Door)으로 거래하면 수입지 터미널 비용과 내륙운송비는 매도인에게 청구될 수도
■ DAP 및 DPU는 이론적으로 수입지 통관은 매수인 책임이나 실무에서는 매도인 책임으로 거래 진행되는 경우 빈번

    참고로 CIF와 CIP 조건에서는 매도인이 C/I 가격에 보험료를 포함하니 필수적으로 매도인이 적하보험에 가입해야 합니다. 이때 적하보험증권(Insurance Policy/Certificate)의 Assured(피보험사)는 보험계약자로서 매도인이 기재되는데[193], On Board 이전 사고는 매도인이 사고 접수 및 보험금 지급 받고 On Board 이후 사고는 Assured가 비록 매도인이지

---

193 결제조건이 신용장일 때 Assured에 관한 내용은 ISBP 745 K21에서 다음과 같이 설명하고 있습니다.a) 보험서류의 피보험자를 개설은행 또는 개설의뢰인으로 기재하였다면 수리된다.b) 보험서류의 피보험자가 개설은행 또는 개설의뢰인이 아닌 자(수익자 포함)로 기재되거나 'to order', 'in favour of' 등으로 기재되었다면 보험금의 지급 청구를 요청할 수 있는 당사자에 의해 백지배서(blank endorsement)가 되었거나 개설은행 또는 개설의뢰인이 보험금을 지급받을 수 있도록 배서가 된 보험서류는 수리된다.

만 매수인이 지급 받을 수 있습니다. 그리고 인코텀스 2010에서 2020 버전으로 넘어가면서 CIP 조건에서는 매도인이 적하보험 가입할 때 최대 담보 조건으로서 ICC(A)에 가입해야 합니다. CIF는 최소담보 조건으로서 ICC(A), ICC(B), ICC(C) 중 택1 할 수 있습니다.

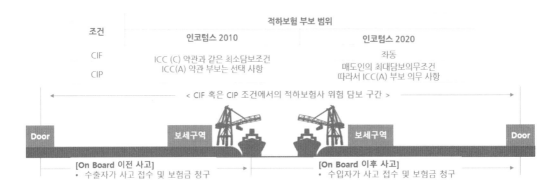

2. 위험담보 구간

보험자는 피보험자에게 모든 사고에 대해서 보험금을 지급하는 것이 아니라 적하보험증권 (Insurance Policy) 약관에 명시된 위험담보[194]에 대해서만 보상합니다. 그리고 보험약관에 명시된 사고일지라도 인코텀스를 기초로 설정된 위험담보 구간에서 발생된 사고에 대해서만 보험금을 지급합니다.

EXW, CIF, CIP	Full 담보(Shipper Door to Consignee Door)
D-Terms	Shipper Door to 지정장소(D 조건은 수입지를 지정장소로 지정)
FOB, CFR	On Board 시점 to Consignee Door On Board 이전 사고에 대해서는 매도인이 별도 보험 가입해야
FCA, CPT	수입자 지정 포워더의 화물 인수 지점(반입지) to Consignee Door
참고	적하보험 위험 담보 구간이 Consignee Door임에도 불구하고 적하보험 종료 사유가 Consignee Door 이전에 발생하면 적하보험 종료될 수도

---

194 위험에 의해서 발생한 손해를 보험자가 피보험자에게 보상해주는 위험. '피보험위험'이라고도 부르며, 보험자가 보상할 책임이 있다는 점에서 '보험사고'라고도 한다. 담보위험에는 당해 보험에서 보통 약관으로 당연히 담보되는 위험과 특약을 통해 특별약관으로 담보되는 위험이 있다. (출처: 네이버 지식백과)

a) 피보험화물이 보험증권에 기재된 목적지의 수하인의 창고 혹은 보관장소, 기타 최종창고 혹은 보관장소에 인도될 때
b) 보험증권에 기재된 목적지에 도착하기 이전이나 또는 목적지를 불문하고 피보험자가 운송의 통상과정이 아닌 보관 또는 할당이나 분배를 위하여 사용키로 한 기타의 창고 또는 보관장소에 인도될 때
c) 최종 양하항에서 외항선으로부터 피보험 화물의 양하 완료 후 60일이 경과 된 때

참고	주의점

(포장의 중요성) 적하보험에서 '포장의 부적절(불충분)'로 인한 손해는 결코 보상하지 않음
(보상 조건) 적하보험은 외부 충격 혹은 외부 요인을 이유로 겉포장 파손을 수반하는 내품의 파손만을 보상
(물품의 특성에 따른 특약 가입) 도기 제품은 운송 과정 중에 파손될 위험이 있는 물품으로서 ICC(A)에 가입하더라도 해당 특성에 따른 손해는 보상받지 못하니 특약을 별도 가입해야 할 수도

■ 적하보험의 손해, 멸실 및 손상 의미와 실손보상 원칙

A. 해상보험[196]에서 '손해'의 의미

해상위험에 의하여 보험목적물(선박, 화물)이 멸실(Loss) 혹은 손상(Damage)이 발생할 수 있습니다. 이렇게 보험목적물이 멸실되거나 손상됨으로 인해서 피보험자가 입는 경제적 불이익을 '손해'라고 합니다.

B. 멸실과 손상의 의미

a) 멸실(Loss)은 수량적 개념으로서 포장단위의 화물(보험목적물)이 사라지는 것
b) 손상(Damage)은 질적 개념으로서 화물(보험목적물) 자제는 존재하지만, 파손에 의해 화물의 가치가 감소하는 것

C. 실손보상 원칙

해상보험은 선박 혹은 적하(화물, Cargo)라는 재물에 대한 손해보험이며, 손해보험은 실손보상이 원칙입니다. 실손보상은 보험목적물에 발생한 실제의 손해(멸실, 손상)에 대해서만, 즉 손해가 발행된 만큼(손해가 발생한 범위 내에서) 피보험자가 보험자에게 보상받을 수 있으며, 중복 가입은 가능하나 중복 보장은 되지 않습니다.

---

195 출처: AIG, https://m.aig.co.kr
196 보험이란 각종 위험으로부터 발생하는 경제적 손실을 보상해 경제적 안정, 나아가 생활의 안정을 유지하게 만드는 제도.

결국, 해상 운송 과정에서 발생된 보험목적물의 실제 손해로 인한 피보험자의 금전적(경제적) 손실을 그 이전의 상태로 회복(보존)할 수 있도록 보험금을 지급하는 것이 바로 손해보험 보상원칙의 기초가 되는 실손보상 원칙이 되겠습니다.

<참고> 실손보상 되는 적하보험(중복 보장 불가능)

FOB 조건에서 해상 구간(On Board 해서 입항까지의 Freight 구간)에 대한 위험 책임은 수입자(매수인)에게 있어서 수입자가 적하보험 가입 여부를 선택합니다. 그런데 FOB라 해서 해상 구간에 대한 적하보험 가입을 수입자만 할 수 있고 수출자(매도인)는 가입 불가한 것은 아닙니다. 따라서 FOB 거래에서 수출자와 수입자 양자가 자신의 독단적인 판단에 따라 동일 구간에 대해서 적하보험 가입(부보)했고, 해상 운송 중에 화물의 파손이 발생되었다고 가정합니다. 이때 수출자와 수입자가 각각 적하보험증권을 기초로 보험자에게 보험금 청구할 수는 있으나, 보험자는 양자에게 보험금 100%를 지급하지 않고 배분하여 지급할 수도 있습니다. 물론 수입자만 적하보험 가입했다면 수입자에게 보험금 100%를 지급할 것입니다.
배분하여 지급하여 보험금을 보험자가 피보험자에게 지급해야 하는 게 원칙이나, 실제로 수출자의 보험자가 그리고 수입자의 보험자가 상대 쪽에서 적하보험에 가입하고 보험사고에 대해서 보험금 청구했는지 확인이 어려울 수 있습니다. 그래서 애초에 보험자는 부보 시점에 상대국에서 해상 운송 구간에 대한 부보 여부를 확인하게 됩니다. FOB에서 수출 건인데, 수출자가 부보를 원한다면 보험자는 수출자에게 본 건에 대해서 수입자가 부보 하지 않는다는 내용을 이메일로 받고 부보 하는 것이 실무에서의 예가 될 것입니다.

■ **해상손해의 형태**

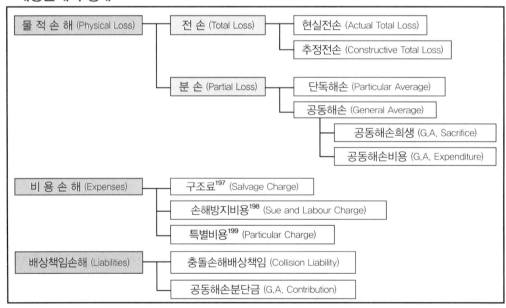

197 해상 사고가 발생했을 때, 주변을 지나는 선박 중 구조 계약을 체결하지 않은 선박이 구조 작업을 함으로써 발생되는 비용.
198 기상 상황 악화 등으로 선박에 적재된 화물에 피해가 발생될 수 있으며, 이러한 화물의 손해를 방지하기 위해서 선원들이 조치를 취할 수 있습니다. 이때 발생되는 비용.
199 해상 운송 중에 정해진 항로 상의 항구가 아닌 피난을 위해서 피난항으로 항로를 변경하는 것을 이로(DEVIATION)라고 합니다. 선장의 이로 결정으로 인하여 발생하는 비용(피난항에서의 크레인 사용료 등).

A. 물적손해

보험목적물(선박, 화물) 자체에 직접적으로 발생된 손해(멸실, 손상)로서 실질적 손해라고도 하며, 전손과 분손으로 구분됩니다. 그리고 전손은 현실전손과 추정전손으로 구분되며, 분손은 단독해손과 공동해손으로 구분됩니다.

B. 전손 (현실전손과 추정전손의 차이점)

보험목적물의 해상손해로 인하여 복구 불가능 상태, 고유성질의 상실 상태 및 행방불명 등 실질적인 손해로서 현실전손과 상실된 고유성질 혹은 파손(손상, Damage)의 수리 (Repair)/회복으로 인한 복구/회복 비용이 화물의 가액을 초과한 경제적 전손으로서 비록 실질적으로 현실전손되지는 않았으나 전손이 발생한 것으로 추정할 수밖에 없는 전손을 추정전손이라고 합니다. 결국, 해상손해에서 전손은 말 그대로 Total Loss로서 보험목적물 전체에 대한 피보험자의 경제적 손실이 발생된 상황입니다. 참고로 추정전손에 해당하는 경우는 기본적으로 보험목적물이 멸실된 경우가 아니기에 피보험자가 가지는 보험목적물에 대한 권리를 보험자(보험회사)에게 양도해야 합니다. 이를 위부(Abandonment)라 합니다.

> **현실전손의 형태**
>
> – 실질적 멸실 혹은 손상으로 복구 불능 상태(충돌, 침몰, 화재 등의 원인)
> – 고유성질의 상실 상태 (RF 컨테이너의 전원 고장으로 인한 내용물 부패, 습기로 인한 전기제품의 파손)
> – 선박이 행방불명되고 상당 기간 경과되어도 그 소식을 알 수 없을 때
> – 나포, 약탈 혹은 선장 또는 선원의 악행으로 화물이 타인에게 매각되어 회복할 수 없을 때

C. 분손 (단독해손과 공동해손 차이점)

분손은 피보험목적물의 일부에 손해가 발생한 경우를 말합니다. 피보험목적물은 선박 혹은 화물이 될 수 있으며, 항해 중에 예기치 못하게 우연히 발생한 위험에 의해서 선박 자체의 손해 혹은 화물 자체의 손해에 대해서는 선주 혹은 화주가 단독으로 그 손상을 부담해야 합니다. 이것이 분손 중에 단독해손(Particular Average)이라 할 수 있습니다. 이러한 단독해손은 예기치 못한 우연한 화재 등의 위험이 선박과 다른 화물 전체에 대한 공동의 위험

이 되어 일부 화물을 바다에 투하[200]하여(전체를 살리기 위해서 일부 화물을 고의로 희생시키는 것) 선박과 나머지 화물을 살리는 공동해손과는 다릅니다.

단독해손은 손해가 발생한 선박 혹은 화주가 자체적으로 그 손해를 처리해야 하는 반면, 공동해손으로 인한 손해는 살아남은 자가 피해액을 공평하게 분담하는 형태가 되겠습니다.

〈관련 규정〉 상법

제707조의 2(선박의 일부 손해 보상) ①선박의 일부가 훼손되어 그 훼손된 부분의 전부를 수선한 경우에는 보험자는 수선에 따른 비용을 1회의 사고에 대하여 보험금액을 한도로 보상할 책임이 있다.
②선박의 일부가 훼손되어 그 훼손된 부분의 일부를 수선한 경우에는 보험자는 수선에 따른 비용과 수선을 하지 아니함으로써 생긴 감가액을 보상할 책임이 있다.
③선박의 일부가 훼손되었으나 이를 수선하지 아니한 경우에는 보험자는 그로 인한 감가액을 보상할 책임이 있다.
[본조신설 1991.12.31.]

제708조(적하의 일부손해의 보상) 보험의 목적인 적하가 훼손되어 양륙항에 도착한 때에는 보험자는 그 훼손된 상태의 가액과 훼손되지 아니한 상태의 가액과의 비율에 따라 보험가액의 일부에 대한 손해를 보상할 책임이 있다.

■ 공동해손(General Average, G.A.)

A. 공동해손의 의미

공동해손은 항해 중에 있는 선박 및 화물(적하, Cargo)에 '예기치 못하게 발생한 위험'을 피하기 위해서 '의도적'으로 특정 화물을 희생시켜서 나머지 화물 및 선박을 위험에서 구함으로써 발생된 손해를 뜻합니다. 예를 들어, 선박이 전복될 위험에 처했을 때, 선장은 선박의 무게를 줄이고자 컨테이너를 바다에 투척하여 선박과 나머지 컨테이너를 구할 수 있습니다. 이러한 공동위험을 면하기 위해서 행한 행위를 공동해손행위(General Average Act)라 하고, 그 결과로 인해 발생한 손해(공동의 안전을 위해 희생된 일부 화물의 손해)를 공동해손손해(General Average Loss)라 합니다. 공동해손손해는 다시 공동해손희생(General Average Sacrifice)과 공동해손비용(General Average Expenditure)로 구분됩니다.

---

200 (컨테이너 선박의 경우) 실제로 선박 갑판 위에 선적된 컨테이너에 화재가 발생되면, 선원들이 화재 발생 컨테이너로 쉽게 접근이 어렵다고 합니다. 당해 컨테이너에 어떤 화물이 들어 있는지 모르기 때문입니다. 그리고 컨테이너를 바다에 투하하기 위해서는 컨테이너를 X자로 고정하는 Lashing Bar와 Corner Casting 부분의 Cone을 제거해야 합니다. 따라서 문제가 발생된 컨테이너와 그 주변의 컨테이너를 바다로 투하하는 것이 어려울 수 있겠습니다.

B. 공동해손분담금

이렇게 공동해손행위로 인하여 발생된 공동해손손해에 대해서 공동위험을 면하게 된 화주들은 그 각자가 받은 혜택의 정도에 따라서 비용을 분담하게 되는데, 그 분담금을 공동해손분담금(General Average Contribution)이라 하며, 이는 국제규칙으로서 요크안트워프규칙(York Antwerp Rule, 2004)에서 규정하고 있습니다. 다시 말해서 나머지 화물을 구하기 위해서 버려진 화물의 비용을 살아남은 화물의 화주가 분담하는 것이며, 이러한 분담금으로서 공동해손분담금을 공동해손정산인(General Average Adjuster)이 결정하게 됩니다.

C. 공동해손의 성립조건

선박이 침몰 위기에 직면하여, 해당 선박과 화물을 구하기 위해서 일부 화물을 바다에 투척하였다면 이는 공동해손이 성립될 수 있습니다. 이유는 이러한 선박의 침몰 위기는 통상적(ordinary, 일상적)으로 발생하는 사고가 아닌 예기치 못하게 이례적(extraordinary)으로 발생하는 사고이며, 바다에 투척된 해당 화물 자체의 사고가 아닌 선박과 기타 화물의 공동의 안전을 위해서 행해진 행동이며, 또한 바다에 투척된 화물이 우연히 바다로 떨어진 것이 아닌 고의적[201]이고 의도적으로 공동의 안전을 위해서 절박하게 투하(jettison)된 것이기 때문입니다. 즉, 공동해손이 성립되기 위해서는 이례적인 사건에 대해서 공동의 안전을 확보하기 위해서 의도적(고의적)이고 절박하게 행해진 결과에 따른 손해여야겠습니다. 물론 일부 화물의 희생으로 나머지 화물이 안전하게 목적지에 도착해야 공동해손의 개념이 성립될 것입니다.

■ 공동해손희생(비용)과 분담금 정산 후 화물 인도까지의 절차

A. 해상위험 발생 상황과 공동해손 비용

선사는 화주에 의해서 화물의 적입(Stuffing), 고정작업(Shoring, Lashing) 및 봉인(Sealing)된 컨테이너를 인수하여 선박에 선적(On Board)합니다. 이후 화주가 선사로 Shipment Booking 할 때 제공한 자료를 기초로 선하증권(B/L)을 발행하며, 선사가 발행하는 선하증권의 전면 Description 란에는 Description 내용이 송화인(화주)에 의해서 작성

---

201 부정적 의미의 고의가 아님

되었다는 문구로서 "Particulars Furnished by Consignor/Shipper"가 기재될 수 있습니다. 그리고 선하증권의 이면조항에서도 선사로 제공하는 물품의 명세에 부정확한 내용이 없어야 하며, 화물의 성질이나 특징 정보를 제공해야 한다는 조항이 포함될 것입니다.

이렇게 선박으로 화물이 컨테이너에 적입된 상태로 크레인을 사용하여 선적되고 항해 후 양륙항에서 역시 크레인에 의해서 양하됩니다. 이러한 과정 중에 크레인이 풍랑으로 선박 쪽으로 넘어질 수도 있으며, 크레인을 사용한 하역(Load, Unloading) 중에 컨테이너가 선박으로 추락할 수도 있습니다. 이때 갑판에 존재하는 잔해를 제거하기 위한 용접 작업 중에 화재가 발생할 수 있으며, 충돌로 인해서 화재가 발생할 수도 있습니다.

아울러 항해 중에 컨테이너 내부의 위험물이 폭발하여 화재가 발생할 수도 있습니다. 이러한 예기치 못한 사건으로 인해 선박과 다른 화물이 공동의 위험에 노출되었을 때, 화재가 발생한 컨테이너를 골라서 바다에 투하(jettison)할 수 없기에 화재가 발생한 컨테이너 및 인접한 컨테이너를 투하할 수 있습니다[202]. 다른 예로서 항해 중의 선박이 좌초될 위험에 놓였을 때 혹은 기타의 예기치 못한 상황에서 선박을 가볍게 만들어 항해를 지속해야 하는 상황에서 아무 문제가 없는 컨테이너를 공동의 안전을 위해서 고의적[203]으로 바다에 투하함으로써 선박과 다른 화물의 안전을 확보할 수 있습니다.

이처럼 예상하지 못한 사고로 인한 피해가 공동의 안전을 위협하는 상황에서 공동의 안전을 확보하기 위해 고의적으로 사고의 원인을 제공한 컨테이너 화물뿐만 아니라 원인 제공을 하지 않는 컨테이너 화물일지라도 희생시켜서 선박과 나머지 화물의 안전을 확보할 필요가 있습니다. 이러한 공동의 안전을 확보하기 위한 고의적인 행위로서 공동해손행위의 결과로 희생된 화물 혹은 선박의 손해가 '공동해손희생'이며, 선박과 다른 화물의 안전을 확보하기 위해서 지출된 비용으로서 구조비, 피난항 비용, 임시수리비 등이 바로 '공동해손 비용'이 되겠습니다.

B. 공동해손분담금의 정산과 화물의 인도

다음으로 공동해손정산인에 의해서 결정된 공동해손분담금이 확정되는 공동해손정산 과정이 진행되는데, 공동해손정산에는 상당한 시간이 필요합니다. 그렇다고 해서 공동해손정

---

202 각주 ~번 참고. On Deck에 적재된 컨테이너에 화재가 발생했을 때, 선원이 접근해서 컨테이너를 바다에 투하하기엔 위험 요소가 많음

203 부정적인 의미의 고의가 아님

산이 종료될 때까지 '희생되지 않은 화물'의 화주에게 화물을 인도하지 않으면 화주는 곤란한 상황[204]에 직면할 수 있습니다. 따라서 공동해손정산이 종료되기 전에 희생되지 않은 화물을 화주에게 인도하는데, 향후에 공동해손 정산 종료 후 해당 화주가 분담금을 부담하지 않으면 낭패입니다.

그래서 희생되지 않은 화물의 화주가 화물을 인수하기 위한 조건이 있습니다. 그 조건은 선사(선주)의 공동해손채권에 대한 지급보증 의미로 공동해손확약서(General Average Bond), 공동해손공탁금(General Average Deposit), 공동해손보증장(General Average Guarantee)을 선사(선주)에게 제공해야 하는 것입니다.

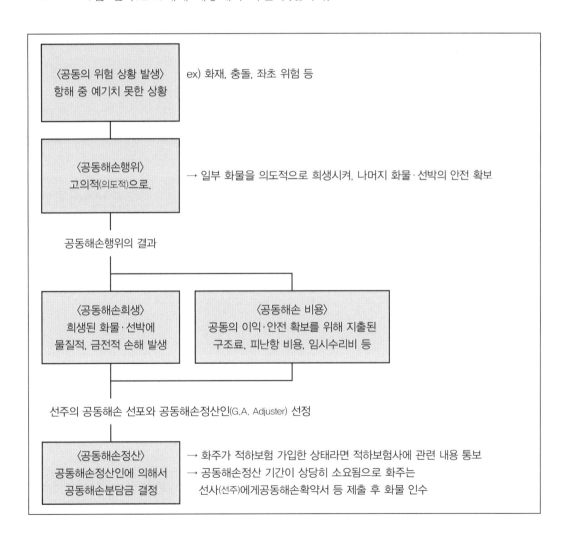

■ 이득금지의 원칙에 따른 위부(Abandonment) · 대위(Subrogation)

A. 이득금지의 원칙

손해보험은 실손보상을 원칙으로 하며, 실제 발생한 손해로 인한 피보험자의 금전적인 손해를 보험자가 보험금으로 보상합니다. 그런데 피보험자의 금전적인 손해를 초과하는 이익을 피보험자가 취하면 문제가 됩니다. 이렇게 보험으로 인하여 이익을 취해서는 안 된다는 것이 손해보험에서의 '이득금지의 원칙'입니다.

이를테면, 피보험자가 보험목적물의 손해에 따른 보험금을 지급받았음에도 불구하고, 보험목적물의 소유권을 유지하거나 혹은 손해 가해자(제3자)에 대한 피해보상청구권을 그대로 갖고 있다면 이중이득을 취할 여지가 남게 됩니다. 이러한 이중이득을 금지하기 때문에 보험자가 피보험자에게 보험금을 지급한 경우, 보험목적물에 대한 일체의 소유권(권리)과 제3자에 대한 손해배상청구권은 피보험자로부터 보험자에게 이전되겠습니다.

B. 위부와 대위 그리고 대위권 포기[205]
a) 추정전손 건, 보험금 청구를 위한 위부[206] 의미

추정전손이 발생된 경우, 피보험자는 그 손해를 분손[207]으로 처리할 수도 있고, 보험목적물을 보험자에게 위부(추정전손이 발생된 보험목적물의 소유권을 보험자에게 양도하면서 보험금액 전액을 청구하는 제도)하고 그 손해를 마치 현실전손인 것처럼 처리할 수도 있습니다. 현실전손에 준하는 추정전손에 대한 보험금을 피보험자가 보험자에게 청구하기 위해서는 존재하는 보험목적물(잔존물)에 대한 일체의 권리를 보험자에게 이전(양도)하는 '위부'의 절차를 이행해야 합니다.

위부의 절차가 양자(피보험자와 보험자) 간 합의에 의해서 진행되었다면 비록 보험목적물의 완전한 전손은 아니나 현실적으로 전손 되었다고 판단하여, 보험목적물이 전손 되었을 때의 보험금을 피보험자는 보험자에게 청구할 수 있는 청구권을 갖게 됩니다.

b) 위부의 통지와 승낙(위부의 절차)

이렇게 분손으로 처리할 수도 있는 추정전손이 성립되기 위해서는 피보험자가 손해 사실을 인지한 날로부터 합리적인 기간 이내에 보험자에게 위부의 통지(notice of abandonment)를 하고, 위부 통지를 받은 보험자의 승낙(수락)이 있어야 합니다. 즉, 위부의 통지와 승낙(피보험자와 보험자의 합의)이 있어야 위부의 성립이라고 할 수 있습니다. 이러한 위부의 통지는 서면 또는 구두로 할 수 있으며, 위부의 승낙은 명시적 또는 묵시적으로 할 수 있고, 승낙 이후 철회할 수 없습니다.

---

205 대위구상권 불행사
206 원칙적으로 현실전손의 경우에는 위부의 통지가 불필요합니다. 현실전손이 발생되면 보험목적물이 존재하지 않는 상태일 겁니다. 그렇다면 피보험자가 보험목적물의 권리를 보험자에게 이전할 수 없을 것입니다. 실제로 실무에서 추정전손이 발생한 경우, 피보험자는 보험자에게 추정전손이 발생된 보험목적물을 양도합니다.
207 파손된 보험목적물의 수리 비용이 보험목적물의 가액을 초과하는 경우, 위부 절차를 진행하여 추정전손 처리하는 것이 적절해 보입니다. 수리 비용이 가액을 초과하지 않은 경우에는 분손(단독해손) 처리할 수도 있을 것인데, 분손 처리할 때는 '위부'의 절차는 진행하지 않습니다. 아울러 보험자는 추정전손 발생되어 피보험자가 위부의 통지를 했을 때, 손해 발생된 보험목적물을 인수하더라도 이익이 없을 때는 위부(보험목적물의 소유권 양도) 거절하고 전손 처리하여 보험한도액 전액을 지급할 수도 있습니다.

c) 위부와 대위 차이점 및 대위권 포기 관련

위부는 추정전손에만 적용되고 대위는 전손과 분손 모두에 적용됩니다. 아울러 위부는 위부의 통지와 승낙이 있어야만 인정되지만, 대위는 통지와 승낙의 절차 없이 보험자가 피보험자에게 보험금을 지급하면 당연히 인정된다 할 수 있습니다.

그리고 위부는 피보험자가 화물에 대해 갖고 있는 모든 권리를 보험자에게 양도하고 추정전손 된 화물의 보험금액 전액을 청구하는 제도입니다. 그러나 대위는 전손 혹은 분손 된 화물에 대한 보험금을 보험자가 피보험자에게 지급하면 피보험자가 화물에 대해서 갖고 있던 소유권과 손해배상청구권을 보험자에게 양도하게 됩니다.

마지막으로 적하보험증권에 Waiver of Subrogation(대위권 포기[208]) 문구가 들어가면 사고가 발생했을 때, 피보험자가 보험자에게 보험금 청구하여 보험금을 지급받더라도 보험자가 해당 사고에 책임이 있는 운송인 등에게 구상권 행사가 불가합니다.

■ 담보위험과 면책위험 및 적하보험약관(구약관, 신약관)

A. 담보위험(Insured perils)과 면책위험(Excluded perils)

보험자가 열거한 위험(보상하는 보험사고)에 의하여 발생한 보험목적물의 손해(멸실, 손상)에 대해서 보험자가 보상 책임을 가지는데, 이를 담보위험이라 할 수 있습니다. 면책위험은 보상하지 않는 위험으로서 법률에 규정하고 있는 법정면책위험과 약관에 규정하고 있는 약정면책위험으로 분류될 수 있습니다.

B. 구적하보험약관

a) FPA(Free from Particular Average Clause, 단독해손부담보약관) / ICC(FPA)

ICC(FPA)는 전손은 보상하고 분손 중에는 원칙적으로 공동해손만을 보상하는 조건입니다. 그러나 분손에 속하는 단독해손이라 할지라도 S.S.B.C.[209] 사고와 피난항(조난항)에서의 양륙 중 발생된 단독해손은 보상될 수 있습니다. 이러한 손해의 형태는 보험목적물 자체의 손해로서 물적손해에 속하는 손해에 대한 보상이며, FPA 조건은 보험목적물 자체의 손해가 아닌 보험목적물의 안전(Safety) 또는 보존(Preservation)을 위하여 피보험자에 의해 혹은

---

208 대위권을 구상권이라고도 합니다.

209 침몰(Sinking), 좌초(Stranding), 화재(Burning) 및 충돌(Collision).

피보험자를 위해 지출된 비용으로서 공동해손 비용을 제외한 비용손해로서 구조료, 손해방지비용 및 특별비용에 대한 보상도 담보하는 조건이라 할 수 있습니다.

b) WA(With Average Clause, 분손담보약관) / ICC(WA)

ICC(FPA)는 물적손해에 있어 전손 그리고 분손 중에 원칙적으로 공동해손에 대해서만 보상하는 약관(조건)인 반면, ICC(WA)는 전손과 분손(공동해손과 단독해손) 모두를 보상하는 약관입니다. 그러나 ICC(WA)에서는 '소손해면책'이라는 보험자의 위험관리 기법이 존재합니다.

● 소손해면책(Franchise)의 의미

보험목적물에 손해가 발생하면 보험자는 피보험자에게 보험금을 지급해야 합니다. 그러나 그 물적손해가 단독해손에 속하는 손해로서 경미한 손해(소손해)라면 보험자의 보험금 지급 의무가 면책될 수 있습니다. 즉, ICC(WA)는 단독해손이 보상되지만, 보험증권(약관)에 기재된 일정 비율 미만의 경미한 손해로 인한 손해액은 단독해손임에도 불구하고 보험자가 피보험자에게 보상하지 않는다는 것이 바로 소손해면책(Franchise)입니다.

이는 경미한 손해에 대해서 피보험자는 자신에게 발생한 금전적 불이익을 충분히 감수할 수 있으며, 그 경미한 손해에 대해서 보험금 청구와 사고 조사 절차 이행에 따른 인력과 시간 투입이 지급받는 보험금과 대비하여 실익이 없다는 취지가 반영된 것이라고 보입니다.

● 소손해면책비율(Franchise): WA 3%

ICC(WA 3%)[210]는 단독해손 손해가 보험가액의 3% 비율에 미만이라면 보험자의 보험금 지급 의무가 면책됩니다. 그러나 단독해손 손해가 보험가액의 3% 이상인 경우, 그 단독해손 전액을 보상하는 의미가 됩니다. 반면 3%를 공제하고 나머지 단독해손 손해에 대해서만 보상하는 경우도 있습니다. 정해진 면책 비율로 3%를 공제하지 않는 약관을 무공제소소해면책약관(Franchise Clause)이라 하고, 공제하고 나머지 손해만 보상하는 조건을 공제소손해면책약관(Excess Clause 또는 Deductible Clause)라 합니다.

---

210 ICC(WA 3%) 조건에서도 ICC(FPA)에서 언급한 '특정단속해손'에 대해서는 소손해면책비율(Franchise) 적용 없이 그 손해액 전액을 보상하겠습니다.

● WAIOP (WA Irrespective of Percentage: 면책비율 부적용 분손담보조건)

ICC(WAIOP)는 소손해 면책비율(Franchise) 적용하지 않기 때문에 단독해손 발생 시, 정해진 비율 없이 보상되겠습니다. ICC(All Risks)와 동일 조건이 될 수 있습니다.

c) All Risks / ICC(All Risks)

ICC(A/R)는 ICC(FPA) 및 ICC(WA)의 보상손해를 모두 보상하며, ICC(WA)에서 적용되는 소손해면책이 비적용됨으로써 단독해손이 발생되었을 때 손해액 전액을 보상하게 되겠습니다.

보험조건			해상손해 형태			보상손해 범위	
A/R	WA	FPA	물적손해	전손		현실전손 및 추정전손	
				분손		공동해손(공동해손희생, 공동해손비용, 공동해손분담금)	
					특정 단독 해손	하역(선적, 양륙, 환적)작업 중 추락으로 인한 포장단위의 전손[211]	
						SSB 사고(좌초, 침몰, 대화재)[212]	
						화재, 폭발, 충돌, 접촉 사고[213]	
						피난항(조난항)에서 적하의 양륙과 상당인과관계가 있는 손해	
			비용손해			구조료	
						손해방지비용	
						특별비용	
		+ 단독해손				소손해면책비율 적용(Franchise Clause or Excess/Deductible Clause) 단, '특정단속해손'에 대해서는 소손해면책비율 비적용	
						Heavy Weather에 의한 단독해손(악천후에 의한 해수손)	
	+ 단독해손					소손해면책비율 비적용	

---

211 화물 하역 작업할 때 카고슬링(Cargo Sling, 하역 시에 화물을 싸매거나 묶어서 카고 훅에 달아매는 용구)을 사용할 수 있는데, 화물을 감싸고 있는 카고슬링으로부터 화물이 빠져서 바다 혹은 갑판으로 추락함으로써 발생하는 추락위험(Sling Risk)으로 인한 전손을 보험자가 보상.

212 보험목적물인 화물을 적재한 선박 또는 부선이 좌초(Stranding), 침몰(Sinking) 또는 대화재(Burning)로 인한 단독해손 (SSB 사고)

213 화재, 폭발, 선박 상호 간의 충돌, 선박 및 부선 또는 기타 운송용구와 물 이외의 타 물체(얼음 포함)와의 충돌 또는 접촉으로 인한 단독해손

C. 신적하보험약관

신약관은 ICC(A), ICC(B), ICC(C)로 구분됩니다. 신약관 ICC(A)는 보험목적물에 발생된 멸실과 손상의 모든 위험을 담보한다는 내용에 있어 구약관 ICC(All Risks)와 동일한 조건이라 할 수 있습니다. 이렇게 보험목적물에 대한 멸실과 손상에 대해서 보험자가 부담하는 담보위험을 열거하지 않고 면책위험 이외 손해를 보험자가 부담하는 것을 '포괄책임주의'라 합니다. 포괄책임주의를 택하는 조건은 신약관 ICC(A)와 구약관 ICC(All Risks)가 되겠습니다.

반면 보험자가 부담하는 멸실과 손상을 구체적으로 열거하는 방식을 취하는 약관이 신약관에서 ICC(B), ICC(C)가 있으며, 구약관에서는 ICC(WA)와 ICC(FPA)가 되겠습니다.

포괄책임주의와 열거책임주의

〈포괄책임주의〉
약관에 담보위험을 하나하나 열거하지 않고 면책위험만을 열거함으로써 손해 발생 시 보험자가 면책위험 이외의 일체의 손해를 보상하는 조건이라 할 수 있습니다. e.g. 신약관 ICC(A), 구약관 ICC(All Risks)

〈열거책임주의〉
약관에 담보위험을 열거하고, 손해 발생 시 담보위험에 대해서만 보험자가 보상하는 조건입니다. 선박보험은 열거책임주의를 택하며, 적하보험에서는 신약관 ICC(B)와 ICC(C), 구약관 ICC(WA)와 ICC(FPA) 열거책임주의를 택하고 있습니다.

〈신적하보험약관 담보위험과 면책위험의 비교〉

구분	위 험	신약관 (A)	(B)	(C)
담보위험 [214]	1. 아래 사유에 상당인과관계가 있는 화물의 손해(멸실 또는 손상)			
	① 화재 또는 폭발	O	O	O
	② 본선 또는 부선의 좌초, 교사, 침몰, 전복	O	O	O
	③ 육상운송용구의 전복, 탈선	O	O	O
	④ 본선, 부선, 운송용구의 타 물체와의 충돌, 접촉	O	O	O
	⑤ 피난항에서의 화물의 양륙	O	O	O
	⑥ 지진, 화산의 분화, 낙뢰	O	O	X
	2. 아래 사유에 근인한 화물의 멸실 또는 손상			
	⑦ 공동해손희생	O	O	O
	⑧ 투하	O	O	O
	⑨ 갑판유실	O	O	X
	⑩ 본선, 부선, 선장, 운송용구, 컨테이너, 리프트밴 또는 보관장소에서의 해수, 호수, 강물의 침입(해수 침손 및 담수 침손)	O	O	X
	⑪ 본선, 부선으로의 선적 또는 양륙작업 중 바다에 떨어지거나 갑판에 추락한 포장단위당 전손	O	O	X
	3. 공동해손 및 구조료	O	O	O
	4. 쌍방과실충돌손해	O	O	O
	5. 위 1, 2, 3, 4에서 규정한 위험 이외에 기타 일체의 위험(단, 면책위험 제외)	O	X	X

214 보험자가 열거한 위험(보상하는 보험사고)에 의하여 발생된 보험목적물의 손해(멸실, 손상)에 대해서 보험자는 보상 책임을 부담합니다. 따라서 담보위험에서 O의 의미는 열거한 위험으로 발생된 보험목적물의 손해에 대해서 보험자가 피보험자에게 보험금을 지급한다는 뜻입니다. 반면 X는 보험자가 담보위험 부담하지 않으니, 해당 위험으로 인하여 발생된 보험목적물의 손해에 대해서 보험자가 피보험자에게 보험금을 지급하지 않는다는 뜻이 되겠습니다.

면책위험 [215]	1. 피보험자의 고의적 불법행위	O	O	O
	2. 통상의 누손, 중량 또는 용적의 통상의 감소, 자연소모	O	O	O
	3. 포장 또는 운송용구의 불충분·부적합	O	O	O
	4. 화물 고유의 하자 또는 성질	O	O	O
	5. 지연	O	O	O
	6. 선주, 관리자, 용선자 또는 운항자의 지급불능 또는 채무불이행	O	O	O
	7. 제3자의 고의적인 손상 또는 파괴	X	O	O
	8. 원자핵무기에 의한 손해	O	O	O
	9. 피보험자 또는 그 사용인이 사전에 인식한 선박, 부선의 불감항과 선박, 부선, 운송용구 등의 부적합	O	O	O
	10. 전쟁위험	O	O	O
	11. 동맹파업	O	O	O

〈관련 규정〉 상법

제706조(해상보험자의 면책사유) 보험자는 다음의 손해와 비용을 보상할 책임이 없다. 〈개정 1991.12.31.〉

1. 선박 또는 운임을 보험에 붙인 경우에는 발항 당시 안전하게 항해를 하기에 필요한 준비를 하지 아니하거나 필요한 서류를 비치하지 아니함으로 인하여 생긴 손해
2. 적하를 보험에 붙인 경우에는 용선자, 송하인 또는 수하인의 고의 또는 중대한 과실로 인하여 생긴 손해
3. 도선료, 입항료, 등대료, 검역료, 기타 선박 또는 적하에 관한 항해 중의 통상비용

참고

ICC(협회적하보험약관, Institute Cargo Clause)는 1982년을 기준으로 그 이전의 약관을 구약관, 그 이후의 약관을 신약관으로 구분합니다. 1982년 개정된 신약관은 2009년에 한 차례 더 개정이 됩니다. 적하보험 관련 문구에서 ICC(A) 1/1/82는 1982년에 개정된 신약관을 뜻하며, 1/1은 1월 1일을 뜻합니다.

---

215 보험자가 보상하지 않는 위험. 면책위험에서 O의 의미는 열거한 위험 발생으로 발생된 보험목적물의 손해에 대해서 보험자가 면책된다는 뜻으로서 피보험자에게 보험금을 지급하지 않습니다. 반면 X는 열거한 위험이 발생하더라도 보험자가 면책되지 않기 때문에 피보험자에게 보험금을 지급할 수 있습니다.

제8장

물류 사고

8. 물류 사고

■ FOB 거래에서 P.O.L. CY에서 발생한 사고

A. FOB 조건에서의 적하보험과 육상 구간 운송보험

FOB에서는 매수인이 적하보험 부보 여부를 선택하며, 적하보험사의 위험담보 구간은 On Board 시점부터 그 이후의 구간입니다. 따라서 수출자 Door[216]에서 Port of Loading(P. O.L., 선적항)의 지정된 반입지[217]에 Cargo Closing Time(Cut Off)까지 반입을 위해서 내륙운송(Trucking) 진행합니다. FOB 조건에서 수출지 내륙운송 구간의 위험 책임은 매도인에게 있기 때문에 매도인은 보험사를 통해서 운송보험에 가입할 수도 있습니다. 그런데 운송보험은 반입지에 화물이 반입된 이후의 사고에 대해서는 담보하지 않습니다. 결국, 수출자의 운송보험과 매수인의 적하보험 각각의 위험담보 구간에서 매도인 반입지의 사고는 제외될 수 있습니다. 따라서 수출지 반입지에 화물이 반입되고 On Board 되기 전까지의 사고에 대해서 누구에게 그 책임을 물을 수 있는지에 대한 의문이 생깁니다.

B. 운송인의 화물 인수 지점과 인도 지점의 이해(책임 구간)

Place of Receipt은 운송인이 송화인(Shipper)에게 화물(Cargo)을 인수한 장소이자 운송인의 운송 책임이 시작되는 지점이며, Place of Delivery는 운송인이 수하인에게 화물을 인도하는 장소이자 운송인의 운송 책임이 최종적으로 종료되는 지점입니다. 해상 운송에서 발행되는 운송서류(B/L, 화물운송장)에는 Place of Receipt과 Place of Delivery가 있는데, FCL 화물은 각각 Port of Loading의 CY와 Port of Discharge의 CY가 각각 기재됩니다. 그리고 LCL 화물은 Port of Loading의 CFS와 Port of Discharge의 CFS가 각각 기재됩니다[218].

---

216 수출지에서의 Door는 수출물품이 위치한 장소. 수입지에서의 Door는 Final Destination(착지)

217 FCL은 CY, LCL은 CFS

218 물론 모든 운송인이 운송서류에 이러한 화물 인수 장소와 인도 장소를 기재하는 것은 아니며 공란(Blank) 처리하는 경우도 있습니다.

Pre-carriage by	Place of Receipt	Party to contact for cargo release
	SHANGHAI CY	KOREA TRANS
Vessel Voy. No.	Port of Loading	12F DOOSOL B/D, 1 GA, NAMSAN-DONG, JUNG-GU SEOUL KOREA TEL : 02-000-0000 FAX : 02-000-0000
HYUNDAI JAKARTA 812E	SHANGHAI PORT, CHINA	ATTN : MS. S.H. KIM
Port of Discharge	Place of Delivery	Final Destination (Merchant's reference only)
BUSAN PORT, KOREA	BUSAN CY	

따라서 선사의 Master 운송서류 Place of Receipt 부분에 선사가 지정한 선적항 CY 가 기재되고 On Board 이전에 당해 CY 내에서 사고가 발생된 경우, 선사는 그 책임으로 부터 자유롭지 못할 것으로 사료됩니다. 그리고 LCL 건으로서 콘솔사 운송서류 Place of Receipt 부분에 콘솔사가 지정한 수출지 CFS가 기재되고 당해 CFS에서 사고가 발생한 경우는 콘솔사가 그 책임에서 자유롭지 못할 것입니다. 이유는 운송서류를 발행하는 운송인의 운송 책임의 시작점이 운송인이 화물을 인수한 운송서류 상의 Place of Receipt이기 때문입니다.

KIFFA B/L 이면약관

Ⅰ-2. Applicability and Issuance of this K B/L
2) The Carrier, by the issuance of this K B/L, undertakes to perform and/or, in his own name, to procure the performance of the carriage from the place at which the Goods are taken in charge to the place designated for delivery on the face hereof.
2) 운송인은 본 운송증권을 발행함으로써 물품을 수취한 장소로부터 본 운송증권의 표면에 지정된 인도장소까지의 운송을 이행하거나 자기의 명의로 그 이행의 주선을 보증한다.

Ⅱ-3. Liability of the Carrier
1) The responsibility of the Carrier for the Goods under these conditions covers the period from te time he takes the Goods in his charge to the time of their delivery.

1) 본 증권 약관에서는 물품에 관한 운송인의 책임 기간은 운송인이 물품을 인수한 시점에서 이를 인도하는 시점까지이다.

정당한 수하인에게 인도

(발췌) 김현, 「판례/ 양륙항에 입항해도 운송이 종료되지 않았다고요?」, 「코리아쉬핑가제트」, 2020년 5월

"해상운송계약에서 운송인은 운송물의 수령·선적·적부·보관·운송·양륙 및 인도의무를 부담하므로(상법 제795조 제1항), 운송인은 운송채무의 최종 단계에서 운송물을 정당한 수하인에게 인도함으로써 운송계약의 이행을 완료하게 된다. 여기서 운송물의 인도는 운송물에 대한 점유, 즉 사실상의 지배·관리가 정당한 수하인에게 이전되는 것을 말한다. 선하증권이 발행된 경우에는 선하증권의 정당한 소지인에게 인도해야 한다(상법 제861조, 제132조). 따라서 운송인이 운송계약상 정해진 양륙항에 도착한 후 운송물을 선창에서 인도 장소까지 반출해 보세창고업자에게 인도하는 것만으로는 그 운송물이 운송인의 지배를 떠나 정당한 수하인에게 인도된 것으로 볼 수 없다(대법원 2004년 5월 14일 선고 2001다33918 판결 등 참조)."

■ 해상운송 제척기간 1년, 육상운송 소멸시효 1년(상법)

A. 제척기간과 소멸시효 개념 정리

운송인이 포워더일 때, 당해 운송인의 책임 구간은 육상 및 해상 운송 구간이 복합되는 복합운송[219]인 경우가 많습니다. 안타깝게도 수하인(Consignee)이 인수하는 화물에 Damage가 발생할 수도 있고, 운송인이 청구한 운송비를 화주가 지급하지 않을 수도 있습니다. 이때 양자의 합의가 불발되어 제소로 이어지면 해상운송 구간은 '제척기간' 1년이고, 육상운송 구간은 '소멸시효' 1년이 적용되어 혼란이 야기될 수 있습니다. 따라서 제척기간과 소멸시효의 개념을 인지할 필요가 있으며, 아래와 같습니다.

구 분	소멸시효	제척기간
단축, 연장	● 단축 가능(양 당사자의 협의 필요) ● 연장 불가[220] ● KIFFA B/L 제소기간 9개월은 육상운송 구간 사고에 관해서만 적용	● 단축 불가(양 당사자의 협의가 있음에도) ● 연장 가능(상법 제814조 제1항)[221][222]
주장입증	● 법원이 알 수 없기 때문에 당사자가 입증해야	● 법원이 직권으로 판단하기에 당사자의 입증 불필요
중단, 정지	● 권리가 발생 된 시점부터 소멸시효 완성 전까지 자신의 권리를 적극적으로 주장하면 소멸시효 중단. 제소하면 권리 발생 시점부터 소송한 시점까지의 기간은 무효(삭제)이고, 법원 판정부터 다시 소멸시효 적용	● 불가항력적 사항이 있어도, 중단(정지)되지 않음
시효	● 책임 ● 채권 시효(상법 제121조, 122조) ● 육상구간 적용	● 채권 ● 채무의 소멸(상법 제814조) ● 해상구간 적용

---

219 복합운송은 운송물을 육상운송, 해상운송, 항공운송 중 적어도 두 가지 이상의 서로 다른 운송수단을 결합하여 운송을 수행하는 것을 뜻합니다.

220 민법 제184조(시효의 이익의 포기 기타) ②소멸시효는 법률행위에 의하여 이를 배제, 연장 또는 가중할 수 없으나 이를 단축 또는 경감할 수 있다.

221 상법 제814조 제1항은 운송인의 송하인 또는 수하인에 대한 채권과 채무는 그 청구원인의 여하에 불구하고 운송인이 수하인에게 운송물을 인도한 날 또는 인도할 날부터 1년 이내에 재판상 청구가 없으면 소멸하되, 당사자의 합의에 의해 위 기간을 연장할 수 있도록 규정하고 있다. 이러한 해상 운송인의 송하인이나 수하인에 대한 권리·의무에 관한 소멸기간은 제척기간이고(대법원 1997년 11월 28일 선고 97다28490 판결 등 참조), 제척기간의 기산점은 '운송물을 인도한 날 또는 인도할 날'이다.

222 상법 제902조는 항공 운송에서의 제척기간(2년)을 규정하는 조항으로서 연장 내용이 없습니다.

B. 운송인의 운송료 지급 청구

상법 제816조 제1항은 "운송인이 인수한 운송에 해상 외에 운송구간이 포함된 경우 운송인은 손해가 발생한 운송구간에 적용될 법에 따라 책임을 진다."라고 규정하고 있습니다. 이는 통상적으로 포워더가 운송인의 지위에 있을 때의 상황으로써 복합운송 건이라 할 수 있습니다. 복합운송에 전체적으로 적용될 법규가 존재하지 않기 때문에 손해 발생 구간에 따라 개별적인 법규가 적용됩니다. 만약 해상구간에서 손해가 발생되었다면 동법 제814조 제1항에 따라서 운송인의 송화인 또는 수하인에 대한 채권 및 채무는 운송물을 인도한 날부터 1년의 제척기간 이내에 재판상 청구가 없으면 소멸됩니다. 반면 육상구간에서 손해가 발생되었다면 동법 제121조 및 제122조에 따라 1년의 소멸시효가 적용되겠습니다.

사건 : 서울중앙지법 2018가합572034 운송료

■ 사실관계
'포워더(원고)'가 운송인 지위로 해상 및 육상 운송 진행했는데, '무역회사(피고)'가 운송비 지급하지 않음. 화물 운송 완료는 2017년 10월 3일이며, 이에 원고는 2018년 10월 12일에 제소.

■ 의견
상법 제814조에 따르면 운송인의 채권은 운송물을 인도한 날 또는 인도할 날부터 1년 이내에 재판상 청구가 없으면 소멸된다고 규정하고 있으며, 이는 소멸시효처럼 중단되지 않는 재척기간에 속한다. 따라서 수하인이 화물을 2017년 10월 3일에 인수하였고, 1년의 재척기간 도과 후로서 2018년 10월 12일에 제소하였으니, 해상 운송 제척기간 도과로 운송인의 운송비 지급 청구는 부적합하다 할 수 있다.
그러나 상법 제122조에 따른 위탁자 또는 수하인에 대한 채권은 권리자의 적극적인 주장에 의해서 중단이 가능한 1년의 소멸시효를 갖는다. 운송인이 2018년 6월 29일에 이메일로 운송금액을 통지했기에 화주는 운송인의 권리 또는 화주 자신의 채무가 있음을 알고 있다는 뜻으로 해석될 수 있다. 따라서 소멸시효는 2018년 6월 29일에 중단되었고, 2018년 10월 12일의 제소는 육상운송 구간에서 효력이 발생한다.
결국, 법원은 본 사건에서 피고(화주)는 해상 운송비를 제외한 육상 운송비만을 지급하라고 판결했다.

상기 사건은 포워더(원고)가 운송인의 지위로 해상과 육상 운송 후 운송비를 청구하였음에도 불구하고 화주(피고)가 운송비를 지급하지 않아서 제소하였는데, 해상 운송비는 상법 제814조에 의해서 제척기간 1년 도과로 각하되고, 육상 운송비는 동법 제122조에 의해서 소멸시효 1년인데 중간에 '중단' 사유가 있어서 법원이 화주에게 육상 운송비만을 지급하라는 판례입니다. 본 판례에서 운송인 지위[223] 있는 포워더는 해상 및 육상 구간에 대해서 운송 의뢰받았으며, 상법 제816조 제1항에 따라서 해상구간은 상법 제814조, 육상구간은 동법 제122조가 각각 적용되었습니다.

---

223 포워더가 자신의 화주에게 운송서류(B/L, 화물운송장)를 발행하면, 운송인으로서 지위를 얻습니다.

상 법

제2편 상행위, 제8장 운송주선업

제121조(운송주선인의 책임의 시효)

①운송주선인의 책임은 수하인이 운송물을 수령한 날로부터 1년을 경과하면 소멸시효가 완성한다.

제122조(운송주선인의 채권의 시효)

운송주선인의 위탁자 또는 수하인에 대한 채권은 1년간 행사하지 아니하면 소멸시효가 완성한다.

제5편 해상, 제2장 운송과 용선, 제1절 개품운송

814조(운송인의 채권·채무의 소멸)

①운송인의 송하인 또는 수하인에 대한 채권 및 채무는 그 청구원인의 여하에 불구하고 운송인이 수하인에게 운송물을 인도한 날 또는 인도할 날부터 1년 이내에 재판상 청구가 없으면 소멸한다. 다만, 이 기간은 당사자의 합의에 의하여 연장할 수 있다.

제816조(복합운송인의 책임)

①운송인이 인수한 운송에 해상 외의 운송구간이 포함된 경우 운송인은 손해가 발생한 운송구간에 적용될 법에 따라 책임을 진다.

②어느 운송구간에서 손해가 발생하였는지 불분명한 경우 또는 손해의 발생이 성질상 특정한 지역으로 한정되지 아니하는 경우에는 운송인은 운송거리가 가장 긴 구간에 적용되는 법에 따라 책임을 진다. 다만, 운송거리가 같거나 가장 긴 구간을 정할 수 없는 경우에는 운임이 가장 비싼 구간에 적용되는 법에 따라 책임을 진다.

[전문개정 2007.8.3]

제척기간의 기산점	(발췌) 이광후, 「상법 제814조 제척기간」, 『한국해양』, 2012년 10월

■ 운송물을 인도한 날
- 컨테이너 화물(FCL, LCL): 운송인의 화물인도지시서(D/O, Delivery Order)에 의하여 화물이 보세장치장(CY) 혹은 보세창고(CFS 등)로부터 반출된 때를 인도하는 날.
- 벌크 화물(Term : FIO): 실수입자의 의뢰를 받은 하역업자에게 양하작업을 허용하여 하역업자가 화물을 하역하였다면 하역업자가 운송인의 허락을 받아 화물을 점유하여 양하한 때.

■ 운송물을 인도할 날
- 통상 운송계약이 그 내용에 따라 이행되었으면 인도가 행하여져야 했던 날을 말하는바, 운송물이 멸실되거나 운송인이 운송물의 인도를 거절하는 등의 사유로 운송물이 인도되지 않은 경우에는 '운송물을 인도할 날'을 기준으로 한다[224].

■ 참고
- 상법 제814조의 1년은 제척기간이기 때문에 합의에 의해서 기산일을 정할 수 없으며, 법원의 직권조사사항이다.

---

224 여기서 '운송물을 인도할 날'이란 통상 운송계약이 그 내용에 따라 이행됐으면 인도가 행해져야 했던 날을 의미합니다(대법원 1997년 11월 28일 선고 97다28490 판결, 대법원 2007년 4월 26일 선고 2005다5058 판결 등 참조).

■ 제척기간 도과로 인한 운송인의 운송비 지급 소송 패소 (상법 제814조)

서울고등법원 2018. 12. 21. 선고 2018나2043461 판결 [운송대금]

1. 사실관계

원고 운송인(포워더로서 운송인 지위)은 피고로부터 자동차를 한국에서 시리아까지 운송 의뢰를 받았고, 그 운송비는 피고가 원고에게 지급하기로 약정했습니다. 물론 원고는 다시 선사에게 운송 의뢰하였습니다. 본 건의 운송은 2건으로 구분되어 2013년 12월경 인천항(Port of Loading)에서 각각 선적된 이후에 양륙항(Port of Discharge)인 터키 메르신(Mersin)과 이스켄데룬(Iskenderun) 항구에서 하역된 다음 환적(T/S)하여 시리아로 운송될 것으로 예정되었습니다.

터키 당국은 그 무렵 시리아의 정국 불안정을 사유로 시리아를 최종 목적지로 하는 화물의 환승을 위한 터키 내 입항을 불허하였고, 2014년 1월경 그리스 피레아스(Piraeus)와 몰타(Malta)에 대기시켰습니다. 이후 2014년 5월경 당해 화물을 터키 메르신(Mersin)과 이스켄데룬(Iskenderun) 항구로 다시 운송하였고, 이 과정에서 추가적인 운임, 보관료 등이 발생하였습니다(이하 '제2차 비용').

원고는 선사에게는 2차 비용까지 지급한 상태이고, 피고에게 인천항에서 기존의 Port of Discharge까지의 비용뿐만 아니라 2차 비용까지 지급할 것에 대한 소를 2017년 9월 5일에 제기하였습니다.

2. 법원의 판시 내용

「상법」 제814조 제1항에 의하면, "운송인의 송하인 또는 수하인에 대한 채권 및 채무는 그 청구원인의 여하에 불구하고 운송인이 수하인에게 운송물을 인도한 날 또는 인도할 날부터 1년 이내에 재판상 청구가 없으면 소멸한다"고 규정되어 있다.

이 사건에서 2014년 5월경 자동차가 터키 내 항구에 입항하여 원고의 운송이 종료된 사실은 앞서 본 바와 같고, 이 사건 소는 그로부터 1년이 지난 2017년 9월 5일에 제기된 사실은 기록상 명백한바, 따라서 이 사건 소는 제척기간을 도과하여 제기된 것이어서 부적법하다.

이에 대하여 원고는 피고와 사이에 제척기간 연장에 대한 합의가 있었다는 취지로 주장하나, 갑 제10호증, 갑 제15, 16호증의 각 기재만으로 이를 인정하기 부족하고, 달리 인정할 증거가 없으므로 위 주장은 이유 없다.

원고는 추가 비용 지불 의무가 피고에게 있음에도 피고가 이를 거부하여 원고 자신이 선사에 대신 추가비용을 지불하는 손해를 입었고, 피고는 이로 인하여 부당 이득을 하였으므로 그 반환을 구한다는 취지의 주장도 하고 있으나, 이는 기본적으로 이 사건 소로 지급을 구하는 운송료 채권과 동일한 것이고, 부당이득반환청구로 본다 하더라도 「상법」 제814조 제1항의 제척기간의 적용을 받는 채권에 해당하므로, 원고의 이 부분 주장도 이유 없다.

■ 운송물 인도 지연에 대한 운송인의 손해배상(해상 및 항공)

A. 해상 화물의 인도 지연

일반적으로 법원은 운송물 인도 지연[225]으로 인한 화주의 손해에 대해서 운송인에게 법적 책임을 묻지 않습니다. 그래서 대부분의 경우는 화주의 클레임에 대해서 운송인 입장에서 중요 고객[226]일 때, 도의적인 책임을 느끼고 일정한 손해를 보상해주는 것이 실제 업무에서의 예라 할 수 있습니다.

---

225 오배송으로 인한 지연은 '화물 A'와 '화물 B'를 Booking 받은 운송인의 업무 미숙으로, '화물 A'를 '화물 B Port of Discharge'로 보내고, '화물 B'를 '화물 A Port of Discharge'로 발송한 경우가 있습니다. 아울러 환적(T/S) 스케줄 건에서 환적항에서의 이레(irregularity) 상황 발생으로 Port of Discharge에 기존 E.T.A.보다 늦게 화물이 도착하기도 합니다. 이를테면 환적항에서의 자연재해로서 안개와 태풍이 있을 수 있고, 종종 선박의 고장으로 환적이 늦어지는 경우도 있습니다.
226 운송인이 포워더일 때, Free Cargo이고 운송 의뢰 빈도 수와 건당 Profit을 고려하여 운송인으로서 포워더가 일정한 손해를 보상할 것인지 판단할 것입니다.

a) 상법 규정

해상운송에서 화물 인도 지연에 따른 직접적인 손해(통상손해)의 배상액은 상법 제137조에서 규정하고 있습니다[227]. 만약 인도 지연으로 인하여 직접적인, 즉 당연히 예상되는 통상손해[228]가 아닌, 매수인의 공장생산 라인 정지로 발생된 손해와 같은 간접적인 손해로서 특별손해에 대해서는 일반적으로 법원은 운송인의 손해배상 책임을 인정하지 않습니다[229].

상 법
제2편 상행위, 제9장 운송업, 제1절 물건운송 제137조(손해배상의 액) ① 운송물이 전부멸실 또는 연착된 경우의 손해배상액은 인도할 날의 도착지의 가격에 따른다. ② 운송물이 일부멸실 또는 훼손된 경우의 손해배상액은 인도한 날의 도착지의 가격에 의한다. ③ 운송물의 멸실, 훼손 또는 연착이 운송인의 고의나 중대한 과실로 인한 때에는 운송인은 모든 손해를 배상하여야 한다. ④ 운송물의 멸실 또는 훼손으로 인하여 지급을 요하지 아니하는 운임 기타 비용은 전3항의 배상액에서 공제하여야 한다. 제5편 해상, 제2장 운송과 용선, 제1절 개품운송 제815조(준용규정) 주석 제134조, 제136조부터 제140조까지의 규정은 이 절에서 정한 운송인에 준용한다. [전문개정 2007.8.3]

상법 제137조 제1항에서 '연착'은 단순히 인도가 지연되었다는 것인데, 며칠 지체되었다고 해서 전부멸실과 마찬가지로 그 운송물 전부의 도착지에서 시가 상당액을 배상한다는 것은 균형에 맞지 않습니다. 통설은 인도 지연에 대해 설령 운송인이 손해를 배상한다 하더라도 원래 인도되었어야 할 날(계약 인도일)의 가격과 연착되어 실제로 인도된 날(실제 인도일)의 가격의 차이를 배상하도록 하고 있습니다[230]. 그래서 극단적으로 3개월 정도 인도가 늦어졌음에도 불구하고 계약 인도일과 실제 인도일의 운송물 가격에 변동이 없거나 혹은 가격이 떨어졌다면, 운송인은 실제로 보상할 액수가 없습니다.

---

227 상법 제137조가 해상편 개품운송에 적용될 수 있는 이유는 제815조 준용규정에 근거하고 있습니다.

228 만약, 지연으로 인한 화물 자체에 손상이 있을 때는 상법 제797조(책임의 한도)에 의해서 운송물의 포장당 또는 선적단위당 SDR666.67과 중량 1킬로그램당 SDR2 중에 더 큰 금액을 한도로 배상해야 할 것입니다. 참고로 해상 FCL 건의 운송서류(B/L, 화물운송장) Description에는 40' × 2 DV와 같이 컨테이너 수량만 기재되는 게 아니라, 내포장(Pallet, Carton) 단위가 함께 기재됩니다.

229 대법원 2010.12.9. 선고 2010다82417판결

230 송옥렬 교수님 『상법강의』 책 중

b) Kiffa B/L 규정

Kiffa B/L 이면약관에서는 화물 인도 지연으로 인해 화주 측에 발생된 손해는 운송인 책임이 아니라는 내용 및 설령 운송인이 책임을 진다 하더라도 복합운송계약 운임을 초과할수 없다고 명시하고 있습니다.

KIFFA B/L 이면약관
II-3 운송인의 책임 3) 만일 운송인은 물품의 멸실이나 훼손뿐만 아니라 인도 지연에 대하여 운송인 자기 자신, 사용인, 대리인 또는 제 II-3조 제2항에서 언급된 사람의 과실 또는 부주의로 인해 물품의 멸실, 훼손 또는 인도 지연이 발생되지 않았다는 사실을 입증하지 않는 한 운송인은 인도 지연뿐만 아니라 멸실 또는 훼손에 대하여 책임을 진다. 그러나 송하인이 적시 인도에 관심을 표시하고 이를 운송인이 수용하여 본 운송증권에 명기하지 않는 한 운송인은 인도 지연으로 인해 발생된 손해에 대한 책임을 지지 아니한다. II-4 운송인의 책임 한도 7) 운송인이 물품의 인도 지연이나 그 인도 지연으로 인하여 발생되는 물품의 멸실 또는 훼손에 대해 책임을 질 경우 운송인의 책임은 본 운송 증권에 의거한 복합운송계약운임을 초과할 수 없다.

B. 항공 화물의 인도 지연

항공 화물은 해상과 달리 운송 지연(연착)에 대해서도 배상액을 규정하고 있습니다. 몬트리올협약 제19조에서 항공운송 중 지연으로 인한 손해에 대해서 운송인이 책임진다는 규정을 찾을 수 있고, 상법과 항공사의 AWB 이면약관에서도 관련 규정을 확인할 수 있습니다. 참고로 항공 운송인의 책임한도액은 몬트리올 협약 개정으로 2020년 현재는 1킬로그램당 19SDR에서 22SDR로 변경되었습니다[231].

몬트리올 협약
제19조(지연) 운송인은 승객·수하물 또는 화물의 항공운송 중 지연으로 인한 손해에 대한 책임을 진다. 그럼에도 불구하고, 운송인은 본인·그의 고용인 또는 대리인이 손해를 피하기 위하여 합리적으로 요구되는 모든 조치를 다하였거나 또는 그러한 조치를 취할 수 없었다는 것을 증명한 경우에는 책임을 지지 아니한다.

---

231 아시아나항공 항공화물, 「ICAO 몬트리올 협약 개정에 따른 국제화물운송약관 변경 안내」, 『카고뉴스』, 2020.

상 법

제915조(운송물에 대한 책임한도액)

① 제913조와 제914조에 따른 운송인의 손해배상책임은 손해가 발생한 해당 운송물의 1킬로그램당 19 계산단위의 금액을 한도로 하되, 송하인과의 운송계약상 그 출발지, 도착지 및 중간 착륙지가 대한민국 영토 내에 있는 운송의 경우에는 손해가 발생한 해당 운송물의 1킬로그램당 15 계산단위의 금액을 한도로 한다. 다만, 송하인이 운송물을 운송인에게 인도할 때에 도착지에서 인도받을 때의 예정가액을 미리 신고한 경우에는 운송인은 신고 가액이 도착지에서 인도할 때의 실제가액을 초과한다는 것을 증명하지 아니하는 한 신고 가액을 한도로 책임을 진다. [개정 2014.5.20.]

아시아나 항공 AWB 이면약관

12.1 책임의 한도

12.1.3 운송장의 운송신고 가격이 "NVD(NO VALUE DECLARED: 운송신고가격 없음)"로 기재된 화물의 손해에 대한 아시아나항공의 배상책임 한도액은 실손액을 배상하나 여하한 경우에도 킬로그램당 250 프랑스 금프랑/kg 또는 22 SDR/KG을 초과할 수 없다.

외교부 보도자료	■제목: 국제항공운송의 일부 규칙 통일에 관한 협약(몬트리올 협약) 발효 ■작성 일자: 2007년 12월 28일

제 목 : 국제항공운송의 일부 규칙 통일에 관한 협약(몬트리올 협약) 발효

1. 1999년 5월 28일 캐나다 몬트리올에서 채택되고, 2003년 11월 4일 국제적으로 발효한 '국제항공운송의 일부 규칙 통일에 관한 협약'이 2007년 12월 29일자로 우리나라에 대해서 발효할 예정입니다.

※ 우리나라는 동 협약의 82번째 당사국이 됨.

2. 우리나라에 대한 동 협약의 발효로 우리나라와 다른 몬트리올 협약 당사국간 항공기 운행 시 우리나라 승객 및 항공사가 다음과 같은 이익을 얻게 됩니다.

　ㅇ 승객의 사망 또는 부상 시 일정 금액(10만 SDR: 약 10만 불)을 초과하지 않는 범위에서는 승객의 고의가 없는 한 항공사의 무과실 책임을 인정함으로써 승객의 권익 보호

　ㅇ 승객에게 손해가 발생할 경우 종래 관할에 추가하여 '여객의 주소지' 또는 '영구 거주지'에서도 소송 제기 가능
※ 종래 관할: 항공사의 주소지, 항공사의 주된 영업소 소재지, 운송계약이 체결된 영업소 소재지, 도착지 법원

　ㅇ 항공사들은 여객과 화물 모두에 대하여 전자티켓을 발급하여 운송서류 간소화를 통한 비용 절감 가능

3. 금번 협약 발효에 따라 우리나라 항공 승객의 권익을 보호하고, 운송서류 간소화를 통해 국내 항공운송산업의 경쟁력이 강화될 것으로 기대됩니다.

첨부: 몬트리올 협약 개요. 끝.

외 교 통 상 부 대 변 인

■ 배상 책임 한도액과 항공 운송에서의 제척기간 2년

A. 항공과 해상 건의 배상 책임 한도액

기본적으로 물류 사고로 인하여 화물에 손해가 발생되었을 때, 운송인에 대한 손해배상 청구는 송화인(또는 수하인)이 운송인의 부주의로 인한 손해라는 사실을 증명해야 합니다[232]. 이는 해상뿐만 아니라 항공에서도 마찬가지입니다. 그런데 법은 운송인을 보호하려는 경향이 있으며, 운송인이 손해배상을 하더라도 배상책임에 대한 한도액을 정하고 있습니다.

운송인의 배상책임 한도는 운송서류(B/L, 화물운송장)의 이면약관에 명시되어 있고, 우리나라 상법 및 국제 협약에서도 규정하고 있습니다. 항공 운송의 책임 한도액으로 kg당 22SDR은 AWB(항공화물운송장) 이면약관과 몬트리올 협약에서 정하고 있으며, 상법 제915조(운송물에 대한 책임한도액)에서 규정합니다. 이때 kg은 항공운임(A/F) 계산할 때 사용되는 Chargeable Weight(C/W)가 아니라 일반적으로 실제 중량(Gross Weight, G/W)을 기준으로 하고 있습니다[233].

구 분	배상 책임의 한도액
항공	[아시아나항공 AWB 이면약관(국제화물운송약관)] 12.1 책임의 한도 12.1.1 송하인은 아시아나항공에 화물의 운송을 의뢰할 때 화물의 운송가격이 KG당 22SDR을 초과할 경우, 화물의 가격을 운송장에 신고할 수 있으며, 이 경우 종가요금을 지급하여야 한다. 송하인은 여하한 경우에도 화물의 가격신고를 할 기회가 없었음을 주장할 수 없다. 12.1.2 운송가격이 신고되고, 종가요금이 지급된 금액으로 기재된 화물에 대한 아시아나항공의 배상책임은 신고된 가격을 한도로 실제로 입은 손해액을 배상하며 여하한 경우에도 운송장상의 운송신고가격을 초과할 수 없다. 12.1.3 운송장의 운송신고 가격이 "NVD(NO VALUE DECLARED: 운송신고가격 없음)"로 기재된 화물의 손해에 대한 아시아나항공의 배상책임 한도액은 실손액을 배상하나 여하한 경우에도 킬로그램당 250 프랑스 금프랑/kg 또는 22 SDR/KG을 초과할 수 없다. 12.1.4 송하인 또는 수하인은 모든 손해배상 청구에 있어서 실제 손해액을 증명하여야만 한다.

---

232 물론 적하보험 가입한 경우에는 송화인(또는 수화인)이 운송인을 상대로 손해배상 청구 관련 업무를 직접 하지 않으며, 피보험자로서 송화인 혹은 수화인이 적하보험사로 사고 접수하면 됩니다. 이후 적하보험사가 사고 원인을 제공한 자에게 구상권을 행사합니다.

233 아시아나항공 국제화물운송약관 12.2.3 조항 참고

항공	12.2 책임의 제한 12.2.3 화물에 손해가 발생하였을 경우, 아시아나항공의 배상책임한도액은 손해가 발생된 부분의 중량을 기준으로 산정된다. 단, 화물의 일부 손해가 동일 운송장상의 전체화물의 가치에 영향을 미치는 경우, 당해 화물의 총중량이 아시아나항공의 배상책임한도액을 산정하는 데 있어서 고려된다. 위 규정과는 별개로, 미국 내 출발·도착하는 화물의 전부(또는 일부) 손해가 발생한 경우, 당해 화물의 운임을 계산하기 위하여 사용된 중량(일부손해의 경우에는 그에 따른 비율)이 아시아나항공의 배상책임한도액의 산정 기준이 된다. [몬트리올 협약] 제22조 (지연■수하물 및 화물과 관련한 배상책임의 한도) 4. 화물의 일부 또는 화물에 포함된 물건의 파손•분실•손상 또는 지연의 경우, 운송인의 책임한도를 결정함에 있어서 고려하여야 할 중량은 관련 화물의 총 중량이다. (이하 생략)
해상	[KIFFA B/L 이면약관] II-4. 운송인의 책임한도 3) 운송인은 어떠한 경우에도 물품의 멸실, 오인인도, 오송 또는 훼손에 대하여 또는 달리 물품과 관련하여 포장당 666.67 SDR 또는 Kg당 2 SDR을 초과하여 책임을 지지 않는다. 그러나 운송인이 물품을 인수하기 전에 화주가 물품의 특성과 가액을 밝히고 운송인이 이를 인정하고 종가운임이 지불되어 그 가액이 운송인에 의해 본 선하증권에 기재된 경우에는 그 가액을 보상한도액으로 본다.

B. 항공 운송에서의 제소 조건과 제척기간

해상 운송 구간에서 화물의 멸실이나 훼손이 발생된 경우, 송화인(혹은 수화인)으로서 화주는 운송서류를 발행하여 운송 서비스를 제공하는 운송인에게 일정 기간 이내에 서면으로 통지 제기 없이도 제척기간 1년 이내에 제소할 수 있습니다. 반면 항공 운송 구간에서 화물의 멸실, 훼손 그리고 지연이 발생된 경우에는 화주가 운송인에게 제소하기 위해서는 반드시 일정 기간 이내에 서면 통지해야 제소에 대한 효력이 발생됩니다. 서면 통지 없는 제소는 법원에서 수리되지 않습니다.

구 분	서면통지와 제척기간
상법	제902조(운송인 책임의 소멸) 운송인의 여객, 송하인 또는 수하인에 대한 책임은 그 청구 원인에 관계없이 여객 또는 운송물이 도착지에 도착한 날, 항공기가 도착할 날 또는 운송이 중지된 날 가운데 가장 늦게 도래한 날부터 2년 이내에 재판상 청구가 없으면 소멸한다. 제916조(운송물의 일부 멸실·훼손 등에 관한 통지) ① 수하인은 운송물의 일부 멸실 또는 훼손을 발견하면 운송물을 수령한 후 지체 없이 그 개요에 관하여 운송인에게 서면 또는 전자문서로 통지를 발송하여야 한다. 다만, 그 멸실 또는 훼손이 즉시 발견할 수 없는 것일 경우에는 수령일부터 14일 이내에 그 통지를 발송하여야 한다. ② 운송물이 연착된 경우 수하인은 운송물을 처분할 수 있는 날부터 21일 이내에 이의를 제기하여야 한다. ~~~~~~~ 중 략 ~~~~~~~ ⑤ 제1항과 제2항의 기간 내에 통지나 이의제기가 없을 경우에는 수하인은 운송인에 대하여 제소할 수 없다. 다만, 운송인 또는 그 사용인이나 대리인이 악의인 경우에는 그러하지 아니하다.

■ 운송인과 주선인의 해석

• 본 내용은 2009년 4월에 물류신문에 실린 이광후 변호사의 「포워더의 법적 지위와 책임」이라는 사설을 인용하였음을 알려드립니다[234].

포워더의 지위와 책임	(발췌) 이광후, 「포워더의 법적 지위와 책임」, 『물류신문』, 2009년 4월

포워더는 (i)단순히 운송주선업무를 수행하는 경우도 있고 (ii)선사를 대리하여 선사의 업무를 수행하기도 하며, (iii)상황에 따라서는 운송주선업무가 아닌 운송업무에 직접 개입하여 계약운송인이 되기도 한다.
포워더가 어떠한 업무를 수행하였는지에 따라 그 지위와 책임이 달라지게 되는데,
- (i)포워더가 운송주선인의 역할을 하는 경우에는 상법에서 규정하고 있는 운송주선인으로서의 책임만을 부담하며,
- (ii)단순히 운송인의 대리인으로서 행위를 한 경우에는 대리인으로서의 책임을 부담하게 된다.
- 그리고 (iii)포워더가 자신의 명의로 선하증권을 발행하는 등으로 운송인의 지위를 취득한 경우에는 운송인으로서의 책임을 부담하게 된다.

---

234 이광후, 포워더의 법적 지위와 책임. 물류신문. 2009년 4월

A. 운송주선인으로서 포워더

■ 해상 FCL 화물로서 선사 B/L 발행된 경우[235]

- Exporter가 컨테이너 단위 화물로서 FCL로 수출해야 Line B/L 발행 가능.

본 경우는 선사(Line) B/L[236] 만 발행되고 포워더의 House 운송서류(이하 House B/L)가 발행되지 않는 상황입니다. 즉, B/L이라는 운송서류만을 두고 말할 때, 본 운송 계약 당사자는 선사(운송인)와 무역회사(화주, 이하 '실화주')이며[237], 포워더는 운송 계약 당사자라고 할 수 없을 것입니다. 포워더는 실화주와 선사 사이에서 운송 과정 및 스케줄 등을 조율하는, 말 그대로 운송 주선인의 역할을 이행합니다. 이때 포워더가 주선인으로서 선사가 제시하는 운임을 그대로 실화주에게 공개하고, 포워더 자신은 중간에서 Handling Charge(H/C)만을 취하는 경우는 실무적으로 거의 없을 것으로 추측됩니다. 대부분의 경우 포워더가 House B/L을 발행하지 않더라도 포워더가 선사로부터 받은 Buying Rate를 기초로 자신의 마진을 붙여서 실화주에게 Selling 합니다.

비록 포워더가 House B/L을 발행하지 않았지만, 중간에서 마진을 취할 수 있습니다. 일반적으로 포워더가 자신의 명의로 House B/L을 발행하지 않으면 포워더를 운송인이 아닌 주선인으로 해석할 수 있습니다. 그러나 House B/L을 발행하지 않았지만, 운임에서 마진을 취할 때 운송 주선 계약에서 운임의 액을 정하는 형태가 되니 상법 제119조 제2항에 따라서 운송인 지위를 취득할 수 있는지는 법원의 해석이 필요한 부분으로 사료됩니다.

---

235 컨테이너 선사는 컨테이너 단위 화물만을 접수하기 때문에 본 예시는 FCL 화물에만 해당되며, LCL은 해당 사항 없습니다.

236 운송서류는 B/L(유가증권)과 화물운송장(Waybill)으로 구분됩니다. 그러나 실무에서는 운송서류라는 용어보다는 B/L이라는 용어를 사용하는 경우가 많으며, 원문에서 B/L은 반드시 유가증권을 뜻하는 것은 아님을 알려드립니다.

237 Freight Prepaid 조건(C 혹은 D-Terms)에서는 운송인과 Shipper의 운송계약이고, Freight Collect 조건(EXW, F-Terms)에서는 운송인과 Consignee의 운송계약으로 해석될 수 있을 것입니다.

"포워더가 자신의 명의로 운송서류(B/L, 화물운송장)를 발행한 경우, 포워더는 운송인으로 통상 해석될 수 있습니다. 그러나 포워더가 운송서류를 발행하지 않고 선사 운송서류로 진행하더라도 포워더와 실화주간에 별도의 운송 계약서가 있으면 포워더를 운송인으로 인정하기도(서울중앙지법 2018가합572034운송료) 하는 것으로 보입니다."

[대법원 2007. 4. 27. 선고 2007다4943 판결 등 참조]

운송주선업자가 운송의뢰인에게 운송 관련 업무를 의뢰받았다고 하더라도 운송을 의뢰받은 것인지, 운송주선만을 의뢰받은 것인지가 명확하지 않은 경우에는 당사자의 의사를 탐구하여 운송인의 지위를 취득하였는지를 확정하여야 할 것이지만, 당사자의 의사가 명확하지 않는 경우에는 하우스 선하증권의 발행자 명의, 운임의 지급형태 등 제반 사정을 종합적으로 고려하여 논리와 경험칙에 따라 운송주선업자가 운송의뢰인으로부터 운송을 인수하였다고 볼 수 있는지를 확정하여야 한다.

참고로 포워더가 선하증권 등의 복합운송증권을 발행하지 않고 단순히 화물을 수취했음을 증명하는 화물수취증(forwarder's cargo receipt, FCR)만을 발급한 경우에는 상법상의 운송주선인으로 취급될 것입니다[238].

B. 운송인의 대리인으로서 포워더

■ 한국 포워더가 미국 파트너(NVOCC) B/L 양식 사용한 경우

한국에서 미국向 해상 수출을 위해서는 미국 해상 운송 감독 기관으로서 FMC(Federal Maritime Commission) 면허를 취득한 포워더(NVOCC[239], 국제물류주선업[240])의 운송서류 양식을 사용해야 합니다[241][242]. 문제는 한국의 대다수 포워더는 FMC 면허를 취득하지 않고 있기에, FMC 면허를 취득한 미국 파트너 NVOCC의 B/L 양식을 받아서 수출국으로서 한국에서 B/L 발행하거나 혹은 한국의 중견 이상의 포워더로서 FMC 면허를 취득한 포워더에게 미국으로의 선적을 의뢰합니다. 이때 SC No.도 중요한 개념으로 들어가며, 다양한 형태의

---

238 정해덕, 「논단/ 해상운송에 관한 물류계약의 법적 성격과 물류사업자의 책임」, 코리아쉬핑가제트, 2020년 6월

239 Non-Vessel Operation Common Carrier (무선박운송인). 포워더를 나타낼 수도 있으나, 포워더 중에 선사 대리점을 NVOCC라고 표현하기도.

240 「물류정책기본법」 제2조(정의)에서 '국제물류주선업'이란 "타인의 수요에 따라 자기의 명의와 계산으로 타인의 물류시설·장비 등을 이용하여 수출입화물의 물류를 주선하는 사업을 말한다."라고 정의하고 있습니다. 즉, 물류정책기본법에서는 포워더를 국제물류주선업이라고 정하고 있습니다.

241 FMC 면허 취득할 때 NVOCC는 자신이 사용한 B/L 양식을 FMC에 등록합니다. 미국向 화물은 FMC에 등록된 B/L 양식을 사용해야 합니다.

242 항공 운송과 FMC는 연관이 없으며, 미국 항공 운송 관할 기관은 CAB(Civil Aeronautics Board)입니다. AWB는 IATA에서 정한 양식과 발행 방식으로 발행되며, FMC와 아무런 연관이 없습니다.

구조가 파생될 수 있습니다. 그중에 한국 포워더가 House B/L 양식은 FMC 면허 취득한 미국 파트너에게 받고, Master는 한국 포워더의 SC No.를 사용해서 진행한 건의 업무 과정은 아래와 같습니다.

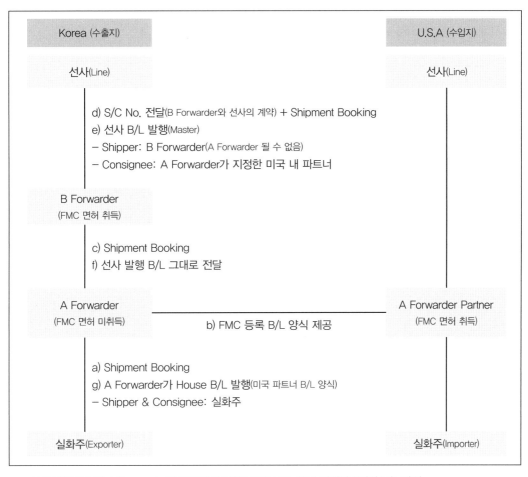

- 선사 발행 B/L과 A Forwarder가 발행한 B/L(미국 파트너 B/L 양식) 이렇게 2건의 B/L 발행.
- A Forwarder가 자신의 미국 파트너 B/L 사용하지 않고 FMC 가입된 한국 B Forwarder의 B/L 양식으로 House B/L 발행 원하면, B Forwarder가 Shipper&Consignee를 실화주로 기재해서 A Forwarder에게 House B/L 제공 가능합니다. 이와 같은 상황에서는 B Forwarder가 선사 B/L 및 자신이 발행한 House B/L을 A Forwarder에게 제공하는 것입니다.

이러한 형태의 거래에서 한국의 'A Forwarder'는 미국 파트너(NVOCC)를 대리하여 B/L을 발행한 것에 불과함으로, 계약당사자가 아니라는 이유로 미국 현지에서 화물이 불법 인도된 사건에서 한국 포워더의 책임을 부인한 판례가 있습니다(서울남부지법 2008. 10. 29. 선고 2008가단 40649 판결). 이는 한국 포워더를 운송인 지위가 아닌 미국 NVOCC의 대리인 지위로 인정한 법원의 결정으로 보입니다.

미국 NVOCC B/L 양식

American Logistics, Inc.

Shipper EDUTRADEHUB xxx, Nonhyundong, Kangnamgu, Seoul, Korea	Document No. Booking No. Export References
Consignee KASTON 5122 MORSE AVE, STE 109 IRVINE, CA 92614	Notify Party SAME AS CONSIGNEE
Pre-carriage by Place of Receipt BUSAN CY, KOREA	Party to contact for cargo release AMERICAN LOGISTICS, INC. 1101 ORANGETHORPE AVE, BUENA PARK CA 90620 TEL:000-000-0000 / FAX:000-000-0000
Vessel Voy. No. Place of Receipt CAPE TAINARO 5E Port of Loading BUSAN, KOREA	
Port of Discharge Place of Delivery CHARLESTON, SC. CHARLESTON CY, SC.	Final Destination (Merchant's reference only)

PARTICULARS FURNISHED BY SHIPPER

ON BOARD DATE
MAR. 12. 2020

~~~~~~~

FREIGHT and CHARGES PAYABLE BY	AT DESTINATION	
FREIGHT AND CHARGES REVENUE TONS RATE PER	PREPAID COLLECT	**American Logistics, Inc.**
FREIGHT COLLECT AS ARRANGED Number of Original THREE / 3 issued		
		BILL OF LADING NO. DATED
TOTAL CHARGES		ALLX2001205 SEOUL, KOREA MAR. 12. 2020

- 유가증권(B/L) 상태로 발행될 때, 미국 NVOCC의 대리인으로서 한국 포워더의 사인이 우측 하단에 날인될 수도.
- American Logistics가 한국 포워더의 미국 파트너 NVOCC.

다른 예로서 포워더가 선사로 직접 Booking 하는 것이 아니라 수출지의 선사 대리점 역할을 하는 업체를 통하는 경우가 있다. 이러한 경우 역시 선사의 대리점은 선사 운송서류 (B/L, 화물운송장) 양식을 그대로 사용하여 선사를 대리해서 포워더에게 선사 운송서류를 발행하기도 합니다.

C. 운송인으로서 포워더

■ 포워더가 자신의 명의로 B/L을 발행한 경우

FCL 운송 계약 구조	가장 일반적인 형태

| 실화주 (edutradehub) | ← 포워더 운송서류(House) ← (Shipper& Consignee 실화주) | A 포워더 | ← 선사 운송서류(Master) ← (Shipper& Consignee 포워더) | 선사 |

-실화주와 A 포워더의 계약: House로서 A 포워더가 운송인이며, edutrade는 A 포워더의 화주.

-A 포워더와 선사의 계약: Master로서 선사가 운송인이고, A 포워더가 선사 입장에서 화주.

-House 발행된 상황에서 실화주는 Master 운송서류를 수취하지 못하고, 목적국에서 선사에게 직접 Cargo Release 할 수 없습니다.

-목적국에서 Master D/O를 기초로 House D/O가 발행되어야 House Consignee는 목적국 보세구역으로부터 화물 인수가 가능합니다.

-포워더가 실화주에게 받은 화물은 컨테이너 단위의 화물이기 때문에 콘솔사를 통하지 않고 바로 선사에게 Booking 가능합니다.

상기 운송 계약 구조는 선사의 Master 운송서류에 포워더의 House 운송서류가 발행되어 House 운송서류가 실화주에게 교부되는 가장 일반적인 형태의 FCL 운송 계약 구조라 할 수 있습니다. 본 경우는 포워더가 자신의 명의로 운송서류(B/L, 화물운송장)를 발행하였기 때문에 당해 포워더는 운송인의 지위를 취득한 경우로, 운송인의 책임을 부담한다 할 수 있습니다.

> 대법원 2007. 4. 27. 선고 2007다4943 판결
>
> 운송주선인이 상법 제116조에 따라 위탁자의 청구에 의하여 화물상환증을 작성하거나 같은 법 제119조 제2항에 따라 운송주선계약에서 운임의 액을 정한 경우에는 운송인의 지위도 취득할 수 있다.

[사실관계]

한국의 수출자 甲은 乙에게 철제를 수출하면서 한국의 丙 운송주선인에게 운송을 의뢰하였다. 丙은 하우스 선하증권의 사본을 작성하여 수출자에게 교부하였다. 운송 중 녹손이 발생하여 화주 측에서 丙에게 손해배상 청구를 하였다. 丙은 자신은 수출자의 대리인이므로 책임이 없다고 주장하였다. 원심에서는 하우스 선하증권이 발행된 점을 근거로 丙을 계약운송인으로 보아 손해배상책임을 인정하였다.

[대법원의 판시내용]

당사자의 의사가 명확하지 않는 경우에는 하우스 선하증권의 발행자 명의, 운임의 지급형태 등 제반 사정을 고려하여 운송주선업자가 운송의뢰인으로부터 운송을 인수하였다고 볼 수 있는지를 확정하여야 한다. 원심은 ① 특별한 운송설비나 신용을 갖추지 못한 운송주선인이라고 하더라도 운송인으로 행위하거나 책임을 부담할 의사가 전혀 없다고 단정할 수 없고, 오히려 상법 제116조 제2항은 그러한 운송주선인이라도 개입권을 행사한 경우 운송인으로 간주된다고 규정하고 있는 점, ② 만약 피고가 운송주선인의 책임만을 부담할 의사였다면 한진해운이 발행한 마스터 선하증권을 수출자에게 그대로 교부하면 되는데도, 굳이 피고의 명의로 된 하우스 선하증권을 작성하여 교부한 점(중략)을 보면 피고는 계약운송인에 해당한다고 판시하였다. 정당하다.

상법

제116조(개입권)

①운송주선인은 다른 약정이 없으면 직접운송할 수 있다. 이 경우에는 운송주선인은 운송인과 동일한 권리의무가 있다.

②운송주선인이 위탁자의 청구에 의하여 화물상환증을 작성한 때에는 직접운송하는 것으로 본다.

제119조(보수청구권)

①운송주선인은 운송물을 운송인에게 인도한 때에는 즉시 보수를 청구할 수 있다.

②운송주선계약으로 운임의 액을 정한 경우에는 다른 약정이 없으면 따로 보수를 청구하지 못한다.

서울고등법원 2018. 12. 21. 선고 2018나2043461 판결 [운송대금]

원고, 피항소인   : 주식회사 자이온쉬핑
피고, 항소인   : 스피드라인 주식회사 (소송대리인 변호사 허찬녕)
제1심판결 :서울서부지방법원 2018. 7. 19. 선고 2017가합37133 판결

(발췌) ① 원고는 피고에게 운송료, 보관료 등 부대비용을 청구하였으나, 따로 운송주선료를 청구하지는 않은 사실, ② 선사 선택은 원고가 하였고, 피고가 이에 개입하였다고 보이지는 않는 점, ③ 터키 내 항구로의 입항이 불허되었을 때도 향후 계획 및 비용과 관련된 논의는 원고와 피고 사이에 있었고, 피고와 선사 사이에 이루어진 사실이 없는 점, ④ 원고와 피고는 이 건 외에도 수년간 거래하였는데, 원고 명의로 선하증권이 발행된 거래도 존재하는 점 등을 종합하면, 원고는 피고로부터 운송을 직접 인수한 운송인이고, 단순한 운송주선인으로 볼 것은 아니다.

243 김인현, 「2017년 분야별 중요판례분석 24 해상법」, 『법률신문』, 2018년 8월

■ 인코텀스에 따른 운송 계약과 운임 지급 의무자

수출지의 Shipper는 지정된 운송인에게 Shipping Schedule을 문의하고 Shipment Booking 후에 B/L을 발행받습니다. 이때 운송인으로서 포워더(복합운송주선업자)는 B/L을 발행받는 자로서 Shipper에게 무조건 해상운임(O/F, Ocean Freight)을 청구하는 것이 아니라, Shipper와 Consignee 간에 매매계약에서 결정된 인코텀스(Price Term)를 기초로 O/F Prepaid(Shipper에게 청구) 혹은 Collect(Consignee에게 청구)를 결정합니다[244]. 물론 송하인이 지정된 포워더(Nominated Forwarder)에게 Shipping Schedule을 문의하기에 앞서 송하인과 수하인이라고 할 수 있는 매도인과 매수인 사이에 결정된 인코텀스를 기초로 매수인 혹은 매도인이 포워더를 지정하였을 것입니다.

구 분	EXW, F-Terms	C 혹은 D-Terms
운임 청구받는 자	Consignee	Shipper
Ocean Feright	Freight Collect	Freight Prepaid

문제는 운송인이 송하인(Shipper)에게 운송서류(선하증권 혹은 화물운송장, 이하 B/L)를 발행하여 교부하였다는 사실만으로 운송인과 송하인 사이에 해상 운송 계약이 체결된 것으로 볼 수는 없습니다. FOB 조건에서 포워더는 매수인으로서 House B/L Consignee와 운송 계약 체결한 것이며, Freight Collect 조건이기에 O/F를 Consignee에게 청구해서 Consignee에게 지급받아야 합니다. 다시 말해서 FOB 조건에서의 운송 계약 당사자는 매수인이고, B/L에 Freight Collect로 기재된 경우의 운임 지급 의무자 또한 매수인입니다[245].

그러나 전 세계적으로 통용되는 운송주선인협회국제연맹(FIATA) 약관을 그대로 수용한 Kiffa B/L 이면약관에서 운임을 도착지에서 수취하여야 할 경우에도 송하인(Shipper)은 운임 지급 의무에서 면제되지 않는다고 규정하고 있습니다. 그 결과, FOB 조건에서 Freight Collect로 House B/L이 발행된 경우라고 하더라도, 만일 매수인이 운임 지급을 거절할 경우, 포워더로부터 그 B/L의 발행을 요구하여 이를 소지하고 있는 매도인에게도 운임 지급

---

244 FCL에서 포워더와 선사 및 LCL에서 포워더와 콘솔사 간의 운송 계약은 인코텀스에 영향을 받지 않습니다. 그리고 항공에서 포워더와 항공콘솔사(or 항공사) 간의 운송 계약 역시 인코텀스에 영향을 받지 않으며, 항공에서의 Master 계약은 99% Prepaid입니다.

245 대법원 2000. 8. 18. 선고 99다48474 판결

의무가 있다고 법원이 판결하기도 하였습니다[246].

KIFFA B/L 이면약관
I-1 정의 3) '화주(Merchant)'라 함은 본 운송증권의 실제 또는 전(前) 소지인을 의미하며, 그리고 송하인, 수하인, 물품의 소유자와 수령인 및 그들의 대리인을 포함한다. III - 3. 운임 및 요금 2) 어떤 이유에서든 본 운송증권이나 준거법에 의하여 운송인에게 지급하여야 하는 운임, 체선료, 체당금, 공동해손분담금, 해난구조료, 기타 유사한 성질의 비용을 도착지 또는 기타 장소에서 지급하거나 수하인으로부터 수취하여야 할 경우에도 송하인은 그 지급 의무에서 면제되지 아니한다. 7) 본 운송증권에 의한 운송과 관련하여 운송인이 타인으로부터 운임, 요금 또는 기타비용의 징수 지시를 수락하더라도 화주는 청구서를 접수하는 즉시 지급하여야 하고, 어떠한 이유에서든 지불되지 않은 상기금액에 대해서는 여전히 책임을 져야 한다.

---

246 서울서부지방법원 2011. 1. 13. 선고 2010나3623 판결